O Tempo na História

Concepções sobre o Tempo da Pré-História aos Nossos Dias

Ciência e Cultura

Direção:
César de Queiroz Benjamin
Ideu de Castro Moreira

História Natural do Homem
Vol. 1: O homem imprevisto
André Bourguignon

Será que Deus Joga Dados?
A nova matemática do caos
Ian Stewart

Entre o Cristal e a Fumaça
Ensaio sobre a organização do ser vivo
Henri Atlan

O Tempo na História
Concepções do tempo
da pré-história aos nossos dias
G. J. Whitrow

De Arquimedes a Einstein*
A face oculta da invenção científica
Pierre Thuillier

Teorias de Tudo*
A busca da explicação final
John D. Barrow

A Escuridão da Noite*
Um enigma do universo
Edward Harrison

A Unificação das
Forças Fundamentais*
Abdus Salam

As Origens do Nosso Universo*
Malcom S. Longhair

**a sair*

G. J. WHITROW

O TEMPO NA HISTÓRIA

CONCEPÇÕES SOBRE O TEMPO DA PRÉ-HISTÓRIA AOS NOSSOS DIAS

Tradução:
Maria Luiza X. de A. Borges

Revisão técnica:
César de Queiroz Benjamin

Jorge Zahar Editor
Rio de Janeiro

Os editores agradecem à Prof. Aila Gomes,
da Faculdade de Letras da Universidade Federal
do Rio de Janeiro, pela tradução dos versos em
inglês arcaico das p. 129, 132, 150 e 178.

Título original:
Time in History
(Views of time from the prehistory to the present day)

Tradução autorizada da primeira edição inglesa publicada em 1988
por Oxford University Press, de Oxford, Inglaterra.

Jorge Zahar Editor Ltda.
rua México 31 sobreloja
20031-144 Rio de Janeiro, RJ
Tel.: (021) 240-0226 - Fax: (021) 262-5123

[Edição para o Brasil]

Impressão: Tavares e Tristão Ltda.

ISBN: 0-19-215361-7 (da ed. original)

ISBN: 85-7110-209-0 (JZE, RJ)

CIP-Brasil. Catalogação-na-fonte
Sindicato Nacional dos Editores de Livros, RJ.

W598t

Whitrow, G. J.
O tempo na história: concepções de tempo da pré-história aos nossos dias / G. J. Whitrow; tradução, Maria Luiza X. de A. Borges. — Rio de Janeiro: Jorge Zahar Ed., 1993.
(Coleção Ciência e cultura)

Tradução de: Time in History (Views of time from pre-history to the present day)
Apêndices
Bibliografia.
ISBN 85-7110-209-0

1. Tempo. 2. Cronologia. I. Título. II. Série.

91-0707

CDD — 529
CDU — 529

Sumário

Para Magda

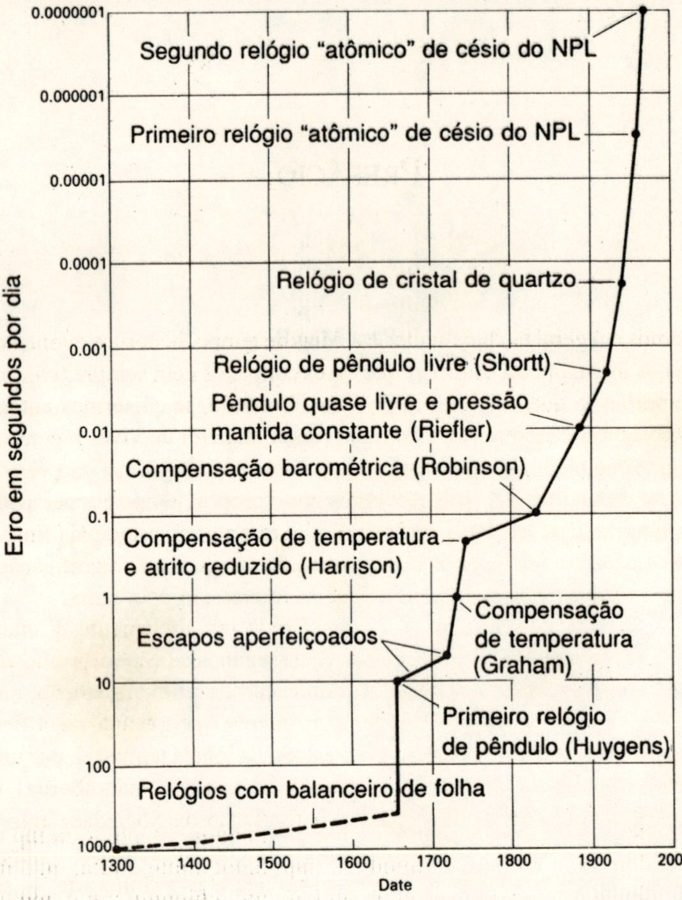

Ilustração gráfica da crescente precisão da cronometragem. Este gráfico baseia-se no quadro elaborado por F. A. B. Ward, que trabalhou no Museu da Ciência, em Londres. Mostra como a precisão na cronometragem vem aumentando cada vez mais depressa, desde a invenção do primeiro relógio mecânico, por volta de 1300 d.C. Joseph Needham estimou que o relógio de água chinês de Su Sung, construído por volta de 1100 d.C., tinha tal precisão que, se fosse representado neste gráfico, sua ordenada vertical se situaria entre 10 e 100. Dois horologistas cujos nomes aparecem aqui não são mencionados no corpo do livro: Robinson e Riefler. Thomas Robinson (1792–1882) foi um astrônomo irlandês que se tornou diretor do Observatório de Armagh. Em 1831, prendeu um pequeno barômetro de mercúrio ao pêndulo de um relógio para tornar possível compensar o efeito bastante complicado da pressão barométrica sobre o ritmo de oscilação do pêndulo. Em 1889, A. Riefler, de Munique, patenteou um escapo em que os impulsos do pêndulo eram transmitidos através de sua mola de suspensão, ficando o pêndulo livre de qualquer outra interferência. Seus relógios alcançaram tal sucesso que foram adotados como padrão em muitos observatórios, até serem substituídos pelos relógios de Shortt.

Prefácio

Estamos em geral tão habituados às idéias de tempo, história e evolução, que nos inclinamos a esquecer que esses conceitos nem sempre tiveram a importância que hoje lhes atribuímos. Contudo, se quisermos entender porque o tempo tende a dominar nossa maneira de viver e pensar, devemos adquirir algum conhecimento sobre o modo como isso veio a ocorrer. Em outras palavras, devemos pôr o próprio tempo em perspectiva temporal. A intenção deste livro é apresentar as principais linhas da evolução de nossa consciência geral do tempo e sua significação, numa forma adequada a todos os que se interessam pelo tema.

O presente volume pode ser considerado um suplemento de meu livro *The Natural Philosophy of Time*,[1] cuja segunda edição foi publicada pela Clarendon Press em 1980. A publicação da primeira edição, em 1961, ocasionou considerável aumento no interesse pelo estudo científico geral do tempo (em contraposição ao estudo da lógica temporal, por um lado, e à horologia, de outro — tópicos que meu livro não aborda), e levou, por iniciativa de J. T. Fraser, à formação da Sociedade Internacional para o Estudo do Tempo, cuja primeira Conferência — presidida por mim e tendo o dr. Fraser como Secretário Honorário — se realizou em Oberwolfach, na Alemanha Ocidental, em 1969. Até o momento, entretanto, somente dois livros foram dedicados à *história* de nossa consciência do tempo e sua significação, a saber, *The Discovery of Time*, de Stephen Toulmin e June Goodfield,[2] e o mais abrangente *Zeit und Kultur: Geschichte des Zeitbewusstseins in Europa*, de Rudolf Wendorff;[3] a contribuição de Howard Trivers também merece menção.[4] Ademais, esses livros, ainda que admiráveis, foram escritos do ponto de vista da história intelectual geral, ao passo que considerei sobretudo os desenvolvimentos ocorridos na cronologia e na cronometria e suas conseqüências sociais e ideológicas.

Além de discutir a influência geral do tempo sobre a atitude mental e o modo de vida em diferentes eras e civilizações, dediquei particular atenção à história da mensuração do tempo. A etapa decisiva desse desenvolvimento foi a invenção do relógio mecânico na Europa Ocidental no final do século XIII. Pois, a despeito do mistério que ainda envolve esse evento, suas conseqüências tiveram grande alcance, tendo redundado no papel dominante que o tempo exerce na civilização contemporânea.

Gostaria de agradecer aos editores Thames & Hudson, de Londres, e a Plenum Press, de Nova York, respectivamente, por terem gentilmente permitido que fossem aqui reproduzidas algumas passagens de meu livro *What is Time?* (1972) e o capítulo "The Role of Time in Cosmology", de minha autoria, incluído no livro organizado por W. Yourgrau e A. D. Breck, *Cosmology, History and Theology* (1977).

Sou grato ao Imperial College por me ter concedido uma Bolsa de Pesquisa Sênior quando de minha aposentadoria, permitindo-me continuar a fazer pleno uso dos serviços da instituição. Devo especial agradecimento a Jagna Pindelska, bibliotecária do Departamento de Matemática do Imperial College, por não ter medido esforços na procura de qualquer livro ou artigo que eu quisesse consultar. Tenho também uma dívida de gratidão para com minha mulher, Magda Whitrow, que não somente reviu o manuscrito mas datilografou-o e montou o índice, com sua habitual perícia.

G. J. W.

Janeiro, 1988

O homem, em suma, não tem natureza; o que tem é... história.

J. Ortega y Gasset ("History as a System", *in Philosophy and History: the Ernst Cassirer Festchrift*)

Os absurdos "esclarecidos" do mundo deveram-se de fato, em grande parte, a engenhosas tentativas de explicar à luz da razão coisas que requeriam a luz da história para revelar seu sentido.

Edward B. Tylor (*Primitive Culture*)

Talvez o meio mais importante pelo qual a burguesia urbana difundiu sua cultura tenha sido a revolução que operou nas categorias mentais do homem medieval. A mais espetacular dessas revoluções foi, sem dúvida, a referente ao conceito e à medição do tempo.

J. Le Goff (*The Fontana Economic History of Europe: the Middle Ages*)

E aquele que não aplicar Novos Remédios, deve esperar Novos Males: pois o Tempo é o maior *Innovateur*.

Francis Bacon (Essay XXIII: "Of Innovations")

A questão é que, no passado, o intervalo de tempo exigido por uma mudança de vulto era consideravelmente maior que o de uma vida humana singular. Assim, a humanidade aprendeu a se adaptar a condições fixas.

Hoje o intervalo de tempo é consideravelmente menor que o de uma vida humana e, portanto, nosso aprendizado deve preparar indivíduos para enfrentar a renovação das condições.

A. N. Whitehead (*Adventures of Ideas*)

Parte I

Introdução

1

Consciência do Tempo

Tempo e Vida Civil

Muitos de nós temos, intuitivamente, a impressão de que o tempo prossegue para sempre, por conta própria, sem ser em nada afetado por qualquer outra coisa, de tal modo que, se toda atividade fosse subitamente interrompida, ele ainda seguiria em frente, sem qualquer interrupção. Para muita gente, o modo como medimos o tempo pelo relógio e o calendário é absoluto, e já houve até quem pensasse que a alteração de um ou outro atraía desgraça. Em 1916, quando o "horário de verão" foi introduzido pela primeira vez no Reino Unido, adiantando o relógio em uma hora, foram muitos os que se opuseram à interferência no que a famosa romancista Marie Corelli chamou de "horário do próprio Deus". Assim também, em 1752, quando o governo britânico decidiu alterar o calendário de modo a fazê-lo coincidir com o que fora previamente adotado pela maioria dos outros países da Europa Ocidental, e decretou que o dia seguinte a 2 de setembro deveria ser registrado como 14 de setembro, muita gente pensou que, com isso, suas vidas estavam sendo encurtadas. Alguns trabalhadores, acreditando de fato que perderiam o pagamento referente a 11 dias, amotinaram-se, clamando: "Devolvam nossos 11 dias!" (Na verdade, o texto do Ato do Parlamento fora cuidadosamente elaborado, de modo a evitar qualquer injustiça no pagamento de aluguéis, juros etc.) Várias pessoas foram mortas nesse motim, deflagrado em Bristol, na época a segunda maior cidade da Inglaterra.

Mesmo hoje, quando estamos todos habituados à idéia de alterar a hora no relógio segundo a conveniência geral, muitos de nós ainda sentimos um certo choque ao nos darmos conta, pela primeira vez, de que há, por exemplo, uma diferença de cinco horas entre Londres e Nova York, de modo que, quando em Londres são dez horas da noite

— quase hora de dormir —, em Nova York são apenas cinco horas da tarde. Além disso, mesmo os mais experientes e sofisticados entre nós podemos sofrer os efeitos peculiares, e com freqüência desagradáveis, do *jet-lag* ao fim de uma longa viagem aérea rumo ao leste ou ao oeste. Não menos estranho, embora não acompanhado por quaisquer sintomas fisiológicos particulares, é o efeito de cruzar a Linha da Data Internacional, traçada em ziguezague pelo Pacífico, de um pólo a outro. De fato, quando um navio ou avião — no trajeto de São Francisco para Hong Kong, por exemplo — cruza essa linha, perde um dia inteiro do calendário por causa da diferença de horário de 24 horas existente entre qualquer posição imediatamente a leste da linha e qualquer outra a oeste dela. Nesse caso, embora não seja preciso ajustar os relógios, temos que eliminar um dia da semana. Por outro lado, quando cruzamos a linha na direção oposta, temos a sensação de viver uma semana de oito dias: se a passagem é feita precisamente à meia-noite, vivemos duas quintas-feiras seguidas. Isto significa que, se fizermos a volta ao mundo na direção leste, a viagem durará um dia a mais que o número de dias computados no ponto em que começa e termina, já que, nela, cada dia terá menos de 24 horas; se seguirmos na direção oeste, ao contrário, a viagem durará menos que os dias contados no ponto inicial, já que cada dia terá mais que 24 horas. Esse fenômeno foi a base da história *A volta ao mundo em 80 dias*, de Júlio Verne: o herói, prestes a completar sua viagem na direção leste, pensava ter levado mais de 80 dias, mas, como não tinha retrocedido seu calendário ao cruzar a Linha da Data, descobriu, na chegada, que estava um dia à frente, tendo de fato completado sua viagem no tempo estipulado.

Todas essas experiências causam estranheza porque parecem conflitar com nosso sentimento intuitivo de que o tempo é algo de universal e absoluto. O que dá origem a esses fenômenos é a maneira que escolhemos para medir o tempo e relacioná-lo com nosso modo de vida. O horário que seguimos na vida civil é baseado na rotação da Terra, que nos dá o nosso dia, como o movimento da Terra em torno do Sol nos dá o nosso ano. No entanto, se vivêssemos na Lua, descobriríamos que, uma vez que esta gira em torno de seu eixo muito mais lentamente que a Terra, o dia no satélite, tal como determinado pela sua rotação, seria de fato igual a um mês. O modo como o dia terrestre é dividido em horas, minutos e segundos é puramente convencional. Assim também, a decisão de que um dado dia começa na aurora, ao nascer do sol, ao meio-dia, ao pôr-do-sol ou à meia-noite é uma questão de escolha arbitrária ou de conveniência social.

Nosso Sentido do Tempo

Se admitimos portanto que o tempo da vida civil é medido de um modo que por acaso nos convém, aqui na Terra, mas não tem qualquer significação absoluta ou universal, que dizer sobre nosso sentido interno de tempo? É dele que deriva nossa intuição da natureza absoluta do tempo? O tempo é certamente uma característica fundamental da experiência humana, mas nada prova que tenhamos um sentido especial do tempo, como temos a visão, a audição, o tato, o paladar ou o olfato. Nossa experiência direta do tempo é sempre do presente, e nossa idéia dele surge da reflexão sobre essa experiência. No entanto, enquanto nossa atenção está concentrada no presente, tendemos a não ter consciência do tempo. Um "sentido do tempo" envolve alguma sensação ou consciência de duração, mas isso depende de nossos interesses e do modo como focalizamos nossa atenção. Se o que estamos fazendo nos interessa, o tempo parece curto, e, quanto mais atenção dedicamos ao próprio tempo, isto é, à sua duração, mais longo ele parece. Nunca um minuto parece tão longo como quando olhamos o movimento do ponteiro dos segundos no mostrador de um relógio. É claro, portanto, que nossa crença na natureza absoluta da duração temporal não é uma conseqüência imediata de nossa experiência, mas, como disse há pouco, deriva de nossa reflexão sobre essa experiência. Nosso sentido de duração é afetado não apenas pelo grau em que concentramos nossa atenção no que estamos fazendo, mas por nosso estado físico geral. Em particular, pode ser distorcido por drogas ou pelo confinamento, por longos períodos, em ambientes frios ou escuros, sem recurso a relógios. Entre os fatores que influenciam nosso sentido de duração, porém, o mais amplamente experimentado é nossa idade, pois há um reconhecimento geral de que, à medida que ficamos mais velhos, o tempo, tal como o registram o relógio e o calendário, parece passar cada vez mais depressa.

Experimentamos uma sensação de duração sempre que relacionamos a situação presente a experiências passadas ou a expectativas e desejos futuros. Não há evidência de que nascemos com qualquer sentido de consciência temporal, mas nosso sentido de expectativa se desenvolve antes de nossa consciência da memória. Quando um bebezinho chora de fome, tem sua primeira experiência de duração, mas essas experiências temporais são isoladas. Já se sugeriu que o tempo relativamente longo que o bebê leva para começar a andar tem grande influência sobre nosso sentido de tempo, uma vez que a ânsia de agarrar o que não é capaz de alcançar dá origem à primeira noção primitiva de tempo, associada a um espaço que não pode ser transposto.[1] Mesmo quando a criança começa a andar, o alcançar continua exigindo uma espera, e assim aumenta a sensação de retardo associada à expectativa. A primeira intuição da duração se manifesta como um intervalo que se situa entre a criança e a realização de seus desejos.

A aquisição gradual, pela criança, de conceitos temporais pode ser estreitamente correlacionada com o desenvolvimento de seu uso da linguagem. Pois, embora nossa consciência do tempo seja produto da evolução humana, nossas idéias de tempo não são inatas nem automaticamente aprendidas, e sim construções intelectuais que resultam da experiência e da ação.[2] Até os 18 meses ou mais, as crianças parecem viver apenas no presente; por volta dessa idade, o significado de "agora" em geral já foi adquirido. Dali até os 30 meses, embora a maioria das palavras relacionadas com o tempo que as crianças aprendem a usar só envolva o presente, elas tendem a adquirir algumas palavras relacionadas com o futuro, como "logo", mas praticamente nenhuma referente ao passado. Conseqüentemente, o uso de "amanhã" precede o de "ontem", ainda que, de início, provavelmente sejam ambos interpretados como significando "não hoje". À medida que a criança fica mais velha, a proporção relativa de enunciados orientados para o presente tende a diminuir, mas ainda predomina; enunciados orientados para o futuro aumentam um pouco, mas os orientados para o passado aumentam mais lentamente. No entanto, crianças pequenas têm dificuldade em adquirir uma concepção unificada do tempo, pois, mesmo quando começam a reconhecer seqüências temporais, o tempo permanece dependente de suas próprias atividades. A aquisição gradual da linguagem, contudo, não só aumenta a capacidade da criança de compreender e de se comunicar como lhe permite apreender relações temporais e ampliar sua capacidade de conceituação temporal. Pois, embora possa parecer inerente à nossa experiência pessoal, a consciência de fenômenos temporais envolve uma estrutura conceitual abstrata que só gradualmente aprendemos a construir.[3] Mesmo quando a criança começa a associar o tempo com movimentos externos particulares, não tem verdadeira consciência do tempo até que comece a se dar conta de que as coisas têm relação não somente entre si mas também com ela própria, e isto só se torna possível com o desenvolvimento da memória. O sentido da memória, na criança, envolve não apenas eventos de sua própria experiência mas, no devido tempo, outros da memória de seus pais e, por fim, da história de seu grupo social. É somente aos oitos anos de idade, ou depois, que as relações de ordem temporal (antes e depois) são associadas com a duração, de modo a levar à idéia de um tempo comum único, em que todos os acontecimentos têm lugar. Verificou-se que, entre crianças de dez anos, apenas uma em quatro vê o tempo como um conceito abstrato independente de relógios concretos. Como seria de esperar, a capacidade de apreender essa idéia depende do ritmo de desenvolvimento da inteligência da criança. Um experimento realizado com crianças de dez a 15 anos para testar se pensavam que tinham ficado mais velhas com o adiantamento dos relógios por uma hora no "horário de verão", revelou que, entre as de dez anos, só uma em quatro acreditava que essa mudança não tinha tido efeito algum sobre sua idade. Só na faixa dos 13 ou 14 anos a maioria das crianças começa a se dar conta de que o tempo indicado num relógio é uma convenção.[4]

Esta descrição do modo como as crianças aprendem a desenvolver seu sentido do tempo aplica-se somente às que vivem na civilização industrial ocidental, e não às de sociedades menos sofisticadas. P. M. Bell relatou, por exemplo, que, quando lecionava para crianças na Uganda, descobriu que, embora não desprovidas de inteligência, tinham muito mais dificuldade que crianças ocidentais da mesma idade para avaliar quanto tempo durava alguma coisa — uma viagem de ônibus de duas horas teria durado, segundo algumas, somente dez minutos e, segundo outras, seis horas![5] Crianças australianas aborígines de capacidade mental equivalente à de crianças brancas consideram também extremamente difícil dizer a hora pelo relógio — algo que a maioria das crianças ocidentais em geral já aprendeu a fazer bem aos seis ou sete anos. As crianças aborígines conseguem ler os ponteiros do relógio como um exercício de memória, mas têm dificuldade em relacionar a hora que lêem ali com a hora efetiva do dia. A explicação que se propôs é que suas vidas, diversamente das nossas, não são dominadas pelo tempo.[6]

TEMPO E HUMANIDADE

Nosso sentido do tempo envolve alguma consciência da duração e também das diferenças entre passado, presente e futuro. Há indícios de que nosso sentido dessas distinções é uma das mais importantes faculdades mentais a distinguir o homem de outras criaturas vivas. De fato, temos boas razões para acreditar que todos os animais, exceto o homem, vivem num contínuo presente. A posse, por animais, de algum sentido de memória — como o demonstram, por exemplo, os cachorros, que costumam manifestar a mais incontida alegria ao ver seus donos após uma longa separação — não implica que tenham qualquer imagem do passado como tal. Basta, para o cachorro, reconhecer seu dono.

Assim também, não há prova segura de que os animais tenham qualquer sentido do futuro. Em geral, quaisquer ações deles que poderiam dar lugar a essa questão parecem ser puramente instintivas, embora essa conclusão não seja assim tão óbvia no caso dos macacos mais evoluídos, em especial os chimpanzés. O problema foi meticulosamente considerado por Wolfgang Koehler, no âmbito de sua famosa investigação sobre a inteligência dos macacos. Ele estudou casos em que chimpanzés empreenderam, com vistas a algum objetivo final, trabalhos preparatórios que demandavam um longo tempo e que, em si mesmos, não propiciavam uma aproximação visível à meta desejada. Em tais casos, parecia de início que o animal poderia ter alguma noção rudimentar de futuro. Entretanto, Koehler chegou à conclusão de que todo esse comportamento exibido pelos macacos mais evoluídos podia ser explicado — para citar suas próprias palavras — "de modo mais direto a partir de uma consideração apenas do presente".[7] Em particular, após uma análise cuidadosa de experimentos em que chimpanzés respondiam prontamente à oportunidade que lhes era dada de adiar o momento de comer até que tivessem acumulado um grande suprimento de alimento para fazer uma refeição mais tarde, em algum lugar tranqüilo, livre de perturbações, Koehler não viu razão para interpretar sua conduta como prova de um sentido do futuro. Acreditava que, em vez de estar sendo movido por algum sentimento do que poderia experimentar mais tarde, ao comer o alimento, o chimpanzé tinha um comportamento que era uma mera resposta a seu desejo instintivo de obter tanto alimento quanto possível naquele momento. Mais recentemente, em sua detalhada monografia *Animal Thought*, Stephen Walker confirmou as idéias de Koehler e concluiu ser surpreendentemente difícil produzir uma prova experimental de que qualquer animal tenha alguma memória ou antevisão.[8]

A despeito disso, a conclusão de que o sentido do tempo é peculiar à humanidade precisa ser cuidadosamente avaliada. Pois, se a ausência de qualquer contra-evidência indiscutível nos dá boas razões para negar essa faculdade aos animais, já se afirmou que há seres humanos que conseguem igualmente passar muito bem sem ela. O exemplo clássico, freqüentemente citado, é o dos hopis do Arizona. Tendo estudado minuciosamente sua língua, Benjamin Lee Whorf concluiu que ela não contém palavras, formas gramaticais, construções ou expressões referentes ao tempo ou a qualquer de seus aspectos.[9] Em vez dos conceitos de espaço e tempo, os hopis usam dois outros estados básicos que Whorf designou pelos termos "objetivo" e "subjetivo", respectivamente. O estado objetivo compreende tudo que é ou foi acessível aos sentidos, sem que se façam distinções entre presente e passado, embora tudo que chamamos futuro seja excluído. O estado subjetivo compreende tudo que consideraríamos mental ou espiritual, inclusive o que para nós é futuro, que os hopis julgam em grande parte predestinado, pelo menos em essência. Inclui também um aspecto do presente, a saber, o que está começando a ser revelado ou feito — por exemplo, o início de uma ação como dormir. O estado objetivo inclui todos os intervalos e distâncias e, em particular, as relações temporais entre eventos que já ocorreram. O estado subjetivo, por outro lado, não compreende coisa alguma correspondente às seqüências e sucessões que encontramos no estado objetivo. Ao contrário do inglês, a língua hopi prefere verbos a substantivos, mas seus verbos não têm tempos. Os hopis não precisam de termos relacionados ao espaço ou ao tempo. Termos que para os falantes do inglês se referem a esses conceitos são substituídos por expressões referentes a extensão, operação e processo cíclico, quando relacionados ao domínio objetivo. Termos referentes ao futuro, ao psíquico-mental, ao mítico e ao conjectural são substituídos por expressões de subjetividade. Whorf conclui que, afinal de contas, a língua hopi vive muito bem sem tempos para seus verbos.

A afirmação de Whorf de que a língua hopi não contém qualquer referência ao tempo, explícita ou implícita, é entretanto muito radical.[10] De fato, há uma distinção temporal entre as duas formas básicas do pensamento hopi. Em vez dos três estados temporais — passado, presente, futuro — os hopis imaginam dois estados que, juntos, abrangem nosso passado, presente e futuro. Na medida em que reconhecem implicitamente uma distinção entre passado e futuro, não se pode dizer que vivem unicamente no presente. Têm algum sentido do tempo, embora sua intuição fundamental do mesmo não seja a mesma que se desenvolveu na Europa. Ainda assim, foram capazes de desenvolver, com base em conhecimento astronômico, um calendário agrícola e cerimonial suficientemente preciso para que raras vezes celebrações específicas caiam a mais de dois dias da norma.[11]

De maneira similar, Evans-Pritchard observou que, para os azandes do sudeste do Sudão, o tempo assumia um significado diverso do que tinha para ele. A partir de seu comportamento, concluiu que, para esse povo, o presente e o futuro se superpunham, de tal modo que a saúde e a felicidade futuras de um homem dependiam de condições futuras consideradas como já existentes. Conseqüentemente, acredita-se que as forças místicas que produzem essas condições podem ser controladas aqui e agora. Quando os oráculos indicam que um homem cairá doente num futuro próximo, seu estado já é mau, uma vez que seu futuro já é parte do presente. Embora incapazes de explicar essas questões, os azandes gostam de acreditar nelas e de agir em conformidade com elas.[12]

Outra raça sudanesa estudada por Evans-Pritchard, os nuers, que vivem em ambas as margens do Nilo Branco, não têm equivalente algum de nossa palavra "tempo" e não são capazes de falar dele como de algo que passa e que pode ser poupado ou desperdiçado. Seus pontos de referência para o tempo são fornecidos por suas atividades sociais. "Os eventos [para eles] seguem uma ordem lógica, mas não são controlados por um sistema abstrato, não existindo pontos autônomos de referência a que as atividades devam corresponder com precisão."[13] Os nuers não têm unidades de tempo como horas ou minutos, pois não medem o tempo, pensando apenas em termos de sucessões de atividades. E são tantas as que envolvem seus rebanhos que Evans-Pritchard fala de seu "relógio de gado". Os anos são referidos pelas enchentes, pestilências, fomes, guerras e outros acontecimentos que neles ocorreram. Aos poucos, os nomes dados aos anos são esquecidos e todos os eventos que escapam a esse rudimentar registro histórico passam a ser pensados como tendo ocorrido muito tempo atrás. O tempo histórico fundado numa seqüência de eventos de grande significação para toda uma tribo abrange um lapso maior que o tempo histórico de grupos menores, mas, na opinião de Evans-Pritchard, nunca engloba um período de mais de 50 anos e, quanto mais distante do presente, menos numerosos e mais vagos são seus pontos de referência.[14] A distância entre os eventos não é computada pelos Nuers em termos de conceitos temporais, mas relacionadas à estrutura social, em especial ao que Evans-Pritchard chama de "sistema de conjunto de idade", já que todos os meninos "iniciados" num número sucessivo de anos pertencem a um único conjunto de idade. Na época em que fez sua pesquisa, Evans-Pritchard encontrou vivos os membros de seis conjuntos. Embora não tenha conseguido elucidar plenamente o modo como um indivíduo percebia efetivamente o tempo, uma vez que o assunto "estava envolto em dificuldades", concluiu que, entre os nuers, o tempo é percebido como mero movimento de pessoas, freqüentemente como grupo, através da estrutura social. Em conseqüência, não há uma verdadeira impressão das distâncias temporais entre os acontecimentos, como aquela produzida por nossas técnicas de datação. Em particular, a distância temporal entre o início do mundo e o dia presente permanece fixa. A contagem do tempo é essencialmente uma conceitualização da estrutura social, os pontos de referência sendo uma projeção, no passado, das relações presentes entre grupos sociais. "É menos um meio de coordenar eventos que de coordenar relações, e por isso é sobretudo um olhar para trás, uma vez que as relações devem ser explicadas em termos do passado."[15]

Estes e outros exemplos revelam que, assim como nossa intuição de espaço não é única, pois sabemos que não há uma geometria única que devamos necessariamente aplicar ao espaço, não há também uma intuição única do tempo, comum a toda a humanidade. Não apenas povos primitivos, mas civilizações relativamente avançadas atribuíram diferentes graus de significação ao modo temporal de existência e valorizaram mais ou menos a perspectiva temporal. Em suma, o tempo, em todos os seus aspectos, foi considerado de muitas maneiras conceitualmente distintas.

2

Definição do Tempo

Tempo, Linguagem e Número

Embora corrobore a idéia de que nossa maneira de encarar o tempo não é a única, o estudo dos hopis feito por Whorf sugere fortemente uma conexão universal entre tempo e linguagem. Da mesma maneira, a despeito da grande diversidade de línguas e dialetos existentes, a aptidão para a linguagem parece ser idêntica em todas as raças. Conseqüentemente, podemos concluir que a capacidade lingüística do homem existia antes que ocorresse a diversificação racial.

Num famoso trabalho sobre "O problema da ordem serial no comportamento", exposto no Simpósio Hixon sobre Mecanismos Cerebrais no Comportamento, em 1948, o psicólogo norte-americano K. S. Lashley afirmou que o princípio organizador subjacente aos problemas de sintaxe na fala e na língua é de natureza essencialmente rítmica, uma visão que hoje goza de aceitação geral. A investigação pioneira que Lashley fez dos aspectos temporais da linguagem foi depois desenvolvida pelo fisiólogo norte-americano E. H. Lenneberg, especialmente em seu livro seminal *Biological Foundations of Language*, publicado em 1968. Lenneberg observou que muitos processos fisiológicos aparentemente desprovidos de qualquer aspecto temporal na realidade exibem um: por exemplo, no processo de ver, que parece instantâneo, o tempo desempenha um papel, pois até a identificação das mais simples formas requer uma integração temporal no sistema nervoso. Como Lashley, ele acredita que é na anatomia e na fisiologia que se encontrarão as bases da lingüística. Em suas palavras, "a linguagem é mais adequadamente considerada como uma adaptação peculiar de um processo psicológico muito universal a uma função etológica específica da espécie: a comunicação entre membros de nossa espécie".[1] Lenneberg chegou à conclusão de que a articulação humana envolve uma periodicidade básica de cerca de seis ciclos por segundo (com uma possível variação de até um ciclo de um indivíduo para outro), e mostrou que uma grande variedade de fenômenos podia ser explicada por essa hipótese.

Na *Clayton Memorial Lecture* sobre "Alguns aspectos da fala" que fez em 1959 para a Sociedade Literária e Filosófica de Manchester, C. M. Bowra assinalou que os vocabulários dos povos mais primitivos são muito mais extensos que os usados pelos sofisticados europeus de hoje e que a razão disso é que, embora não tenham palavras para conceitos abstratos, esses povos costumam ser extremamente sutis na detecção de distinções mínimas no mundo visível, que denotam por palavras diferentes. Suas linguagens extremamente complexas lhes são plenamente adequadas, desde que não sejam obrigados a enfrentar condições novas e sem precedentes. Como o estado de equilíbrio entre a sobrevivência e a morte por inanição em que normalmente vivem é em geral cuidadosamente mantido, não surpreende que considerem perigoso desviar-se de seus costumes e hábitos. Em razão de sua tendência a adaptar suas vidas e modo de pensar a circunstâncias que julgam imutáveis, suas regras e costumes se tornam inevitavelmente rígidos. Em conseqüência, suas línguas, que são estreitamente ajustadas a seu modo de vida, tendem a impedir o livre movimento de suas mentes a novas regiões de experiência. Como Bowra observa:

> À medida que essas línguas mudam, e elas certamente o fazem, isso se dá na direção de uma elaboração crescente de seus próprios métodos especiais de lidar com impressões individuais e com as mais finas nuanças de diferença nas relações sociais. Não surpreende que homens que as falavam fossem completamente incapazes de compreender o que estava acontecendo quando homens brancos atiravam neles por terem rompido normas que, a seu ver, eram totalmente ininteligíveis.[2]

Hoje há um reconhecimento geral de que a linguagem é a mais importante característica do homem. A possibilidade da linguagem humana parece ter dependido não apenas das potencialidades do trato vocal no homem mas também do desenvolvimento da área de Broca no neocórtex. Supõe-se que essa área está relacionada com a regulação das *seqüências* de sons. Se assim for, sua aparente ausência no cérebro de outros primatas pode explicar porque os gritos desses animais não são formados por uma variação, no tempo, da ordem de unidades elementares.[3]

As crianças nascem com uma aptidão geral para a linguagem, porquanto exibem uma propensão irresistível a se expressarem. O balbucio dos bebês é uma atividade reflexa espontânea, bastante similar aos movimentos descoordenados de seus membros. É um fato óbvio — mas nem por isso menos notável — que toda criança normal tem a capacidade inerente de produzir todos os sons de todas as línguas do mundo, que somam vários milhares. Entretanto, é somente a "língua natal" que aprende a falar espontaneamente, e deve começar a fazê-lo antes de completar cerca de seis anos, como foi demonstrado pelo fracasso em aprender a falar das chamadas "crianças selvagens", que não tinham podido entrar em contato com outros seres humanos antes dessa idade. Qualquer outra língua que se tente aprender depois exige um esforço especial, e só alguns têm facilidade em aprender novos idiomas. O número máximo de línguas que se tem conhecimento que um homem já aprendeu a falar não chega a sessenta. Diz-se que o famoso orientalista *sir* William Jones (1746–1794) sabia mais de quarenta.

A razão por que a fala se baseia no som e não no gesto reside provavelmente no fato de que a audição é o sentido mais proximamente relacionado ao tempo. Contudo, embora o som seja transitório, o desenvolvimento da linguagem fundou-se originalmente no reconhecimento, pelo homem, de objetos duráveis a que podia dar nomes, pois há indícios de que a introdução de tempos verbais foi um desenvolvimento relativamente tardio. Nosso conhecimento da evolução da linguagem, embora forçosamente confinado a registros escritos, confirma essa conclusão. Por exemplo, no Médio Egito de cerca de 2000 a.C., os "tempos" verbais diziam respeito à repetição da noção expressa pelo verbo e não à relação temporal da ação envolvida com o falante. Isto não era apenas uma peculiaridade do Médio Egito, pois verificamos que em outras formas antigas de linguagem a característica temporal dominante era a duração e não o tempo. De fato, foi somente nas línguas indo-européias que as distinções entre passado, presente e futuro se desenvolveram plenamente. Em hebreu, por exemplo, o verbo não distingue as ações nesses termos, mas entre incompletas e realizadas. Ademais, "pensamos o futuro como estando à nossa frente, ao passo que, em hebreu, os eventos futuros são sempre expressos como vindo depois de nós".[4] Por outro lado, no grego arcaico já é possível discernir formas verbais que discriminam entre os tempos.

O "inglês antigo", a língua falada na Inglaterra antes da Conquista Normanda, não continha palavras distintas para o tempo verbal futuro. Em vez disso, o tempo presente era especialmente adaptado para esse fim, quando e como necessário.

Suzanne Fleischmann chamou atenção para o fato de que os tempos verbais que hoje utilizamos correspondem a atividades mentais distintas;

o passado a conhecimento; o presente a sentimento; e o futuro a desejo e obrigação, bem como a potencialidade. Dada a ênfase conferida pelo cristianismo ao dever moral, chegou-se a ver no surgimento dessa religião a única razão da introdução de novos futuros modais, por volta do século V d.C., mas na opinião dessa autora igual importância deve ser atribuída ao deslocamento ocorrido, por volta da mesma época, na ordem básica das frases latinas: de SOV (sujeito-objeto-verbo) para SVO. Segundo ela, "o apelo a uma determinação múltipla — sem excluir a possibilidade de determinantes culturais — pode demonstrar a abordagem mais satisfatória ao problema".[5]

George Steiner evocou o choque que teve quando, criancinha, deu-se conta pela primeira vez que era possível fazer afirmações sobre o futuro *distante*. "Lembro", escreveu ele, "um momento perto de uma janela aberta, quando o pensamento de que eu estava num lugar comum e 'agora' podendo dizer frases sobre o tempo e aquelas árvores cinqüenta anos adiante, encheu-me com uma sensação física de estupefação. Tempos futuros, subjuntivos futuros, em particular, pareciam-me possuídos de uma força mágica literal." Compara essa sensação com a vertigem mental que freqüentemente é produzida pela observação de números extremamente grandes, e chama a atenção para a interessante sugestão feita por alguns especialistas em sânscrito — a mais antiga língua indo-européia conhecida — de que "o desenvolvimento de um sistema gramático de futuridade pode ter coincidido com um interesse em séries recursivas de número muito grandes".[6]

Seja como for, está claro que a origem do conceito de número, como a origem da linguagem, está intimamente relacionada com o modo como nossas mentes trabalham no tempo, isto é, com nossa capacidade de prestar atenção, estritamente falando, a uma só coisa de cada vez, e nossa incapacidade de fazê-lo por muito tempo sem que nossas mentes divaguem. Nossa idéia do tempo está pois estreitamente ligada ao fato de que nosso processo de pensamento consiste numa seqüência linear de atos discretos de atenção. Em conseqüência, o tempo é naturalmente associado por nós à contagem, o mais simples de todos os ritmos. Certamente não é por acaso que as palavras "aritmética" e "ritmo" vêm ambas de termos gregos derivados de uma raiz comum que significava "fluir". A relação entre o tempo e a contagem é mais amplamente discutida em meu livro *The Natural Philosophy of Time*.[7]

O TEMPO E AS BASES NATURAIS DE MEDIÇÃO

Em sua maioria, por primitivos que sejam, os povos têm algum método para registrar e marcar o tempo, fundado nas fases da natureza indicadas pelas variações temporais do clima e da vida vegetal e animal, ou em fenômenos celestes revelados por observações astronômicas rudimentares. A computação do tempo, isto é, a contagem contínua de unidades de tempo, foi precedida por indicações temporais fornecidas por ocorrências particulares. O método mais antigo de contar o tempo apoiava-se em alguns fenômenos prontamente reconhecíveis; um exemplo é a contagem dos dias em termos de auroras, que encontramos em Homero ("Esta é a décima segunda aurora desde que cheguei a Ílion", *Ilíada*, xxi. 80–1). Nesse método de cômputo do tempo, como observou M. P. Nilsson, não são as unidades como um todo que são contadas, uma vez que a unidade como tal não foi concebida, mas um fenômeno concreto que ocorre uma única vez dentro dessa unidade. É o que ele chamou de "método *pars pro toto*", tão amplamente usado em cronologia.[8]

Um bom exemplo desse método é fornecido pelo uso extensivo da palavra "dia". A fusão de dia e noite numa única unidade de 24 horas não ocorria ao homem primitivo, que os via como fenômenos essencialmente distintos. É curioso que, mesmo atualmente, muito poucas línguas tenham uma palavra especial para denotar essa importante unidade. Exceções notáveis são as palavras escandinavas, como o sueco *dygn*, quando em inglês usamos a mesma palavra "*day*" para denotar tanto o período completo de 24 horas como a parte dele iluminada pela luz do Sol. Em vez de recorrer a "aurora" e "dia", alguns povos contam o tempo pelo número de noites. Talvez porque o sono forneça um indicador de tempo especialmente conveniente. Um conhecido resquício disto, em inglês, é a palavra *fortnigh*,* que hoje é obsoleta nos Estados Unidos, como a palavra *sennight* é na Grã-Bretanha.

Muitas vezes o Sol pode ser usado para indicar um tempo particular no período iluminado, por referência à sua posição no céu ou de algum outro modo. Assim, o aborígine australiano fixará o momento para uma ação que pretende realizar pondo uma pedra na forquilha de uma árvore, de modo que o Sol a atinja na ocasião determinada. Muitas tribos nos trópicos determinam a altura do dia pela direção do Sol ou pelo comprimento ou posição da sombra projetada por uma vareta na vertical.

* *Fortnight* — do inglês antigo *feowertiene nihts*, ou 14 noites — é designação corrente do período de duas semanas na Grã-Bretanha. (N. da T.)

Antes do nascer do Sol, porém, o fenômeno mais amplamente utilizado como indicador do tempo é o canto do galo.

Uma grande variedade de convenções foi usada para estabelecer quando começa a unidade dia. Os egípcios antigos escolheram a aurora, ao passo que babilônios, judeus e muçulmanos escolheram o pôr-do-sol. Os romanos de início escolheram o nascer do Sol, mas depois a meia-noite, em razão da duração variável do período iluminado. A aurora marcava o início da unidade dia na Europa Ocidental antes do advento do relógio que batia as horas, no século XIV; mais tarde, porém, a meia-noite foi escolhida como início do dia civil. Astrônomos, como Ptolomeu, julgavam mais conveniente o meio-dia, que continuou sendo o início do dia astronômico até 1º de janeiro de 1925, quando, por um acordo internacional, o dia astronômico passou a coincidir com o dia civil.

Depois do dia, a mais importante unidade de tempo é o ano. Entretanto, embora cada ano apresente normalmente o mesmo ciclo de fenômenos, só gradualmente o homem aprendeu a unir as diferentes estações numa unidade temporal definida. Este foi um passo especialmente difícil para povos que viviam nas regiões equatoriais, em que há duas metades de ano similares, cada uma com seu tempo de semear e de colher, já que, originalmente, entendia-se por "ano" um período da vegetação. Há uma considerável diferença entre o ano natural, isto é, o período da revolução anual da Terra em torno do Sol, e o ano agrícola. O primeiro não tem fim ou início naturais, ao contrário do segundo. No escandinavo, alemão e anglo-saxão antigos, costumava-se computar os anos em invernos. A razão para esta prática, obviamente rara nos trópicos, era a mesma para a contagem dos dias pelas noites, uma vez que o inverno era associado a uma estação de repouso, visto como um todo indiviso, e por isso mais conveniente que o verão, com suas múltiplas atividades. Não obstante, há exceções a esta regra. Em eslavônio, por exemplo, o tempo era computado em verões e, no inglês, utilizavam-se expressões como "uma donzela de dezoito verões", ao passo que na Bavária medieval os anos eram contados em outonos.

As indicações de tempo derivadas de fases climáticas e outras fases naturais que se sucedem no ano são apenas aproximadas, tendendo a flutuar de um ano para outro. Com freqüência, a agricultura torna desejável uma maior exatidão, e há muito se reconheceu que isso poderia ser fornecido pelos astros, especialmente por seu despontar e desaparecimento. A observação desses fenômenos não exigia grandes esforços intelectuais do homem primitivo, que se levantava e deitava com o Sol. A experiência lhe ensina quais são as estrelas que despontam no leste logo antes do Sol e quais são as que surgem no oeste ao anoitecer e ali se põem pouco depois. Esse pôr e nascer helíacos, como foram chamados, variam ao longo do ano e podem ser correlacionados de imediato com fenômenos naturais particulares. As estrelas fornecem, então, um meio rápido e mais preciso que qualquer outro fundado nas fases de fenômenos terrestres para determinar a época do ano. Assim como o momento do dia pode ser revelado pela posição do Sol, a altura do ano pode ser determinada pelo pôr e nascer helíacos das estrelas, e isto pode constituir a base de um calendário. A passagem do tempo pode ainda ser aproximadamente determinada pela observação da posição de grupamentos estelares facilmente reconhecíveis, em especial as Plêiades.

As estrelas, porém, se podem ajudar o homem a determinar as estações, não lhe permitem dividir o ano em partes. Em seu lugar, usou-se a Lua para produzir uma unidade temporal entre o ano e o dia. Mais ainda, diversamente das fases naturais e das estrelas, o crescimento e decrescimento da Lua forneciam um meio de computar o tempo. A Lua pode ser considerada, portanto, o primeiro cronômetro, já que sua aparência continuamente cambiante chamou atenção para o aspecto de duração do tempo. Embora o conceito de mês seja muito mais rapidamente estabelecido que o de ano, é difícil combinar os dois de modo satisfatório, pois o período solar não é um múltiplo conveniente do período lunar. Como o início do mês era determinado pela observação da lua nova, o mês era baseado em lunações, mas elas não eram adequadas à mensuração do tempo, já que é o movimento do Sol que determina as estações e o ritmo de vida associado a elas. A conseqüência disto é que nosso sistema de meses já não tem conexão alguma com a Lua, sendo uma forma puramente arbitrária de dividir o ano solar em 12 partes. Nosso conceito atual de ano remonta aos romanos e, passando por eles, aos egípcios, que não consideravam a lunação como medida de tempo.

Com relação a intervalos de tempo mais curtos que o ano e o dia, foi comum entre povos primitivos o uso de intervalos fisiológicos oportunos, como "um piscar de olhos", ou correspondentes a ocupações, tal como o tempo necessário para cozer determinada quantidade de arroz. De fato, a relutância do homem a abandonar as bases naturais de medição foi por muito tempo um obstáculo ao desenvolvimento de um sistema científico de registro do tempo. Isto é especialmente evidente no caso da hora. A divisão do período claro em 12 partes foi introduzida pelos egípcios. Foram os primeiros a dividir o intervalo do nascer ao pôr-do-sol em dez horas; posteriormente acrescentaram mais duas, uma para a manhã e uma para o crepúsculo e dividiram também a noite em 12 partes iguais. Essas "horas sazonais", como são chamadas, variavam de duração segundo a época do ano. Essa prática, além dos transtornos que gerava — embora menores em países como o Egito que nos situados mais ao norte —, representou uma complicação desnecessária ao desenvolvimento do relógio de água e era absolutamente inadequada à astronomia científica.

O TEMPO NA SOCIEDADE CONTEMPORÂNEA

O que distingue particularmente o homem da sociedade contemporânea de seus antepassados é que ele adquiriu crescente consciência do tempo. Assim que acordamos, pensamos em geral em que horas serão. Ao longo de nossa rotina diária estamos continuamente preocupados com o tempo e não cessamos de consultar nossos relógios. Em outras épocas, a maioria das pessoas trabalhava arduamente, mas se preocupava menos com o tempo que nós. Até o advento da moderna civilização industrial, a vida das pessoas era muito menos conscientemente dominada pelo tempo do que passou a ser desde então. O desenvolvimento e o aperfeiçoamento contínuo do relógio mecânico e, mais recentemente, de relógios que trazemos conosco, teve profunda influência em nosso modo de viver. Hoje somos governados por horários e muitos de nós carregamos agendas não para lembrar o que fizemos, mas para nos assegurarmos de que estamos no lugar certo, na hora certa. Temos uma necessidade sempre crescente de aderir a determinadas rotinas, de modo que as complexas operações de nossa sociedade possam ocorrer de maneira regular e efetiva. Tendemos até a comer não quando sentimos fome, mas quando o relógio indica que está na hora da refeição. Em conseqüência, embora haja diferenças entre a ordem objetiva do tempo físico e o tempo individual da experiência pessoal, somos compelidos cada vez mais a relacionar nosso "agora" pessoal ao cronograma determinado pelo relógio e o calendário. Da mesma maneira, no estudo do mundo natural, nunca se atribuiu tanta importância aos aspectos temporais dos fenômenos como atualmente. Para entender porque é assim e como o conceito de tempo chegou a dominar nossa compreensão tanto do universo físico como da sociedade humana, assim como controla o modo como organizamos nossas vidas e atividades sociais, devemos examinar o papel que ele desempenhou ao longo da história.

PARTE II

O TEMPO NA ANTIGÜIDADE E NA IDADE MÉDIA

3

O Tempo nos Primórdios da História

Pré-História

A consciência de si é uma característica fundamental da existência humana, que envolve um sentido de continuidade pessoal ao longo de uma sucessão de diferentes estados de percepção. Esse sentido depende essencialmente da memória, mas um sentido do passado só poderia surgir quando o homem refletisse conscientemente sobre suas memórias. De modo semelhante, a ação intencional envolve pelo menos um reconhecimento implícito de alguma realização futura, mas um sentido geral do futuro não poderia ter surgido antes que o homem aplicasse sistematicamente sua mente à questão de eventos futuros. O homem deve ter tido consciência de memórias e propósitos muito antes que fizesse qualquer distinção explícita entre passado, presente e futuro.

As famosas pinturas paleolíticas encontradas em cavernas, como as de Lascaux, na Dordonha, foram interpretadas como indício de que, pelo menos implicitamente, 20.000 anos atrás, ou mais, as pessoas operavam com propósito teleológico em termos de passado, presente e futuro. A julgar pelo que sabemos sobre raças primitivas, é muito provável que o estímulo para a produção dessas pinturas fosse mágico, sendo seu objetivo fixar na parede ou teto de uma caverna um evento — usualmente a morte de um animal — cuja realização se esperava no futuro, em outro lugar. Talvez os autores da famosa pintura chamada "A dança do feiticeiro" (na parede de um dos mais profundos recintos da caverna de Trois Frères, no departamento de Arriège, na França), que representa um homem vestido com a pele de um animal e ostentando chifres de veado, tenham percebido que o ato efetivo de dançar era insuficiente, uma vez que queriam que a dança conservasse sua eficácia mágica, depois de encerrada. Se correta, esta hipótese poderia explicar porque, tantos mil anos atrás, essas pessoas se deram ao trabalho e se expuseram ao perigo de penetrar tão profundamente na caverna para esse fim.

Ao fazer essas representações pictóricas, as pessoas provavelmente se valiam de sua memória de eventos passados, e assim os três modos do tempo estão envolvidos. Isto não implica, porém, percepção da distinção entre passado, presente e futuro, assim como o uso da linguagem não requer um conhecimento explícito de gramática. Na verdade, deve ter custado ao homem um enorme esforço superar sua tendência natural a viver, como os animais, num contínuo presente. Ademais, o desenvolvimento do pensamento racional parece de fato ter ameaçado a avaliação, pelo homem, da significação do tempo.

Em sua obra clássica *Primitive Man as a Philosopher*, Paul Radin afirma que, entre os homens primitivos, havia dois tipos de temperamento diferentes: o homem de ação, que é orientado para objetos externos, basicamente interessado em resultados práticos e comparativamente indiferente a suas sensações íntimas, e o pensador — um tipo muito mais raro —, impelido a analisar e "explicar" seus estados subjetivos. O primeiro, quando de alguma maneira se preocupa com explicações, inclina-se para aquelas que enfatizam as relações puramente mecânicas entre os eventos. Seu ritmo mental caracteriza-se por uma exigência de infindável repetição do mesmo evento ou série de eventos, e a mudança, para ele, significa essencialmente uma transformação abrupta. O pensador, por outro lado, julga as explanações puramente mecânicas inadequadas. Mas, embora busque uma descrição em termos de um desenvolvimento gradual de um para muitos, do simples para o complexo, da causa para o efeito, fica desnorteado pelas formas continuamente mutantes dos objetos externos. Para conseguir lidar sistematicamente com elas, precisa antes atribuir-lhes alguma permanência de forma. Em outras palavras, o mundo precisa ser tornado estático.[1]

A crença de que a realidade última é atemporal está profundamente enraizada no pensamento humano, e a origem da investigação racional do mundo foi a busca dos fatores permanentes subjacentes ao padrão sempre cambiante dos eventos. Como Radin frisou em sua discussão do pensamento do homem primitivo, "tão logo um objeto é visto como uma entidade dinâmica, sua análise e definição tornam-se tanto difíceis quanto insatisfatórias. Para a maioria das pessoas, pensar, sob tais circunstâncias, é quase impossível".[2] De fato, a própria linguagem introduziu inevitavelmente um elemento de permanência num mundo evanescente. Pois, embora a fala seja em si mesma transitória, os símbolos sonoros convencionados da linguagem transcenderam o tempo. No nível da linguagem oral, entretanto, a permanência dependia exclusivamente da memória. Para obter um maior grau de permanência, os símbolos da fala oral tiveram que ser convertidos nos símbolos espaciais da fala escrita. Os primeiros registros escritos eram simples representações pictóricas de objetos naturais, como aves e animais. O passo seguinte foi a ideografia, pela qual os pensamentos eram simbolicamente representados por desenhos de objetos concretos. A etapa decisiva na evolução da escrita ocorreu quando esses sinais se converteram em ideogramas, isto é, representação de coisas que são ouvidas. Essa conversão de símbolos sonoros no tempo em símbolos visuais no espaço foi o maior passo singular na busca da permanência.

A distinção que fazemos entre passado, presente e futuro refere-se à natureza transicional do tempo. Embora dependente da memória, nosso sentido de identidade pessoal está estreitamente associado ao aspecto de duração do tempo. A descoberta feita pelo homem de que ele mesmo, como todas as outras criaturas vivas, nasceu e vai morrer deve tê-lo conduzido intuitivamente a tentar sustar o fluxo incessante do tempo, buscando prolongar indefinidamente a própria existência. Os indícios da realização de funeral ritual remontam pelo menos até o homem de Neandertal, e possivelmente a mais cedo.[3] Um funeral neandertalense realizado cerca de 60.000 anos atrás, numa caverna do norte do Iraque, parece ter incluído até flores.[4] No tocante à nossa própria espécie, o indício mais antigo, que remonta possivelmente a 35000 a.C., revela que os mortos eram cercados não só por armas, ferramentas e ornamentos, mas também por comida, algo que, com freqüência devia ser escasso entre os vivos. Em alguns casos cobriam-se os corpos de ocre vermelho, talvez no intuito de simular sangue, na esperança de impedir a extinção física. O cuidado tomado com a remoção dos mortos sugere uma convicção profunda de que, desde que tomadas as medidas apropriadas, a morte podia ser encarada como um estado transitório.

A idéia da morte como transição de uma fase da vida para outra, transição que podia ser satisfatoriamente efetuada pela execução dos rituais apropriados, tornou-se um padrão para o enfrentamento de outras mudanças naturais. As principais transições de uma fase da vida das pessoas para outra eram pensadas como crises, que a comunidade a que pertenciam assistia com os rituais apropriados.

De maneira similar, as principais transições na natureza eram consideradas repentinas e dramáticas. No período paleolítico os homens já sabiam que, em certas épocas do ano, animais e plantas são menos prolíficos que em outras, e, nessas ocasiões, consideravam necessária a prática de rituais sazonais para garantir um suprimento adequado de ambos. Com a passagem do nomadismo e da coleta de alimentos para uma forma de sociedade agrícola e mais organizada, a ansiedade do homem com relação a si mesmo e aos animais que caçava incorporou-se a uma ansiedade mais geral com relação à natureza. Nas estações críticas, impunha-se uma resposta ritual para enfrentar fatores imprevisíveis que, de outra forma, poderiam interferir no crescimento regular das plantações. A sucessão de fenômenos e fases naturais serviu de base a uma interpretação fabulosa do universo. A natureza era vista como um processo de luta entre forças cósmicas e forças caóticas demoníacas, da qual os humanos não eram meros espectadores: cabia-lhes desempenhar, agindo em plena consonância com a natureza, um papel ativo que auxiliaria a promoção dos fenômenos necessários. Isto significava a execução de determinado conjunto de rituais nas ocasiões devidas.

Nos últimos anos, o estudo de vestígios megalíticos, como Stonehenge, em termos de alinhamentos astronômicos hipotéticos, deu lugar a várias especulações interessantes sobre o conhecimento que o homem pré-histórico tinha do calendário. Uma cuidadosa avaliação dessas concepções foi feita por D. C. Heggie.[5] Sugeriu-se que muitas das marcas encontradas em artefatos do paleolítico superior e em cavernas estavam provavelmente ligadas a calendários ou à astronomia.

EGITO ANTIGO

Nas civilizações mais antigas, encontramos correlações definidas entre eventos sociais e naturais. No Egito, onde tudo dependia do Nilo, a coroação de um novo faraó era muitas vezes adiada até que um novo início do ciclo da natureza fornecesse um ponto de partida propício a seu reinado. A cerimônia era marcada de modo a coincidir ou com a cheia do rio, no início do verão, ou com a baixa das águas, no outono, quando os campos, fertilizados, estavam prontos para a semeadura. O ritual real era estreitamente associado à história de Osíris, o protótipo divino que os faraós tomavam por modelo, repetindo seus feitos tradicionais. Osíris representava as águas doadoras de vida e o solo fertilizado pelo Nilo. Depois que o Nilo recuava, a terra conseqüentemente parecia morta, mas quando as águas retornavam, revivia. O mito de Osíris, que corporificava esse ciclo de nascimento, morte e renascimento, encerrava uma promessa de imortalidade. Por ocasião da morte do faraó, uma série de ritos o capacitava a tornar-se Osíris, imune portanto à devastação pelo tempo. De início esse caminho para a imortalidade era essencialmente uma prerrogativa real, mas acabou-se por considerar que a imortalidade seria conferida a todos que pudessem imitar esses ritos. Como S. G. F. Brandon assinalou, a grande popularidade do culto a Osíris significava, de fato, a adoção pelos egípcios de um conceito definido de tempo, ainda que isso pudesse não ser conscientemente reconhecido. Pois, como os egípcios acreditavam que Osíris tinha realmente vivido em sua terra muito tempo antes, seu culto significava que um evento histórico particular, no caso a morte e ressurreição do deus, podia ser perpetuamente repetido por meio de simulação mágica, de tal modo que seus supostos efeitos benéficos pudessem se exercer sobre aqueles em cuja intenção os ritos eram realizados.[6]

Embora fosse um caso notável do que Brandon chamou de "ritual de perpetuação do passado", o culto a Osíris estava relacionado apenas à imortalidade pessoal, não gerando qualquer interesse no passado como tal. Ao contrário, quando se tentava recriar, em ocasiões específicas, eventos particulares associados a Osíris, o pensamento se concentrava mais no presente que no passado. Os egípcios concebiam o tempo como uma sucessão de fases recorrentes. Tinham muito pouco sentido de história, e mesmo de passado e futuro. Pois, embora houvesse um passado absoluto, era normativo, não sendo visto como em retrocesso.[7] Pensavam o mundo como essencialmente estático e imutável. Os deuses o haviam criado, no início, com todas as coisas que continha organizadas num padrão permanente. O equilíbrio cósmico, que envolvia a recorrência regular dos fenômenos sazonais, só podia ser mantido, entretanto, por meio de um controle ininterrupto. Na terra, essa era a função do faraó. Incidentes históricos eram tão-somente perturbações superficiais da ordem estabelecida, ou eventos recorrentes que tinham sempre igual significação. Essa idéia de um padrão perpetuamente repetitivo de eventos inspirou um sentido de segurança em face da ameaça de mudança e ruína. Alguma crise que sobreviesse, perturbando a ordem habitual das coisas, não era algo de realmente novo, tendo sido antevista desde a criação no mundo. Os sacerdotes tratariam então de examinar escritos antigos para descobrir se o evento já ocorrera no passado e que solução lhe fora então aplicada.

Essa avaliação da atitude dos egípcios para com o tempo é confirmada por sua atitude para com a cronologia. Os anos eram numerados não numa sucessão linear, mas segundo o reinado dos faraós, cada um dos quais subia ao trono no ano 1, e também com base na arrecadação dos impostos. Os funcionários do tesouro avaliavam as posses reais de dois em dois anos, de modo que os anos de um determinado reinado eram designados como o Ano, digamos, da Terceira Soma, ou o Ano depois da Terceira Soma, e assim por diante. Essa ausência de um sentido contínuo do tempo tornava extremamente difícil um cálculo exato de séculos passados, especialmente por causa das co-regências e reinados paralelos ou fictícios. Quando diziam, por exemplo, "no reinado do rei Quéops", os egípcios pensavam num evento distante, situado no tempo de maneira bastante vaga. Ademais, a idéia que tinham de um mundo eterno e imutável fazia com que jamais concebessem qualquer evolução das condições sociais. Houve períodos de considerável conturbação social, sobretudo no final do Antigo Império, mas só os textos literários os mencionam. Os textos históricos restringiram-se a enumerar os reis que viveram nesses anos conturbados, sem dar qualquer indicação de que algo de importante estava ocorrendo na época. Por cerca de 3.000 anos, o registro de eventos históricos feito pelos egípcios caracterizou-se pela preocupação em listar reis e pela ausência de datas precisas. Temos notícia de um único historiador egípcio, o sacerdote e escriba Mâneto, que compilou a lista de todos os faraós e classificou-os apropriadamente nos grupos específicos de dinastias que os egiptologistas ainda hoje empregam. Mas Mâneto, que viveu no século III a.C., escreveu em grego e seu trabalho deve ser encarado mais como de caráter helenístico que egípcio.

Seja como for, sob um aspecto os egípcios deram uma importante contribuição à ciência do tempo. Foram os criadores do que Otto Neugebauer qualificou de "o único calendário inteligente que jamais existiu na história humana".[8] Seu ano civil compunha-se de 12 meses, cada um com 30 dias, com cinco dias adicionais no final de cada ano, perfazendo um total de 365. Na visão de Neugebauer, teve origem em bases puramente práticas, pela observação contínua e o estabelecimento de médias dos intervalos de tempo entre sucessivas chegadas da cheia do Nilo — o principal acontecimento na vida egípcia — a Heliópolis. De início os egípcios não se davam conta de que o ano astronômico não consiste exatamente de 365 dias, contendo uma fração extra (de cerca de um quarto) de um dia. Mas a discrepância não tardou a ser percebida e introduziu-se então um outro calendário, que guardava uma consonância mais estreita com os fenômenos astronômicos. Percebeu-se que a cheia do Nilo ocorria quando a última estrela a aparecer no horizonte, antes que o clarão da aurora obscureça todas elas, era a estrela Cão Sótis, ou Sírius, como a chamamos. Esse "nascer helíaco", para usar o termo empregado na astronomia grega, passou então a ser considerado o ponto fixo natural do calendário "sotiacal". Cálculos astronômicos revelam que o primeiro dia dos dois calendários coincidem no ano 2773 a.C., e concluiu-se que foi esse o ano da introdução do calendário sotiacal.[9] Há razões para associar isso com o ministro do rei Djoser da Terceira Dinastia, conhecido do Imhotep, mais tarde deificado como o Pai da ciência egípcia. O calendário sotiacal acompanhava as estações, mas o calendário civil não o fazia. Os dois coincidiam a intervalos de 1460 (= 355 × 4) anos. O ano civil era dividido em três "estações" convencionais — chamadas tempo da inundação, tempo da semeadura e tempo da colheita — e cada uma delas era dividida em quatro meses, evidentemente também convencionais e sem conexão com a Lua. Apesar da anomalia lingüística resultante do fato de que a estação chamada "tempo da inundação" acabava por cair em uma das outras estações, os egípcios conservaram o calendário de 365 dias inalterado até o período romano, em razão de sua conveniência como registro automático da passagem do tempo numa era, cada ano contendo o mesmo número de dias, diversamente dos nossos. Tal calendário era exatamente o requerido para cálculos astronômicos. Foi adotado pelos astrônomos helenísticos, tornou-se o sistema astronômico padrão de referência na Idade Média e chegou a ser usado até por Copérnico, em suas tabelas lunares e planetárias. Os egípcios, que tinham também um calendário lunar para regular dias festivos pelas fases da Lua, descobriram que 309 meses lunares eram quase equivalentes a 25 anos civis.

Num país de céu quase sem nuvens, como o Egito, a observação do Sol era um útil recurso para determinar os momentos do dia, de modo que não surpreende que o mais antigo relógio solar conhecido tenha sido encontrado ali. Um fragmento de relógio de sol egípcio datado de cerca de 1500 a.C. encontra-se hoje num museu de Berlim. Com a forma de uma régua *T*, era disposto pela manhã horizontalmente, com o travessão voltado para o leste, de modo a lançar uma sombra ao longo da haste, graduada com marcas referentes a seis horas. À medida que o Sol se elevava no céu, a sombra se reduzia, até desparecer, ao meio-dia, na marca da sexta hora. O instrumento era então reposicionado, com o travessão voltado para o oeste, de modo que a sombra, cada vez mais longa, retrocedesse gradualmente ao longo das marcas das horas, até a décima segunda. Os primeiros relógios desse tipo eram corretos apenas nos equinócios, e só muito mais tarde tornou-se possível considerar devidamente as mudanças sazonais na posição do Sol. Por fim, foi estabelecida uma série de sete escalas de hora para compensar essas mudanças, mas mesmo então esse relógio raramente era preciso. O faraó guerreiro Tutmés III mencionou a hora indicada pela sombra do sol num momento crítico de uma de suas campanhas, o que parece indicar que levava consigo um relógio de sol.[10] Outro tipo de relógio de sol, que utilizava a direção em vez do comprimento da sombra, foi o quadrante solar, mas os egípcios, que o inventaram, estavam longe de compreender as sutilezas envolvidas na construção de um instrumento acurado como esse, que precisa ser calibrado para as latitudes dos diferentes lugares em que será usado.

Para ter um meio de medir o tempo durante a noite, os egípcios inventaram também o relógio de água, ou "clepsidra", como os gregos posteriormente o denominaram. Foram desenvolvidos dois tipos principais, em que a água fluía para fora ou para dentro, respectivamente, de um vaso graduado. Os relógios em que a água fluía para dentro eram geralmente cilíndricos e os outros tinham a forma de um cone invertido, com um pequeno buraco na base ou perto dela, sendo a hora indicada pelo nível da água. As clepsidras foram usadas também pelos gregos e romanos. Vitrúvio, que escreveu por volta de 30 a.C., descreveu vários tipos delas. Para que as clepsidras indicassem as horas sazonais, era preciso alterar a velocidade do fluxo ou a escala das horas segundo a época do ano, e uma considerável engenhosidade parece ter sido aplicada com esse fim.

Os egípcios usavam também um fio de prumo, que chamavam de "merkhet", para determinar a hora durante a noite. Observavam os trajetos de estrelas selecionadas ao longo do meridiano, à medida que se alinhavam com dois merkhets. No Museu de Ciência, em Londres, há um merkhet em exibição permanente que, ao que se calcula, data de cerca de 600 a.C. Segundo a inscrição que traz, pertenceu ao filho de um sacerdote do templo de Hórus em Edfu, no Alto Egito.

Como mencionado no capítulo 2, devemos aos egípcios nossa atual divisão do dia em 24 horas, embora as horas egípcias não tivessem igual duração, já que, em cada época do ano, os períodos de luz solar e escuridão eram divididos em 12 horas, cada um. O fim da noite era marcado pelo nascer helíaco de determinada estrela. Entretanto, como o Sol não só participa da rotação diária do céu de leste para oeste mas tem também seu próprio movimento relativo às estrelas — lento, anual — na direção oposta, diferentes nasceres helíacos ocorrem ao longo do ano. Em vez de escolher uma estrela diferente a cada dia, os sacerdotes egípcios, fundamentalmente preocupados com o horário dos serviços noturnos em seus templos, faziam uma nova escolha de dez em dez dias, período de tempo (e constelação estelar) que era chamado de "decanato". Os mais antigos textos astronômicos hoje conhecidos foram encontrados no tampo de ataúdes de madeira datados na Nona Dinastia (*c*. 2150 a.C.). São chamados "relógios estelares diagonais", ou "calendários diagonais", e fornecem os nomes das estrelas associadas com os respectivos decanatos. Esses mapas estelares tinham por fim permitir aos mortos saber a hora da noite ou a data pelo calendário.[11] Diga-se de passagem que os 12 signos do zodíaco só apareceram no Egito no período helenístico, não havendo antes disso qualquer indício da existência de idéias astrológicas.

Como o ano civil egípcio continha 365 dias, havia 36 decanatos em cada um (mais os cinco dias extras no final do ano), sendo o céu dividido de acordo com isto. Durante o verão, quando Sírius nasce heliacalmente, só é possível ver 12 dessas divisões do céu nascendo durante as horas de escuridão, e foi isto que levou às 12 divisões da noite. No tocante ao período iluminado pelo Sol, um simples quadrante solar num obelisco de Sethi I, de cerca de 1300 a.C., indica dez horas entre o nascer do Sol e o crepúsculo, às quais eram acrescentadas mais duas, para a manhã e o pôr-do-sol. Como já foi mencionado, essas divisões do dia e da noite levaram às 24 horas "sazonais" do dia completo nas épocas helenística e romana. Na Antigüidade, somente os astrônomos helenísticos usavam horas de igual duração, iguais às horas sazonais da data do equinócio de primavera. Dado que, de acordo com uma prática babilônia, todos os cálculos astronômicos que envolviam frações eram efetuados no sistema sexagesimal, em vez do decimal que hoje usamos, essas horas "equinociais" eram divididas pelos astrônomos em 60 segundos. Assim, na sucinta expressão de Neugebauer, nossa maneira atual de dividir o dia em horas, minutos e segundos "é o resultado de uma modificação helenística de uma prática egípcia combinada a procedimentos numéricos babilônios".[12]

Suméria e Babilônia

Embora sempre houvesse a possibilidade de seca ou de enchente, raras vezes o Nilo trouxe desgraça ao Egito. Já a civilização mesopotâmica desenvolveu-se num ambiente muito diverso. O Tigre e o Eufrates têm comportamento muito menos uniforme que o Nilo. Os habitantes da antiga Mesopotâmia eram obrigados a enfrentar variações climáticas, ventos cortantes, chuvas torrenciais e enchentes devastadoras, que escapavam a seu controle. A mentalidade que marca a civilização mesopotâmica reflete esse elemento de força e violência da natureza, que não propiciava a crença de que a devastação causada pelo tempo podia ser superada por um culto ritual como o de Osíris, no Egito. Ainda que houvesse indícios de ordem cósmica nos movimentos do Sol, da Lua e das estrelas, bem como no ciclo das estações, essa ordem não era encarada como seguramente estabelecida, devendo ser continuamente promovida pela integração de vontades ou poderes divinos conflitantes.[13] A estrutura básica da sociedade na Mesopotâmia permaneceu inalterada por 2.000 anos ou mais, mas, em diferentes épocas, dominaram os sumérios, os babilônios ou os assírios, e a ordem da sociedade era muito menos estática que no Egito. Enquanto neste o faraó simbolizava o triunfo de uma ordem divina inabalável sobre as forças do caos, na Mesopotâmia a monarquia representava a luta de uma ordem humana, com todas as suas ansiedades e fragilidades, para se integrar ao universo.[14]

A sensação de insegurança que afetava as cidades-estados da Mesopotâmia deu origem a um interesse rudimentar pela história da ordem social. É o que revelam textos que remontam a cerca de 2000 a.C., em especial a "Lista suméria dos reis", que começa com uma seqüência de oito reis, presumivelmente lendários, cujos reinados teriam somado um total de 241.200 anos![15] A seqüência teria sido interrompida então por uma cheia tão devastadora que foi preciso recomeçar tudo, e mais uma vez a monarquia teve que ser "baixada dos céus". Indícios arqueológicos revelaram que uma enchente cataclísmica inundou de fato as planícies sumérias por volta de 4200 a.C.

A despeito de seu interesse por essa ocorrência pretérita e da compilação de listas cronológicas de reis, acompanhadas de grandiloqüentes exposições de seus feitos, os sumérios e seus sucessores não tinham verdadeira inclinação pela história. Estavam basicamente interessados em si mesmos e contentavam-se em deixar as questões históricas relativamente indefinidas.[16] A razão que os levava a perpetuar a memória do Dilúvio era muito provavelmente mágica. Uma cheia devastadora era uma possibilidade anual, e Anu, deus do céu, e Enlil, deus da tempestade — a quem atribuíam a decisão de destruir a humanidade — eram invocados nas passagens encantatórias da lenda do Dilúvio. De modo semelhante, embora houvessem bibliotecas em templos e palácios para conservar registros do passado, não há indício de qualquer interesse pela história, a não ser como guia para a ação no presente. Na verdade, a concepção geral do processo cósmico que tinham os antigos habitantes da Mesopotâmia excluía a possibilidade de que a história tivesse qualquer significado ou propósito mais profundos. A aparente falta de qualquer sentido em seu padrão repetitivo expressa-se na seguinte passagem da *Epopéia de Gilgamesh*: "Não há permanência. Construímos uma casa para se manter para sempre, selamos um contrato para vigorar por todo o tempo? Irmãos dividem uma herança para guardá-la eternamente, o tempo da cheia dos rios perdura? (...) Desde os velhos tempos não há permanência."[17]

Ainda que na Mesopotâmia a monarquia nunca tenha sido tão importante quanto no Egito, sua função era manter a harmonia entre terra e céu. Havia ao mesmo tempo diversas cidades-estados, cada uma com seu deus. O poder unificado foi finalmente implantado por Hamurabi, por volta do início do segundo milênio a.C., com centro na Babilônia. Em termos cósmicos, isso implicava a ascendência de Marduck, o deus da Babilônia, sobre os outros deuses. Conseqüentemente, o mais importante ritual na Mesopotâmia era o Festival do Ano-Novo, na primavera, em que a epopéia da criação do mundo por Marduck era recitada. Esta era importante não como registro do passado, mas como meio de assegurar a supremacia teológico-política de Marduck no presente. Pois ele não era o mais antigo dos deuses e a afirmação de seu domínio sobre os outros deuses tinha o propósito de justificar a supremacia política que a Babilônia adquirira.

Embora o Festival do Ano-Novo simbolizasse o início de um novo ciclo solar, a renovação da fertilidade e a vitória sobre o caos, sua celebração não fornecia garantia alguma de que a ordem social prosseguiria imperturbada. Por isso, o rei e seus conselheiros permaneciam atentos a presságios passíveis de interpretação, de tal modo que as calamidades pudessem ser previstas e, se possível, evitadas. Pensava-se que havia nos eventos humanos uma contrapartida para cada fenômeno celeste, crença que levava os astrônomos-sacerdotes a fazerem observações detalhadas e sistemáticas dos corpos celestes. A utilização de augúrios vistos nos céus assumiu proporções consideráveis na primeira dinastia babilônia (18 a 19 séculos a.C.), embora mesmo antes eclipses lunares possam ter sido vistas como presságios.[18] As predições dessa astrologia chamada "judicial" diziam respeito à corte real e ao Estado, não aos indivíduos comuns. A astrologia horoscópica, segundo a qual as posições dos planetas no momento do nascimento determinam o destino do indivíduo, só se desenvolveria muito mais tarde. O mais antigo horóscopo conhecido remonta a 410 a.C., quando a Babilônia era parte do Império Persa.[19] Nos períodos helenísticos e romanos, os caldeus — como os babilônios eram chamados — passaram a ser vistos como grandes especialistas em astrologia. Tanto a astrologia judicial, mais antiga, como a astrologia horoscópica posterior baseavam-se numa visão da existência fundamentalmente determinística ou fatalista. Pessoas que acreditavam que a história e o destino dos homens eram controlados pelos astros não eram propensas a alimentar a idéia de progresso histórico. Ao contrário, tendiam antes a adotar uma visão cíclica do tempo, de acordo com a periodicidade dos movimentos do Sol, da Lua e dos planetas. Os registros cuneiformes não revelam, contudo, em que grau essa concepção do tempo se desenvolveu na Mesopotâmia, embora, segundo Sêneca, o astrônomo-sacerdote babilônio Beroso, de um período mais tardio (*c.* 300 a.C.), acreditava na destruição e recriação periódicas do universo.[20]

Os céus eram estudados não só em busca de presságios mas também com interesse no calendário. A base do calendário babilônio parece ter sido sempre lunar. O mês tinha início quando o novo crescente lunar voltava a se tornar visível pela primeira vez após o pôr-do-sol. Conseqüentemente, o dia babilônio começava ao anoitecer. Um mês lunar assim definido devia conter um número inteiro de dias, mas por vezes eram 29 e por vezes 30. Para resolver esse problema, era preciso investigar o movimento do Sol. Os astrônomos babilônios do século IV a.C. em diante estudaram os movimentos do Sol e dos planetas com grande cuidado e engenhosidade matemática, mas as investigações mais detalhadas referiam-se à Lua, já que ela era a base do calendário. Foram eles os inventores da análise harmônica, no sentido de que introduziram a idéia de decompor um complicado efeito periódico numa soma de efeitos periódicos mais simples, tornando-o matematicamente tratável. Os métodos que usaram não eram trigonométricos, mas "funções ziguezagues" lineares.[21]

O "ano" lunar compreendia normalmente 12 meses, mas era menor que o ano solar. Para evitar que as estações ficassem defasadas, um décimo terceiro mês era inserido de vez em quando, mas não havia sistema regular para a intercalação desses meses adicionais até o século V a.C., quando sete deles passaram a ser inseridos a intervalos fixos num ciclo de 19 anos. Anteriormente, é provável que as condições da colheita determinassem a necessidade do mês adicional. O ciclo de 19 anos está ligado à descoberta de que 19 anos solares eram muito proximamente equivalentes a 235 meses lunares. É geralmente conhecido como ciclo metônico, a partir do nome do astrônomo ateniense Méton, que o introduziu em 432 a.C. (ver Apêndice 2). Não se sabe ao certo se o ciclo foi descoberto primeiro pelos astrônomos-sacerdotes babilônios ou, de modo independente, por eles e por Méton.[22] O uso de tal ciclo pelos babilônios de um período posterior mostra que eles haviam adotado uma definição astronômica de ano bastante precisa, o que provavelmente se fundava na observação acurada do solstício de verão. A invenção do zodíaco, o cinturão à volta do céu em que se situam o Sol, a Lua e os planetas, ocorreu também nessa época.[23] Sabe-se que os 12 signos zodiacais, todos com a mesma duração de 30 dias, já estavam em uso logo após 500 a.C. Essa divisão do céu acabou por ser estendida à divisão do círculo, levando assim ao costume que hoje temos de dividir o ângulo completo (bidimensional) em torno de um ponto em 360 graus.

O ciclo lunissolar de 19 anos tornou-se a base dos calendários judaico e cristão, uma vez que resolvia o problema do estabelecimento das datas das luas novas para fins religiosos. Em particular, a origem do problema do estabelecimento da data da Páscoa remonta aos babilônios. Os rituais celebrados pelo rei-sacerdote, em especial no Festival do Ano-Novo, eram vistos como repetições de ações divinas e pretendia-se que correspondessem exatamente, tanto no tempo como em caráter, aos rituais realizados nas alturas. Dessa idéia primitiva brotou a crença de que era importante celebrar a Páscoa na data correta, uma vez que aquele era o momento decisivo do combate entre Deus (ou Cristo) e o Demônio, e Deus precisava do apoio de seus adoradores para derrotar o inimigo.

Os babilônios prestavam especial atenção aos períodos de sete dias associados às sucessivas fases da Lua, cada um dos quais terminava com um "dia maligno". Neles, tabus específicos eram impostos para aplacar e reconciliar os deuses. Essas normas proibitivas eram similares às observadas por muitos outros povos em diferentes partes do mundo nos momentos em que a Lua mudava de aspecto, mas os babilônios influenciaram os judeus, que por sua vez influenciaram os primeiros cristãos e, por fim, a nós mesmos. É entre os babilônios, portanto, que deve ser buscada a origem primeira de nossa semana de sete dias e das restrições por tanto tempo impostas às atividades dominicais.

IRÃ ANTIGO

De 539 a 331 a.C. a Babilônia pertenceu ao Império Persa. Foi durante esse período que a astrologia horoscópica foi inventada, provavelmente no século V a.C. Para estabelecer horóscopos é preciso conhecer as posições dos planetas em determinada data. Como muitas vezes precisa-se fazer um horóscopo para um data com relação à qual não se dispõe de observação alguma, a astrologia horoscópica exige métodos para calcular as posições dos planetas. O mais antigo sistema de teoria planetária babilônia que se conhece não parece ter sido inventado antes de 500 a.C. É possível que o objetivo fosse astrológico e que a invenção da astrologia horoscópica, aproximadamente na mesma época, tenha se devido à influência de doutrinas iranianas da imortalidade e da origem celeste da alma.

Os iranianos que conquistaram a Babilônia eram um ramo da raça ariana. Sua terra natal era uma planície central cercada por montanhas, em grande parte deserta e sujeita aos rigores do clima. Foi nessa árida e inóspita terra que teve origem uma das grandes religiões da humanidade. Conhecida como zoroastrismo, ela envolvia uma interpretação teleológica do tempo. A época em que viveu seu fundador, Zaratustra (Zoroastro é a forma grega do seu nome) é incerta, mas presume-se que tenha sido a primeira metade do século VI a.C. Como os iranianos já possuíam uma considerável herança religiosa, é difícil determinar quanto do zoroastrismo se deve às reformas introduzidas por Zaratustra.

Zaratustra pertencia a uma tribo de pastores do norte da Pérsia. Quando jovem, teve uma revelação profética que o levou a pregar uma nova fé em lugar do politeísmo reinante. Denunciava a antiga religião como a Mentira e conclamava os homens a adorar a divindade, a que chamava de Ahura-Mazdâ — o sábio Senhor, que representava a Verdade. A religião monoteísta de Zaratustra pode ser vista como uma resposta às condições sociais de seu tempo, uma época de transição em que uma comunidade agrícola e pastoril estabelecida estava sendo ameaçada por tribos predatórias que ainda mantinham um estilo de vida nômade. Zaratustra interpretava a luta entre as forças boas e más em termos éticos e acreditava que ela permeava todo o universo. O mal não podia ser atribuído a Ahura-Mazdâ, mas sua existência tinha que ser explicada, o que Zaratustra fez em termos do livre-arbítrio. No início dos tempos dois espíritos foram criados por Ahura-Mazdâ: o espírito bom (mais tarde chamado Ormuzd) e o espírito mau e destrutivo, Angra-Mainyu (mais tarde chamado Arimã). O último, embora sua existência se devesse a Deus, tornou-se mau por sua própria e livre escolha.

Zaratustra acreditava que o homem estava envolvido nessa luta cósmica entre o bem e o mal e era compelido a escolher um lado ou outro através de sua própria conduta. Isso significava que o homem tinha uma inescapável responsabilidade moral por suas próprias ações. Zaratustra declarava que, por ocasião da morte, Deus fazia um julgamento do homem, o que decidia o destino que lhe caberia quando o mundo finalmente atingisse o mesmo estado de perfeição em que o deixara as mãos do Criador. Finalmente, a glória imortal seria a recompensa daqueles que aderissem à Verdade, ao passo que os adeptos da Mentira seriam condenados a "uma longa era de trevas, comida podre e gritos de pesar".[24] Essa doutrina de "coisas finais", a primeira escatologia sistematizada na história da religião, influenciou profundamente o judaísmo, o cristianismo e o islã.

Após a morte de Zaratustra, sua religião foi adotada pela antiga classe de sacerdotes, chamados os magis, e acabou por se tornar a fé da dinastia aquemênida. O primeiro rei persa que parece ter aceitado sua doutrina básica foi Dario (522–485 a.C.), mas o zoroastrismo aquemênida afastou-se sob certos aspectos dos ensinamentos originais de Zaratustra. Houve certo retorno ao politeísmo e a religião tornou-se mais mágica e ritualística que ética. Seguindo-se à derrubada da dinastia aquemênida por Alexandre da Macedônia em 331 a.C., houve um período confuso na história do zoroastrismo até seu ressurgimento como religião oficial sob a dinastia sassânida (226–651 d.C.). A maior parte dos documentos que se conservaram pertencem a este último período, que terminou com a conquista da Pérsia pelas forças do islã.

Muito antes que isso ocorresse, houve uma tendência a identificar Ahura-Mazdâ com o espírito bom Ormuzd, modificação que deu lugar a um problema desconcertante. De fato, Zaratustra falara dos espíritos bom e mau como gêmeos, implicando assim que tinham uma origem comum. Uma solução para esse problema conduziu a uma importante heresia associada à idéia de tempo, personificada pelo antigo deus Zurvan. A importância do tempo estava implícita, é claro, no caráter escatológico do zoroastrismo. Na heresia zurvanita, ele se tornou a divindade suprema. O raciocínio que conduziu a esse desdobramento foi claramente expresso numa notável passagem de um escrito de uma fase tardia, conhecido como Rivayat Persa:

> Exceto o Tempo, todas as outras coisas são criadas. O Tempo é o criador; e o Tempo não tem limite, nem cume ou base. Ele sempre foi e será para todo o sempre. Nenhuma pessoa sensata dirá de onde veio o Tempo. Apesar de toda a grandeza que o cercava, não havia ninguém para chamá-lo de criador; pois ele não dera origem a criação alguma. Então ele criou o fogo e a água; e quando os reuniu, Ormuzd ganhou existência, e simultaneamente o Tempo tornou-se Criador e Senhor da criação que produzira.[25]

Como o pensamento iraniano foi perpassado por uma tendência ao dualismo, não surpreende que dois aspectos do tempo fossem reconhecidos: o tempo indivisível, que é eterno "agora", e o tempo que é divisível em partes sucessivas. O primeiro, que representava o aspecto criativo do tempo, era fundamental. Chamavam-no *Zurvan arakana*, ou tempo infinito, e era o progenitor do universo e dos espíritos do bem e do mal. A outra forma de tempo, associada ao universo, era chamada *Zurvan daregho-chvadhata*, isto é, tempo do longo domínio, ou tempo finito. Este era o tempo que trazia a decadência e a morte. Dominava o mundo do homem e era representado pelo firmamento celeste. Presumivelmente sob influência babilônia, a duração do longo domínio foi estabelecida em 12.000 anos, o número 12 correspondendo aos 12 signos do zodíaco. O "ano" cósmico era dividido em quatro períodos, cada um de 3.000 anos, tendo Zaratustra vivido no início do período final.

O tempo finito parece ter existido unicamente para ocasionar aquele conflito entre o bem e o mal que redundou no triunfo do primeiro. Uma questão que embaraçou alguns seguidores de Zaratustra em épocas posteriores foi que, se Ormuzd era todo-poderoso e portanto destinado a destronar Arimã, por que não o fez de imediato, poupando o mundo de todo o sofrimento causado pelo conflito entre eles? Uma tentativa de responder a essa pergunta — e que, na opinião de S. G. F. Brandon demonstra alguma consciência do significado do fator tempo — foi feita por um sacerdote zoroastriano de um período mais recente, famoso por sua ortodoxia. Ele sustentou que Ormuzd, porque sua natureza era boa e justa, não podia destruir Arimã até que este tivesse fornecido, por suas más ações, uma causa justa para sua destruição.[26]

O tempo finito começa e termina com o império de Ormuzd. Num dado momento, o tempo finito nasceu no tempo infinito. Ele atravessa um ciclo de mudanças até que finalmente retorna a seu estado original, fundindo-se então no tempo infinito. Não há indício de qualquer repetição no ciclo.

No zoroastrismo posterior, a ênfase posta por Zaratustra no papel dos indivíduos e na qualidade de suas vidas foi substituída pela preocupação com o destino geral da espécie humana. A progressiva realização do propósito divino não era, contudo, identificada com o curso da história humana tal como conhecida pelos habitantes do Irã. Na verdade, os zoroastrianos nunca tentaram relacionar a história de sua nação com a luta cósmica entre Ormuzd e Arimã.

Um problema relacionado com o tempo e o calendário que despertou muita atenção nos últimos anos é o da data precisa em que os iranianos adotaram o calendário egípcio "vago", ou civil, de 365 dias. Como o monarca aquemênida Cambises conquistou o Egito no ano 525 a.C. (Ciro, seu antecessor, conquistara a Babilônia em 539 a.C.), provavelmente a substituição do "antigo calendário avestano" — como hoje é chamado o calendário anteriormente usado pelos iranianos — foi posterior. O novo calendário, hoje chamado de "novo calendário avestano", parece ter sido adotado no reinado do grande sucessor de Cambises, Dario I. A mais completa e plausível investigação da data de sua introdução foi a empreendida, alguns anos atrás, por Willy

Hartner, eminente historiador de astronomia antiga da Universidade de Frankfurt.[27] A conclusão a que chegou foi a de que o novo calendário avestano foi introduzido em 21 de março de 503 a.C. (21 de março é a data "gregoriana"; a data "juliana" correspondente seria 27 de março). Nesse calendário, o ano consistia de 12 meses, todos de 30 dias, exceto o oitavo, que tinha 35. O mais importante resultado da pesquisa de Hartner, entretanto, foi que, em 503 a.C., os astrônomos-sacerdotes já haviam descoberto que o ano trópico (o ano das estações) não tem exatamente a mesma duração do ano sideral (o "verdadeiro" ano astronômico). Este foi um passo fundamental para a determinação, pelo astrônomo helenístico Hiparco (*c.* 150 a.C.), da precessão dos equinócios, que veio a ter importantes implicações para a reforma do calendário em 1582 d.C. (ver cap. 8).

Segundo o estudioso iraniano S. H. Taqizadah, em 441 a.C. introduziu-se uma correção no novo calendário avestano para vinculá-lo mais de perto às estações: consistiu na intercalação de um mês inteiro, de 30 dias, a intervalos de 120 anos.[28] Os zoroastrianos ainda calculam as datas pelos anos do último rei zoroastriano do Irã, Yazdgard III, da dinastia sassânida (que foi assassinado em 651 d.C., depois que os árabes invadiram seu reino), prolongando assim seu reinado, imaginariamente, ao longo dos séculos. Por isto sabemos que o ano-novo persa em 632 d.C., o dia em que Yazdgard subiu ao trono, caiu em 16 de junho.[29] Até hoje a era e o calendário zoroastrianos são observados pelos parses de Bombaim.

4

O Tempo na Antigüidade Clássica

Grécia Clássica e Civilização Helenística

Por volta de 1200 a.C., a fase final da civilização da Idade do Bronze de Micenas — que dominara o mundo egeu desde a destruição de Cnosso cerca de 300 anos antes — entrou em colapso por efeito da invasão dos gregos dóricos, vindos do norte. A primitiva Idade do Ferro que se seguiu durou até cerca de 800 a.C., quando emergiram as primeiras cidades-estados. Foi um tempo sombrio, similar à Idade das Trevas vivida pela Europa Ocidental após a derrocada final do Império Romano. O passado miceniano, que, preservado oralmente, permanecia na memória do povo grego, tinha seu ápice nas epopéias de Homero. Nelas, a única certeza sobre o homem era sua mortalidade, e essa restrição temporal era o fator decisivo a distingui-lo dos deuses. Considerando o passado miceniano uma "Idade de Ouro" de deuses e heróis, os gregos tendiam a conceber a história como um declínio desse estado ideal e não como uma ordem básica da realidade.[1]

Em conseqüência disso, o tempo para os gregos não era um deus, como para os persas. Só passou a sê-lo nos tempos helenísticos, quando foi adorado sob o nome "Aion", mas este era um tempo sagrado, eterno, muito diverso do tempo comum, *chronos*. Diferentes pensadores tinham diferentes concepções sobre a natureza e a significação do modo temporal de existência. Na aurora da literatura grega, duas visões contrastantes podem ser encontradas em Homero e Hesíodo.

Na *Ilíada*, a teologia olímpica e a moralidade são dominadas por conceitos de caráter mais espacial que temporal, o pecado cardeal sendo a *hubris*, isto é, a ultrapassagem dos limites da própria província. A concepção em seu todo é, nas palavras de Cornford, "estática e geométrica; tudo tem seu campo limitado, com fronteiras que não devem ser transpostas".[2] Homero não estava interessado na origem das coisas e não tinha qualquer cosmogonia além da idéia de que a água é a origem de tudo. Mitologicamente, isso se expressava na consideração do Oceanus, o rio que cerca o disco do mundo, como a origem de todas as coisas (*Ilíada*, xiv. 246). W. K. Guthrie, que chamou a atenção para este aspecto, faz a interessante observação de que esta era provavelmente uma idéia jônica, uma vez que "ela reaparece na filosofia jônica e entre os povos do leste a cuja influência a Jônia primitiva estava particularmente aberta".[3] Convém recordar que Tales, o primeiro filósofo grego, era jônio, e, segundo ele, o princípio primeiro (*arche*) de todas as coisas é a água.

Hesíodo, diversamente de Homero, faz em seus *Os trabalhos e os dias* um relato do declínio do homem de uma Idade do Ouro primeva. Seu poema baseava-se implicitamente no conceito de tempo, embora a palavra "tempo" de fato nunca apareça nele; seu principal propósito era dar conselhos com relação à regulação das atividades do ano, havendo dias específicos de bom ou mau agouro, próprios ou impróprios para diferentes atividades. Em suma, o tempo era visto por Hesíodo como um aspecto da ordenação moral do universo.

Passados dois séculos ou mais, no século VI a.C., os primeiros filósofos gregos especularam, sem invocar a mitologia, sobre o modo como o mundo fora gerado. Viam o mundo como baseado numa única substância viva, que ocupava todo o espaço, a partir da qual todas as coisas se teriam desenvolvido espontaneamente, pelo interjogo de processos opostos como os de separação e combinação, ou rarefação e condensação. A primeira formulação explícita na literatura grega de que, embora as coisas individuais sejam sujeitas à mudança e à degradação, o mundo em si mesmo é eterno, parece ter sido feita pelo filósofo Heráclito por volta de 500 a.C. Segundo ele, a mudança *perpétua* era a lei fundamental que governava todas as coisas — visão que sintetizou em seu famoso aforismo: "Não se pode jamais tomar banho duas vezes no mesmo rio." Acreditava também que há uma luta perpétua de opostos: quente e frio, molhado e seco, e assim por diante, são, cada um, complementos necessários do outro, e seu eterno conflito é o próprio fundamento da existência. Esse mundo de mudança e conflito não é, entretanto, mero caos, sendo governado ao longo do tempo por um princípio de equilíbrio dos opostos, que os mantém em seus devidos limites.

Esse princípio tinha por fundamento uma idéia aceita por outros pensadores gregos da época — a concepção do Tempo como um juiz. Anaximandro, por exemplo, no único fragmento atribuído diretamente a ele que chegou até nós, dizia que todas as coisas que são criadas devem também perecer, compensando-se umas às outras por sua injustiça, de acordo com a sentença do Tempo. Essa idéia era sem dúvida sugerida pelo ciclo das estações, com seu conflito alternante entre o quente e o frio, o molhado e o seco. Cada um deles promove uma agressão "injusta" à custa de seu oposto e então cumpre pena, retirando-se antes do contra-ataque deste, sendo a finalidade do ciclo em seu todo manter o equilíbrio da justiça. O pressuposto básico era que o Tempo sempre descobrirá e vingará qualquer ato de injustiça.

O conceito do Tempo como juiz pode ser atribuído também ao grande estadista ateniense Sólon (século VI a.C.) que, segundo Werner Jaeger, "apresenta sua defesa 'ante o tribunal do Tempo'". (Neste contexto, cabe mencionar que, nos tribunais atenienses, estabeleceu-se o costume de ter uma clepsidra para assegurar que a maior parte das intervenções se resumisse a meia hora.) Era uma época em que o Estado se fundava sobre o conceito de justiça. A palavra grega original para "justiça", *themis*, significava "lei divina". Embora na *Ilíada* a palavra *dike* designe julgamento proferido por um juiz ou a asserção de um litigante numa disputa por seus direitos, na *Odisséia* ela significa "direito" ou "costume".[4] Mais tarde, tornou-se a palavra de ordem dos que clamavam por justiça equânime para todos. Anaximandro e Heráclito estenderam o conceito de justiça a todo o universo:

> Na vida da política a linguagem grega refere-se ao império da justiça pelo termo *kosmos*; mas a vida da natureza é também um *kosmos*, e na verdade essa visão cósmica do universo começa com a opinião de Anaximandro. Para ele, tudo que acontece no mundo natural é completamente racional e sujeito a uma norma rígida.[5]

A ênfase no papel do tempo caracterizou a idéia pitagórica do *kosmos*. Segundo Plutarco, quando interrogado sobre o que era o Tempo (*Chronos*), Pitágoras (século VI a.C.) respondeu que era a "alma", ou os elementos procriativos, do universo. O grau em que Pitágoras e seus seguidores teriam sido influenciados por idéias orientais foi objeto de discussão por muito tempo. A idéia órfica de *Chronos*, que pode ter tido uma influência sobre Pitágoras, parece mais próxima da idéia iraniana de *Zurvan akarana*. Em particular, ambos eram descritos como serpentes aladas, de muitas cabeças. De maneira similar, o dualismo, que desempenhou importante papel na filosofia pitagórica, parece fazer eco à oposição cósmica zoroastriana entre Ormuzd e Arimã, embora estes dois últimos fossem considerados deuses pessoais, e não princípios abstratos, como os dez pares básicos de opostos pitagóricos, tais como limitado *versus* ilimitado, bom *versus* mau, masculino *versus* ímpar *versus* par. O traço mais fecundo dos ensinamentos pitagóricos foi a idéia-chave de que a essência das coisas deve ser buscada no conceito de número, a que se atribuía significado espacial e também temporal. Os números eram representados por figuras de padrões similares àqueles que até hoje vemos nos dominós e nos dados. Embora isso tenha conduzido ao domínio da geometria na matemática grega, o tempo era um elemento não menos importante no pensamento pitagórico inicial. Na verdade, mesmo as configurações espaciais eram vistas como temporais por natureza, como o indica o papel do *gnomon*. Este era originalmente um instrumento de medição do tempo — um simples quadrante solar vertical. Mais tarde, o mesmo termo foi usado para designar a figura geométrica que se forma quando um quadrado menor é cortado fora de um quadrado maior, tendo dois de seus lados adjacentes justapostos a dois lados adjacentes deste. Por fim, o termo passou a indicar qualquer número que, quando somado a um número figurado, gera o número seguinte mais elevado de igual forma (números triangulares, quadrados, pentagonais etc.). A geração de números era considerada pelos primeiros pitagóricos uma operação física real, que tinha lugar no espaço e no tempo, e assim o processo cosmogônico básico era identificado com a geração de números a partir da unidade inicial, a Mônada, que talvez tenha sido uma versão sofisticada da idéia órfica anterior do "ovo do Mundo" primevo.

Como é bem sabido, a crença de Pitágoras no significado dos números fundava-se em sua pretensa descoberta, com a ajuda de um instrumento preciso, de que os intervalos concordantes da escala musical correspondem a razões numéricas simples. Isto levou muitos pensadores gregos posteriores a considerarem a teoria musical um ramo da matemática (comporia, ao lado da geometria, da aritmética e da astronomia, o que acabou por ser chamado o *quadrivium*). É verdade que essa concepção não gozava de aceitação geral, e um de seus mais influentes opositores, Aristóxeno de Tarentum, enfatizava outro aspecto: o papel da experiência sensorial — para ele, o critério dos fenômenos musicais não era a matemática, mas o ouvido.

Muito antes do tempo de Aristóxeno, alguns dos mais perspicazes pensadores gregos tinham descoberto que o conceito de tempo era dificilmente conciliável com a idéia que tinham de racionalidade. De fato, Parmênides, o pai da argumentação lógica, afirmava que o tempo não pode pertencer a nada que seja verdadeiramente real. A essência do problema era, a seu ver, que tempo e mudança implicam que uma mesma coisa pode ter propriedades contraditórias — pode ser, digamos, quente e fria, dependendo do tempo —, o que conflitava com a regra pela qual nada pode possuir atributos incompatíveis. Sua proposição básica era: "Aquilo que é *é*, e lhe é impossível não ser." A partir disto, afirmava que, uma vez que somente o presente "é", disto decorre que passado e futuro são igualmente carentes de significado — o único tempo é um tempo presente contínuo, e o que existe é não criado e também imperecível. A partir disto, Parmênides propôs uma distinção básica entre o mundo da aparência, caracterizado pelo tempo e a mudança, e o mundo da realidade, imutável e atemporal. O primeiro é revelado por nossos sentidos, mas estes são enganosos. O segundo nos é revelado pela razão e é o único modo verdadeiro de existência.

As dificuldades envolvidas na formulação de uma teoria logicamente satisfatória do tempo foram postas em relevo por um seguidor de Parmênides, Zenão de Eléia, em seus sutis paradoxos relativos ao movimento. O mais célebre é um geralmente chamado o paradoxo de "Aquiles e a tartaruga". (A identificação do competidor de Aquiles com uma tartaruga foi feita por comentadores posteriores.) Permite-se à tartaruga uma dianteira inicial em relação a Aquiles, e argumenta-se que, por mais depressa que este corra, jamais alcançará a tartaruga. Isto porque, quando Aquiles alcançar o ponto do qual a tartaruga partiu, esta já terá avançado até um ponto posterior. Quando Aquiles chegar a este ponto, a tartaruga estará ainda mais adiante, e assim por diante, *ad infinitum*. Conseqüentemente, como Aristóteles observa em sua exposição, "o mais lento estará sempre na dianteira", em contradição com a experiência, isto é, o mundo da aparência. Esse raciocínio pressupõe que espaço e tempo são infinitamente divisíveis, mas nem todas as reflexões de Zenão envolvem esse pressuposto. Os problemas que seus paradoxos suscitam com relação à estrutura matemática do espaço e do tempo continuam a ser discutidos até hoje.[6]

Os problemas discutidos por Parmênides e Zenão não se apresentam se o conceito de tempo for rejeitado como "irreal". Sua influência sobre Platão (427–347 a.C.) evidencia-se no tratamento diferente dado ao espaço e ao tempo em seu diálogo cosmológico, o *Timeu*. O espaço existe por direito próprio, como uma estrutura estabelecida para a ordem visível das coisas, ao passo que o tempo é simplesmente uma característica dessa ordem. Na cosmologia de Platão, o universo era moldado por um artífice divino que impunha forma e ordem à matéria primeva, originalmente em estado de caos. Esse artífice divino era, de fato, o princípio da razão, que, impondo ordem ao caos, submetia-o ao domínio da lei. O padrão da lei era fornecido por um reino ideal de formas geométricas, eternas e em perfeito estado de repouso absoluto, como o mundo real de Parmênides. Diversamente do modelo ideal eterno em que se baseia, o universo está sujeito à mudança. O tempo é esse aspecto do mundo que lança uma ponte sobre o fosso que separa o universo do seu modelo, sendo "uma imagem movente de eternidade". Essa imagem movente se manifesta nos movimentos dos corpos celestes. A estreita associação que estabeleceu entre o tempo e o universo conduziu Platão a considerar o tempo como efetivamente produzido pelas revoluções da esfera celeste. Um legado permanente de sua teoria do tempo é a idéia de que este e o universo são inseparáveis. Em outras palavras, o tempo não existe por direito próprio, sendo uma característica do universo.

A conclusão de Platão de que o tempo é efetivamente produzido pelo universo não foi aceita por Aristóteles (384–322 a.C.), que rejeitou a idéia de que o tempo pudesse ser identificado com qualquer forma de movimento ou mudança. Pois, argumentava, o movimento pode ser uniforme ou não-uniforme, e esses termos são eles próprios definidos pelo tempo, ao passo que o tempo não pode ser definido por si mesmo. Entretanto, embora não sendo idêntico a movimento ou mudança, o tempo parecia ser dependente deles. Observou que, quando o estado de nossas mentes não parece mudar, não nos damos conta da passagem do tempo. É pela consciência do "antes" e do "depois", na mudança, que temos consciência do tempo. Por fim, concluiu que o tempo pode ser encarado como um processo de contagem associado com nossa percepção do "antes" e do "depois" no movimento e na mudança. Aristóteles percebeu ainda que a relação entre tempo e mudança é recíproca: sem mudança o tempo não poderia ocorrer. "Não apenas medimos o movimento pelo tempo, mas também o tempo pelo movimento, porque eles se definem um ao outro. O tempo marca o movimento, visto que é seu número, e o movimento marca o tempo" (*Physica*, iv, 220 *b*). Aristóteles admitia que o movimento pode cessar, ao passo que o tempo não pode, mas há um movimento que continua incessantemente, a saber, o dos céus. Embora não concordasse com Platão, era claramente influenciado pela visão cosmológica do tempo. Rejeitava a identificação do tempo com o movimento circular dos céus, mas, como via neste o exemplo perfeito do movimento uniforme, ele fornecia a medida perfeita do tempo.

Embora, para Aristóteles, a física significasse o estudo do movimento e da mudança na natureza, o que ele enfatizava era mais os estados entre os quais a mudança ocorre que o curso efetivo do próprio movimento. Assim, a forma estática, mais que o processo dinâmico, tornou-se o conceito característico de sua filosofia da natureza, sendo forma e lugar mais fundamentais que tempo. Sua filosofia natural era dominada pela idéia da permanência do cosmo. Rejeitava todas as teorias evolucionárias, frisando a natureza essencialmente cíclica da mudança.

A crença na natureza cíclica do universo teve sua apoteose no conceito do Grande Ano, que os gregos talvez tenham herdado dos babilônios. A idéia tinha duas interpretações distintas. Por um lado, era simplesmente o período necessário para que o Sol, a Lua e os planetas chegassem à mesma posição em relação uns aos outros em que estavam num determinado momento. Parece que foi nesse sentido que Platão usou a idéia no *Timeu*. Por outro lado, para Heráclito ela significava o período desde a formação do mundo até sua destruição e renascimento. Segundo ele, o universo surgira do fogo e no fogo terminaria. Essa idéia fora provavelmente transmitida pelo Irã, onde tivera origem. As duas interpretações foram combinadas, na fase final da Antigüidade, pelos estóicos, que acreditavam que, quando os corpos celestes retornassem, a intervalos fixos de tempo, às mesmas posições relativas que tinham no início do mundo, todo o ciclo seria renovado nos mínimos detalhes. Nas palavras de Nemésio, bispo de Émeso:

> Sócrates e Platão e cada homem individual viverão novamente, com os mesmos amigos e os mesmos concidadãos. Passarão pelas mesmas experiências e as mesmas atividades. Cada cidade, cada aldeia e campo serão restaurados, tal como eram. E essa restauração do universo ocorre não uma só vez, mas reiteradamente — na verdade por toda a eternidade, sem nunca findar. Aqueles entre os deuses que não são sujeitos à destruição, tendo observado o curso de um período, conhecem, a partir disso, tudo que vai acontecer em todos os períodos subseqüentes. Pois jamais haverá qualquer coisa nova senão o que houve antes, sendo tudo repetido até os mínimos detalhes.[7]

Entretanto, como Ludwig Edelstein assinalou, mesmo na Antigüidade tardia havia filósofos, bem como historiadores e cientistas, que viam o tempo como não-cíclico.[8] A recorrência cosmológica, envolvendo a destruição completa do universo e sua recriação exata — em que acreditavam os filósofos estóicos —, deve ser distinguida de uma recorrência histórica que envolveria tão-somente a repetição dos padrões gerais dos eventos, em que acreditava, por exemplo, o historiador Políbio.

A civilização grega não apenas deu origem à filosofia, mas produziu, no século V a.C., os primeiros verdadeiros historiadores. Até então, os gregos acreditavam que eventos recentes eram irrelevantes em relação às façanhas dos heróis dos tempos troianos. A historiografia surgiu quando teve lugar um evento de magnitude equivalente à dos maiores feitos celebrados na lenda. Todo o complexo de eventos das guerras médicas, desde a queda de Sardes à retirada de Xerxes, foi visto como uma unidade, formando o que Robert Drews chamou de "um Grande Evento de proporções formidáveis".[9] Originalmente, a tarefa do historiador grego não era explicar o presente em termos do passado, mas assegurar que as ações e os eventos significativos não fossem esquecidos no futuro. Em conseqüência disto, em suas origens, a historiografia grega aproximava-se mais da poesia épica que da filosofia, tendo conservado, ao longo de seu desenvolvimento, uma função comemorativa. Os historiadores gregos, como Tucídides, tendiam a se concentrar no passado recente, sendo seu objetivo consignar por escrito aquelas ações significativas que eram recordadas mas ainda não tinham sido registradas.

As dificuldades com que os "pais da história", Heródoto e Tucídides, tiveram de se haver eram formidáveis. Os gregos de seu tempo conheciam espantosamente pouco de seu próprio passado. Não apenas não tinham documento algum que datasse de mais de um ou dois séculos, mas grande parte do que "sabiam" nada mais era que mito e lenda. Sendo seu interesse pelo passado fundamentalmente moralístico, o conhecimento preciso de eventos reais e da ocasião em que tinham ocorrido não era considerado necessário. Heródoto conseguiu estabelecer algum tipo de seqüência temporal para os dois séculos anteriores ao seu, mas foi um escritor mais dispersivo que Tucídides, que se preocupou com grande quantidade de eventos ocorridos num intervalo mais curto de tempo. Como *sir* Moses Finley destacou, Tucídides, ao escrever sobre as guerras do Peloponeso (*História da guerra do Peloponeso*, ii. 1), teve de fato que inventar um sistema apropriado de datação, já que cada cidade grega tinha o próprio calendário. Em sua época, o ano era geralmente indicado pelo nome de uma autoridade; em Atenas, por exemplo, o primeiro-arconte e, em Esparta, o primeiro-éforo. Tucídides fixou o início da guerra e datou os eventos subseqüentes pela contagem dos anos transcorridos desde o início. Dividiu em dois cada ano da guerra, a que chamou respectivamente de verão e inverno. "Ainda que bastante simples", comenta Finley, "o esquema era singular e as dificuldades envolvidas em sua montagem são quase inimagináveis atualmente."[10]

Enquanto Heródoto transformou a "história" (*historia*) de uma investigação geral sobre o mundo num investigação de eventos passados, Tucídides acreditava que uma história séria só deveria se preocupar com o presente, ou com o passado imediato. Embora não tenha conseguido impor seus rigorosos padrões de fidedignidade a historiadores gregos posteriores, deixou abalada a idéia de que era possível fazer pesquisa histórica genuína sobre o passado.[11] Apesar disto, nos fins do século V a.C. havia uma consciência geral da significação do tempo muito maior que antes. Embora lidasse com temas pretensamente históricos, Homero fizera uma história "aristocrática", que não envolvia qualquer cronologia, qualquer continuidade temporal com épocas posteriores, nem qualquer sentido da passagem do tempo. Por exemplo, embora *Odysseus* tenha passado 20 anos afastado de casa, quando de seu retorno, nem ele nem Penélope pareciam ter envelhecido. Em suma, para Homero, o correr dos anos não importava. Por outro lado, na época de Heródoto e Tucídides, a vida na *polis* não consistia de episódios isolados que envolviam heróis, dependendo antes da continuidade de instituições, leis, contratos e expectativas. A passagem do tempo tornara-se mais relevante.

Em particular, problemas relativos ao calendário deram impulso ao desenvolvimento inicial da astronomia matemática grega nas últimas décadas do século V a.C. As festas religiosas gregas ocorriam em sua maior parte na lua cheia ou em suas proximidades, mas, como eram associadas a atividades agrícolas, tinham que acontecer nos momentos adequados do ano. Tornou-se portanto necessário adotar um calendário lunissolar, em que os meses eram medidos pelas fases da Lua, mas que também mantinha correspondência com o Sol. Como o mês lunar dura cerca de 29 dias e meio e um mês do calendário não poderia conter uma fração de dia, estipulou-se que os meses do calendário teriam, alternadamente, 29 e 30 dias. Tal como na Babilônia, esse calendário foi adaptado ao Sol pela intercalação ocasional de um décimo terceiro mês, mas isso ficava a critério das autoridades das diferentes cidades, que o faziam de modo individual e arbitrário. Os astrônomos, por outro lado, procuraram regularizar essa intercalação, fazendo-a obedecer a um ciclo de período fixo. Segundo Gêmino, que escreveu um manual de astrologia por volta de 70 a.C., o primeiro desses ciclos que os gregos obtiveram compreendia oito anos solares, contendo 99 meses (três dos quais intercalares), mas pairam dúvidas consideráveis sobre a origem desse ciclo, conhecido como "octaetéride". O primeiro ciclo bem registrado desse tipo foi introduzido em 432 a.C. por Méton. Como já foi mencionado (cap. 3), era um ciclo solar de 10 anos, com 235 meses (ver Apêndice 2). Ciclos baseados na astronomia, como o metônico, só eram utilizados, entretanto, em textos científicos, não tendo qualquer influência sobre os vários calendários civis locais. Méton, que viveu em Atenas, é ridicularizado por Aristófanes como personagem de *Os pássaros*, de 414 a.C.

Além da historiografia e da astronomia matemática, outra grande inovação dos gregos do século V a.C. foi a arte da tragédia. Jacqueline de Romilly, professora de Literatura Grega na Sorbonne, ao falar nas *Messenger Lectures* da Universidade de Cornell em 1967, afirmou que não foi por coincidência que a tragédia grega nasceu ao mesmo tempo que a historiografia. A tragédia envolve o passado, e surgiu quando a consciência grega do tempo estava se tornando mais nítida e mais forte. A tragédia grega trata de um único problema, que se torna cada vez mais urgente até culminar em crime. Uma crise breve e contínua, cujas origens e conseqüências abarcam um longo período, parece ser a dupla exigência da tragédia e seu duplo modo de relação com o tempo. "Sua ênfase incide num contraste entre antes e depois; e, quanto mais profundo o contraste, mais trágico o evento."[12] Entretanto, como a professora Romilly esclarece, os gregos não gostavam de mostrar a ação do tempo sobre estados de espírito e sentimentos. Por exemplo, quando Eurípides permitiu a Efigênia mudar de opinião num curto espaço de tempo, Aristóteles ficou chocado!

O contato com outras nações (o Egito, no caso de Heródoto) deu lugar a uma maior consciência do passado, em razão da evidência da passagem de longos períodos de tempo representada, por exemplo, pelas pirâmides. Em conseqüência disso, muitos escritores gregos do século V a.C. e posteriores se deram conta de que sua própria sociedade era o produto final de um longo período de avanços. Os gregos mais sofisticados foram assim conduzidos a ver o homem dos tempos pré-troianos como quase igual a eles mesmos, que seriam seus descendentes distantes, o que propiciou uma desmitificação das lendas gregas que vinha situar o passado numa perspectiva inteiramente nova.

Após o século V, entretanto, poucos escritores, exceto no campo das ciências, deram mostras de qualquer crença na idéia de progresso no futuro. Na verdade, o grego típico tendia a ter os olhos voltados para o passado, uma vez que o futuro lhe parecia ser o domínio da total incerteza, para o qual seu único guia era a enganosa expectativa. Quanto aos filósofos, Platão pensava que todo progresso consistia em tentar aproximar-se de um modelo preexistente no mundo atemporal das formas transcendentais, e Aristóteles via nele a realização de uma forma que já estava potencialmente presente. Assim, para ambos, a teoria das formas excluía toda possibilidade de evolução. Numa fase mais tardia da Antigüidade pensava-se que, mesmo nas ciências, toda a sabedoria jazia no passado. Como E. R. Dodds observou, "ali onde os homens podiam construir seus sistemas lançando mão apenas de peças usadas, a noção de progresso não podia ter sentido algum — o futuro é antecipadamente desvalorizado".[13] Não surpreende, portanto, que, nesse período, as principais escolas filosóficas tendessem a rejeitar a idéia de progresso e a sustentar concepções cíclicas da natureza do tempo. O próprio Aristóteles acreditava que as artes e as ciências haviam sido descobertas muitas vezes e depois novamente perdidas. Na *Meteorologica* (339*b*27), por exemplo, ele afirma: "Devemos dizer que as mesmas opiniões surgiram entre os homens em ciclos, não uma ou duas vezes, não algumas vezes, mas com uma freqüência infinita."

Arnoldo Momigliano lembra, contudo, que muitos historiadores gregos, diversamente dos filósofos, davam pouca atenção ao conceito cíclico de tempo.[14] Assinala também que o futuro não se lhes apresentava tão grande como para os historiadores romanos, que se inquietavam com o destino de seu império. Os gregos, de sua parte, preocupavam-se muito mais com o presente e o passado. Escrevendo em cerca de 40 a.C., o historiador Diodoro de Sicília disse, a respeito de seus predecessores:

> Duas visões sobre a origem da humanidade foram correntes entre os mais notáveis cientistas e historiadores. Uma escola, pressupondo que o cosmo não foi gerado e é indestrutível, declara que a raça humana sempre existiu, e não havia tempo quando começou a se reproduzir. A outra sustenta que o cosmo foi gerado e pode ser destruído, e que, da mesma maneira, os homens passaram a existir num momento definido.[15]

Com relação à visão cíclica, Momigliano diz que seu principal defensor na historiografia grega foi Políbio (*c*. 202–120 a.C.), mas essa opinião se funda apenas nos capítulos básicos de sua história do mundo, pois em outros escritos não há sinais disso. Não tratou as guerras púnicas, por exemplo, como repetições de eventos que já tinham ocorrido no passado e poderiam voltar a ocorrer no futuro. Seu tema principal foi o crescente poder de Roma no Mediterrâneo e isso, como Momigliano ressalta, forneceu-lhe uma nova perspectiva histórica: "Simplesmente porque a Fortuna fez quase todos os acontecimentos do mundo penderem numa direção, é tarefa do historiador apresentar a seus leitores uma visão sucinta dos modos como a Fortuna realizou seus propósitos."[16]

O conceito de Fortuna (isto é, Fado ou Destino) desempenhou um papel crucial no pensamento helenístico posterior, mas diferentes concepções foram sustentadas. Aristóteles criticou Demócrito (*c*. 460–390 a.C.) por acreditar apenas em causas eficientes, não em causas finais, isto é, num determinismo estrito e não em teleologia. Aristóteles acreditava que o determinismo estrito devia ser rejeitado porque destruía a base natural da distinção entre ações voluntárias e involuntárias. Para fins legais, algumas ações devem ser consideradas voluntárias, uma vez que somente estas podem ser justificadamente punidas. Para Aristóteles, esse argumento era decisivo. Também Epicuro (342–270 a.C.) rejeitava a crença de Demócrito no determinismo estrito de todas as ações humanas (embora, ao contrário de Aristóteles, aceitasse seu atomismo). No lugar da teleologia, entretanto, Epicuro defendia a existência do acaso e do livre-arbítrio, em parte porque, como Aristóteles, sustentava que não se podia condenar ou punir um homem por algo que não podia deixar de fazer, mas também porque acreditava que havia, na origem das ações dos homens (e possivelmente dos animais), uma espécie de espontaneidade, que se manifesta em nossa aparente liberdade. Epicuro introduziu o famoso "desvio" na cadeia da causalidade estrita, de modo a explicar tanto o livre-arbítrio humano quanto a existência do movimento aleatório no universo; pois de outra forma, segundo ele, todos os corpos cairiam na mesma velocidade. Foi a ênfase no elemento casual no destino que o conduziu à filosofia hedonística do "come, bebe e alegra-te, pois amanhã morreremos!"

Um ponto de vista muito diferente foi defendido pelos estóicos, a começar por Zenão de Cício (335–263 a.C.). Ele e seus seguidores rejeitaram a teoria platônica dos dois mundos, o das formas ideais e o dos dados sensíveis. Em vez disso, acreditavam na unidade orgânica de todo o universo, e viam a inteligência como uma refinada substância material de natureza ígnea. Diversamente dos epicuristas, os estóicos eram deterministas estritos, defendendo uma filosofia de resignação diante das dificuldades do mundo. Para eles, o Destino tinha um caráter cíclico, ou eternamente recorrente. Identificavam-no com a Necessidade e simbolizavam-no pelo incessante girar de uma roda, como a roda mítica de Íxion. Uma vez que o Destino era a força que mantinha ordem no universo — tal como revelada, em particular, pelas estrelas e os planetas —, a prevalência do estoicismo alimentou a crença na astrologia, que ganhou força nos tempos helenísticos e ao longo do Império Romano. A natureza cíclica dos eventos era encarada por muitos pensadores como inevitável, pois pensava-se que, de outro modo, eles seriam desprovidos tanto de "racionalidade" como de "legalidade".

Na Antigüidade tardia, não só Plutarco (*c.* 46–120), o famoso biógrafo e filósofo moral, como Alexandre de Afrodísias, importante comentador de Aristóteles que escreveu por volta de 200 a.C., criticaram tanto as concepções dos estóicos como as dos epicuristas. Plutarco, embora não descartasse por completo o conceito astrológico de destino, afirmava que havia nele um lugar para a contingência. Formulou definições explícitas de "necessidade" e "contingência" que tinham alguma semelhança com as definições modernas de "analítico" e "sintético": "*O necessário* é uma possibilidade cuja contradição é impossível, mas *o contingente* é uma possibilidade cuja contradição é também possível."[17] Esta distinção se aplica particularmente ao futuro. Como Plutarco, Alexandre de Afrodísias defendia que nem tudo é produto de destino inevitável, uma vez que as coisas produzidas pela razão e pelos artistas no exercício de seu ofício "não parecem ser produzidas por eles por necessidade, pois fazem de fato cada uma delas, mas são igualmente livres para proceder assim ou não."[18]

Assim como não havia entre os gregos uma idéia única de tempo, a história da raça humana apresentava-se também a seus olhos sob várias formas. Além das visões cíclica e progressiva, existia a importante tradição relativa a uma Idade de Ouro, ocorrida no passado remoto. A mais antiga descrição dela de que dispomos encontra-se em *Os trabalhos e os dias*, de Hesíodo (*c.* 700 a.C.), que lançou mão dessa idéia para explicar a condição presente do homem e, em particular, sua necessidade de trabalhar. Segundo Hesíodo, nos "velhos tempos dourados", antes do domínio de Zeus, quando o rei era seu pai, Crono, houvera uma Idade de Ouro. Estritamente falando, Hesíodo se refere antes a uma *raça* de ouro que à *idade* de ouro de escritores posteriores. A origem da idéia de uma idade de ouro primeva pode ser situada entre os sumérios (*c.* 2000 a.C.). Para eles, sua mais importante característica era a ausência do medo. Nas palavras de um poeta sumério: "Houve uma vez um tempo em que não havia serpentes, não havia escorpiões,/ Não havia hienas, não havia leões,/ não havia cachorros selvagens, nem lobos,/ não havia medo, nem terror/ o Homem não tinha adversários."[19]

Segundo Hesíodo, a era de fausto e ociosidade fora seguida, sucessivamente, por uma idade de heróis, uma idade de prata, uma idade de bronze e, finalmente, pela idade de ferro que então se vivia. Contrariando nosso conhecimento atual, esta era considerada menos civilizada que a idade de bronze, que a precedera. O declínio original da Idade de Ouro primeva era explicado pelo mito de Prometeu, que tem semelhanças com o mito hebraico da "Queda", descrito no Gênesis. Esses mitos abarcavam não só a criação da mulher (Pandora correspondendo a Eva) e os pecados que disso teriam decorrido, mas também a aquisição de "conhecimento proibido", o que no caso grego envolvia a descoberta do fogo.

No período clássico do pensamento grego, o mito da Idade de Ouro fora parcialmente substituído pela idéia oposta de que a condição primitiva do homem fora "detestável, animalesca e curta". Segundo

Moschion, que viveu por volta do século III a.C., mas escreveu no espírito de um ou dois séculos antes, foi por causa do Tempo — "que gerava e nutria todas as coisas" — que "a terra, outrora estéril, começou a ser sulcada por arados puxados por animais, surgiram cidades guarnecidas por torres, os homens construíram moradas protegidas e transformaram em civilizados seus costumes de vida selvagens".[20] Alguns escritores que adotavam as teorias cíclicas alimentavam explicitamente a esperança de que, embora o mundo estivesse em declínio, a roda giraria de novo, de modo que, por fim, uma outra Idade de Ouro traria de volta as condições idílicas do passado remoto. Em sua *Política*, Platão apresentou um mito da mudança cíclica em que o criador imprime rotação ao universo e o mantém sob seu domínio até que, no fim de uma era, o liberta de seu controle. A partir disso o mundo inverte sua rotação e tudo começa a se deteriorar, até que Deus retoma seu controle e faz mais uma vez o universo voltar a girar na mesma direção que antes. W. K. C. Guthrie, que chamou atenção para este mito, assinala também que o que Aristóteles deplorava especialmente, nas catástrofes recorrentes que se abatiam sobre o mundo, era a impossibilidade de acumular conhecimento e sabedoria que acarretavam.[21] Aristóteles questionava também se podia haver tempo sem que houvesse seres pensantes, uma vez que não considerava o tempo uma mera sucessão, mas uma "sucessão na medida em que é numerada", e nada podia ser numerado a menos que houvesse alguém para fazer a conta. O germe dessa idéia remonta ao sofista Antífono (*c.* 480–411 a.C.), em cujos fragmentos de obra encontra-se a primeira definição grega do tempo.[22] Segundo ela, o tempo não tem existência substantiva, sendo um conceito mental ou um meio de medir — ponto de vista que atualmente surpreende por sua notável modernidade.

Finalmente, neste panorama do papel do tempo na Grécia antiga, impõe-se uma breve menção aos instrumentos disponíveis para medilo. Além do gnômon, ou quadrante solar, e da clepsidra, ou relógio de água — do qual, em cerca de 270 a.C., Ctesíbio de Alexandria inventou uma versão aperfeiçoada, com um fluxo mais constante — há remanescentes de instrumentação mais elaborada, como a "Torre dos Ventos" que ainda pode ser vista em Atenas, ao norte da Acrópole. Planejada e construída pelo astrônomo Andrônico de Cirro, da Macedônia, no segundo quartel do século I a.C., com um cata-vento e complicados quadrantes solares em cada uma de suas oito paredes, sua característica mais interessante é um reservatório, numa construção menor, próxima a seu lado sul, que era mantido cheio com a água de uma fonte próxima. Esta era uma exigência para relógios de água do tipo em que o líquido era vertido no interior. Com um nível de pressão constante, o fluxo de água proveniente de uma torneira podia também ser mantido constante. A torneira podia ser regulada de modo que a água que por ela fluía enchesse um outro tanque exatamente em 24 horas, ao mesmo tempo em que levantava uma bóia no interior do tanque a uma distância fixa. Com um relógio de água no interior e quadrantes solares no exterior, os visitantes podiam ver a hora tanto durante o dia como à noite, estivesse o céu claro ou nublado. Atribui-se a Andrônico um sistema para fazer frente ao uso tradicional de horas variáveis — de tal modo que o período iluminado pelo Sol compreendesse sempre 12 horas —, o qual é minuciosamente descrito por seu contemporâneo romano, o arquiteto Vitrúvio. A bóia do relógio era ligada a um contrapeso por uma linha e esta passava em volta de uma haste vertical. À medida que a bóia subia, a haste girava, juntamente com uma placa de metal circular presa à sua extremidade. Nessa placa estava traçado um mapa do céu, e furos ao longo da linha da eclíptica permitiam que uma representação do Sol fosse movida a intervalos de um dia ou dois, numa simulação de seu movimento anual. Uma rotação completa do mapa a intervalos de 24 horas simulava a rotação diária do céu. Uma rede de fios de referência em frente ao mapa representava as horas, e, à medida que a imagem solar passava por cada um deles, indicava a hora tão bem quanto qualquer quadrante solar. J. V. Noble e D. J. de Solla Price, que descreveram em detalhe essa Torre dos Ventos, acreditam que a visão de seu interior devia ser fascinante. (Price descreveu a Torre dos Ventos como "uma espécie de planetário Zeiss do mundo clássico".) Eles aventaram a hipótese de que a imagem de Posêidon ocupava uma posição central entre duas fontes e que Hércules e Atlas sustentavam a rede de fios diante do disco brilhante que simulava o movimento dos céus. "Vivemos numa era em que aceitamos ciência e tecnologia como lugar-comum", concluíram Noble e Price, "e esperamos que elas, como nossa arquitetura, sejam eficientes e funcionais. Atenas (...) era um lugar de encanto e beleza, e havia um tempo para se maravilhar ante as realizações de matemáticos e astrônomos — um tempo para construir e admirar a Torre dos Ventos."[23]

Israel Antigo

Há muito se sustenta que nossa idéia moderna de tempo deriva daquela do cristianismo primitivo, a qual, por sua vez, teria raízes em Israel e no judaísmo antigos. Diz-se que, em vez de uma concepção cíclica do tempo, os judeus teriam tido uma concepção linear, baseada, no caso, numa idéia teleológica da história, vista como a revelação gradual do desígnio de Deus. Embora muitos elementos corroborem essa visão da origem de nossa idéia moderna de tempo, percebe-se atualmente que só é possível aceitá-la com algumas reservas, como veremos.

Após o Êxodo do Egito, no final do segundo milênio a.C., os judeus se estabeleceram em Canaã, região que ficava em meio à principal via de comunicação entre o Egito e a Babilônia. Algum tempo depois dos reinados de Saul, Davi e Salomão, o reino judaico dividiu-se em dois. Em 722 a.C., o reino do norte, Israel, foi derrubado por Sargão II e teve sua capital destruída. Dois anos mais tarde, seu povo foi deportado para a Assíria. Em 586 a.C., os babilônios destruíram Jerusalém, inclusive o Templo, e muitos dos habitantes do reino do sul, a Judéia, foram deportados para a Babilônia. Segundo Theodore Vriezen, professor de Estudos do Antigo Testamento na Universidade de Utrecht, os babilônios deportaram sobretudo as classes mais altas, fazendo ficar umas 20.000 pessoas das classes mais baixas, de modo a não permitir que o país caísse em total decadência.[24]

A reação dos judeus às vicissitudes da fortuna foi profunda. Sentiram necessidade de recorrer ao passado em busca de indícios da providência divina, explicando o infortúnio como punição por falta de fé em Iavé, ou Deus. Acreditavam que, se a nação se tornasse mais zelosa no serviço de Deus, haveria maior esperança de libertação. Já havia profecias de que esta ocorreria em alguma data futura, não especificada, mas essa crença foi fortalecida pela promessa de um Messias que desafiaria os inimigos de Israel e restauraria a nação em sua glória passada. O propósito essencial do Deus judeu na história, seria, portanto, a salvação de Israel. A exposição definitiva dessa crença foi feita no Livro de Daniel, escrito muito tempo após o retorno do exílio babilônio, sob a pressão da ameaça dos selêucidas, pouco antes da ascensão macabéia, no século II a.C. O apelo ao passado transformou-se então numa filosofia da história voltada para o futuro. Por esta razão, muitas vezes se afirmou que, para os hebreus antigos, o tempo era um processo linear unidirecional que se estendia do ato divino da criação até a realização final do propósito de Deus, com o triunfo definitivo, aqui na Terra, do povo eleito, Israel.

Segundo o teólogo O. Cullmann, em seu livro *Christ and Time*, "o símbolo do tempo para o cristianismo primitivo, bem como para o judaísmo bíblico (...) é a *linha inclinada ascendente*, ao passo que no helenismo é o círculo".[25] Por outro lado, J. G. Gunnel, historiador da filosofia política, argumenta que, embora os hebreus fossem mais orientados para o futuro que os gregos, que tinham maior tendência a olhar para o passado, "o conceito de progressão linear é uma racionalização da experiência hebraica da temporalidade".[26] Mais recentemente, outro historiador, G. W. Trompf, em seu estudo *The Idea of Historical Recurrence in Western Thought*, chamou a atenção para o que denominou de "noções de repetição" no Antigo Testamento, as quais formariam a base ideológica das grandes festividades israelitas. Trompf cita também exemplos de repetição na historiografia hebraica, como a transposição do Jordão no Livro de Josué, que foi conscientemente associada à travessia do mar Vermelho no Êxodo, e a semelhança entre o exílio babilônio e o cativeiro egípcio anterior.[27] Mais ainda, mesmo na escatologia e sua apresentação em termos de história, a idéia de futuro que dominava o pensamento hebraico envolvia um retorno ao estado primevo que os judeus acreditavam ter perdido.[28] Em outras palavras, embora transferissem sua própria Idade de Ouro do passado para o futuro, havia um fator quase-cíclico em jogo.

Gunnel assinalou que, diversamente dos gregos, os hebreus nunca tentaram analisar o "problema" do tempo como tal. Parecem nem ter conceitualizado sua experiência, nem ter formado uma idéia abstrata da história. "A história era o espaço em que se desenrolava o drama da vida individual e social, segundo os desígnios de Iavé, e o tempo cósmico simplesmente dava testemunho das obras de Iavé e de Seu poder sobre o universo."[29] Uma das mais importantes características da experiência hebraica do tempo era a "contemporaneidade do passado e do futuro". Em outras palavras, para os hebreus o presente nunca era uma unidade claramente definida, com limites precisos, e sim parte de um contínuo que se estendia desde o início até o fim dos tempos, sendo continuamente influenciado tanto pelo passado como pelo futuro. É significativo que o Antigo Testamento não contenha datas numéricas, apesar de sua preocupação com um complexo registro histórico. A aliança com Deus era não apenas um evento passado, preservado por tradição, mas o tema do que Gunnel descreve como "um drama comum vivido no tempo entre Iavé — Aquele que estará lá — e Seu povo", pois, nas palavras do Deuteronômio 5:3, "O Senhor não firmou uma aliança com nossos pais, mas conosco, nós mesmos, que estamos hoje aqui, vivos".

O traço mais destacado a distinguir o pensamento hebraico do grego (em particular o de Aristóteles) era a idéia do cosmo como uma criação de Deus que ocorrera efetivamente na história. No pensamento hebraico, a natureza não era divina como no pensamento grego, e Deus transcendia todos os fenômenos. O Sol, a Lua e as estrelas eram todos criaturas de Deus e serviam para atestar sua obra (Salmo 19). Em contraste com os egípcios e com os babilônios, os hebreus não consideravam a monarquia como "ancorada no cosmo". Na religião hebraica, e somente nela, o homem se unia a Deus por uma aliança quase legal, em virtude da qual o antigo vínculo entre o homem e a natureza era destruído.[30] Por causa disto, os judeus foram por vezes considerados os "construtores do tempo", ao passo que os gregos teriam sido os "construtores do espaço", os romanos os "construtores do império" e os cristãos os "construtores do céu". Eric Voegelin enfatizou a diferença fundamental entre o que chamou de civilizações "cosmológicas", que pressupunham a simbolização política do cosmo — tipificadas pela Babilônia, com sua epopéia de Marduck — e civilizações "escatológicas", como a hebraica — mas exemplificada primeiro pela iraniana, baseada na religião de Zaratustra.[31] Embora a ênfase principal da escatologia judaica incidisse sempre sobre o destino da nação, a doutrina da imortalidade pessoal (oriunda da crença apaixonada de Zaratustra na justiça de Deus) parece ter sido adotada pelos judeus durante seu exílio babilônio ou depois. A crença nessa doutrina foi a maior inovação do judaísmo pós-exílio. Independentemente do papel preciso da linearidade na noção hebraica do tempo, supôs-se por longo período que a natureza escatológica desse conceito influenciara profundamente, através do cristianismo, o desenvolvimento de nossa idéia moderna da natureza unidirecional e não-cíclica do tempo.

Nos últimos anos, entretanto, vem ganhando força a tendência a questionar o pressuposto de que, na Antigüidade, antes do advento do cristianismo, Israel teria sido única entre as nações no significado que atribuía à história e à não-repetição dos eventos. Isto não apenas porque o reconhecimento explícito do movimento para diante no tempo e a rejeição da idéia de recorrência interminável tiveram origem no zoroastrismo, mas também porque, nos últimos 20 anos, aproximadamente, estudiosos do Antigo Testamento chamaram a atenção para a similaridade entre algumas de suas passagens e certos textos mesopotâmicos. Diante disto, J. Van Seters, professor de Literatura Bíblica na Universidade da Carolina do Norte, e outros concluíram que a idéia da presença, no Antigo Testamento, de um único "plano divino da história" teria recebido uma ênfase "muito exagerada".[32] Em outras palavras, a convicção dos israelitas de que eram "o povo eleito de Deus" é hoje considerada pelos especialistas em geral como não muito diferente da crença de que o rei era uma escolha divina, em que se fundavam as cidades-estados sumérias e babilônias.

Os hebreus foram influenciados pelos sumérios e babilônios também sob outros aspectos, entre os quais a medição do tempo. Por essa razão, seu calendário baseava-se na Lua. Como entre outros povos que contam o tempo por lunações, o mês hebraico começa quando a lua crescente se torna visível pela primeira vez, na luz do crepúsculo. Já no tempo de Saul a festa da lua nova era celebrada com grande solenidade. Mais tarde, quando Jerusalém era a capital, tão logo a aparição da lua nova era atestada por testemunhas fidedignas perante o sinédrio, mensageiros eram enviados para anunciar o início de um novo mês.

Originalmente, o ano judaico começava no equinócio do outono. O ano civil judeu ainda começa nesse momento, mas desde o êxodo do Egito o ano judeu eclesiástico passou a começar com o mês Nisan, no equinócio da primavera. Usando anos de diferentes durações — dependendo da inserção ou não de um mês intercalar — conseguia-se manter razoável correspondência com o Sol. Além da lua nova, também a lua cheia era investida pelos hebreus de grande significação religiosa, e a data do *Pessach* era determinada pela primeira lua cheia no equinócio de primavera ou depois. No tocante à numeração dos anos, os judeus usaram o mesma era que os selêucidas da Síria desde o tempo em que caíram sob seu domínio, no século II a.C., até a destruição do Templo pelos romanos em 70 d.C.

Em algumas das partes mais antigas da Bíblia, particularmente as que se referem aos primeiros profetas, a Lua é freqüentemente mencionada em relação com o sabá, que comemorava o sétimo dia da criação, quando Deus descansou de suas obras. No livro *Rest Days*, Hutton Webster chamou atenção para uma passagem do Livro dos Reis, 2, 4:23, que descreve como, quando a mulher sunamita queria ir em busca do profeta Elias para lhe pedir que restaurasse a vida do filho, seu marido objetou, dizendo: "Por que irás procurá-lo hoje? Não é lua nova, nem sabá." Como Webster assinala em seguida, quando o estudo dos registros cuneiformes revelou que o *shabbatum* dos babilônios (dia de lua cheia) também caía no décimo quarto (ou décimo quinto) dia do mês, vimo-nos diante de um outro resquício do que pode ter sido o significado original do termo hebraico *shabbath*.

Embora a semana hebraica de sete dias, terminando com o sabá (o único dia que recebia uma denominação), se assemelhe ao período babilônio de sete dias, que terminava com um "dia maligno", há diferenças importantes. Este último era sempre diretamente associado à Lua, o que não ocorria com a semana hebraica, que se sucedia de mês a mês e de ano a ano, independentemente da Lua. Ademais, o dia maligno babilônio era observado apenas pelo rei, os sacerdotes e os médicos, ao passo que o sabá hebraico era observado por toda a nação.

Webster observa: "Dissociar a semana do mês lunar, empregá-la como uma unidade de calendário reconhecida, e fixar um dia dessa semana para as práticas da religião foram inovações de suma importância, que, até prova em contrário, devem ser atribuídas apenas ao povo hebreu."[33]

Quando Israel se tornou parte do Império Romano, a idéia de que o "Fim do Mundo" estava próximo já se encontrava disseminada entre as várias seitas religiosas. Somente entre os essênios de Qumran, porém, essa crença tinha assumido uma forma definida: assim como o Primeiro Juízo, no tempo de Noé, fora a destruição pela água, o Juízo Final seria a destruição pelo fogo. O essenismo, uma seita extremamente ascética cujos adeptos se retiraram para a região desértica da Judéia, nas proximidades do mar Vermelho, parece ter surgido em meados do século II a.C., quando da revolta macabéia contra as mal orientadas reformas promovidas por Antíoco IV, o soberano selêucida da Palestina. Ele conquistara pouco antes essa região, até então sujeita aos Ptolomeus do Egito. Além de propensos a visões apocalípticas e legalistas, os essênios eram furiosamente anti-helenísticos. Após as conquistas de Alexandre, o Egito e o restante da área que hoje chamamos de Oriente Médio foram dominados pelos costumes e concepções helenísticos. O grego tornou-se a *lingua franca* dessa região, o que perdurou até os tempos do Império Romano. Por isto, os livros do Novo Testamento foram escritos em grego, embora a língua falada por Jesus e seus discípulos fosse o aramaico.

Muitos judeus se helenizaram, mas sobretudo fora da Palestina; ali, apenas os saduceus eram simpáticos à cultura helênica. Integrando a seita mais esclarecida, estavam do lado do poder estabelecido. Seu nome significava "filhos de Sadoc", o sumo sacerdote do tempo de Davi, que era considerado descendente do filho mais novo de Aarão. Eram os maiores adversários da seita predominante, a dos fariseus, que acreditavam que a salvação só adviria mediante estrita adesão à lei mosaica, tal como consignada no Deuteronômio, onde ficava claro que o povo eleito devia ser um povo "limpo". A visão do Deuteronômio, posteriormente canonizada na Torá e nos livros dos profetas, tornou-se central na vida judaica. De fato, pelo que já se pôde verificar, os livros do Antigo Testamento utilizados pelos membros da seita Qumran eram em sua maioria cópias do Deuteronômio, com exceção do livro de Isaías e dos Salmos.[34]

É de particular interesse para nós, atualmente, verificar que o antagonismo entre fariseus e saduceus se estendia a suas diferentes visões sobre o modo como o tempo devia ser medido. Pois, enquanto os fariseus aderiam ao ano lunar (com meses intercalares, de modo que o ano agrícola se mantivesse de acordo com o Sol), os saduceus adotavam o ano lunissolar usado pelos gregos. Cada seita acusava a outra de querer observar as festas religiosas estabelecidas nas ocasiões erradas, embora na prática tivessem que manter as mesmas datas. Como a seita dos fariseus era a predominante, poucos escritos dos saduceus se conservaram. Entre eles, o Livro dos Jubileus, escrito provavelmente por volta do ano 110 a.C., apresenta especial interesse.[35] A base desse calendário dos jubileus parece ter sido o famoso triângulo pitagórico de ângulos retos de lados três, quatro e cinco.[36] A soma dos dois primeiros lados dá o número de dias na semana, a soma dos três dá o número de meses no ano e a soma de seus quadrados dá o número 50. Segundo Filo de Alexandria, um filósofo greco-judaico do século I, que escreveu muitas obras que se conservam, entre as quais comentários do Antigo Testamento, 50 era considerado o mais santo dos números e "o princípio da geração do universo" (*De vita contemplativa*, 65). A significação de um ciclo de 50 anos na vida judaica, com o perdão de dívidas, a libertação de escravos etc., veio a resultar na prática de declarar um Jubileu da Igreja Romana de 50 em 50 anos, seguida por sucessivos papas a partir de 1300.

ROMA IMPERIAL E CRISTIANISMO PRIMITIVO

Em virtude do modo como começou, o cristianismo herdou a visão do tempo peculiar dos judeus, com sua esperança de redenção de sucessivos opressores. De início, os cristãos viam o Jesus ressuscitado como o Messias cujo retorno, visto como iminente, daria fim à ordem existente no mundo. Gradualmente, à medida que o tempo passava sem que tal retorno ocorresse, os cristãos tiveram de se haver com um mundo que continuava a existir, ficando seu fim adiado para um futuro indefinido. Se Jesus era o Messias, então ele já viera, e uma nova interpretação era necessária. O nascimento de Jesus passou assim a ser encarado como um divisor do tempo em duas partes, pois encerrava a primeira fase do desígnio divino e iniciava a segunda. Em contraste com outras religiões da época no Império Romano, afora o judaísmo, os cristãos viam na sua religião a expressão do desígnio de Deus na história; mas enquanto o judaísmo estava basicamente voltado para os destinos de Israel, os cristãos atribuíam uma significação universal à sua fé. Uma vez que consideravam a crucifixão um evento não passível de repetição, o tempo devia ser linear, e não cíclico. Esta visão essencialmente histórica do tempo, com sua ênfase particular na não-repetibilidade dos eventos, é a própria essência do cristianismo. Ela é claramente expressa, e até contrastada com a visão hebraica, na Epístola aos hebreus, 9: 25–6: "Não é tampouco para se oferecer a si mesmo repetidas vezes, como faz o sumo sacerdote, que entra a cada ano no santuário com um sangue que não é o seu; pois nesse caso ele teria tido que sofrer várias vezes desde a fundação do mundo. Mas agora, no final dos tempos, ele se manifestou de uma vez por todas, para abolir o pecado pelo sacrifício de si mesmo."

O mundo em que o cristianismo se originou foi o do Império Romano. Era um tempo em que floresciam múltiplas religiões, muitas de origem oriental. De modo geral, era uma época extremamente supersticiosa. Em muitos dias do ano, o calendário religioso tradicional proibia a realização de qualquer sorte de negócio. Em particular, em dias de mau agouro os navios não podiam içar velas. Assim, nenhum capitão de navio romano deixaria o porto em 24 de agosto, 5 de outubro ou 8 de novembro, e não era considerado bom estar no mar no final do mês.[37]

Como *sir* Ronald Syme assinalou, os romanos tinham especial veneração pela autoridade, o precedente e a tradição, e opunham forte resistência a mudanças, a menos que fossem consideradas de acordo com o costume ancestral, o que na prática significava as concepções dos senadores mais velhos. Tendiam a desconfiar das novidades, e a palavra *novus* soava-lhes sinistra, embora sua memória do passado registrasse que muitas mudanças tinham ocorrido, mesmo que de início tivessem encontrado resistência. Como Syme comenta, "a grandeza peculiar de Roma não se deveu ao gênio de um homem, ou a uma época, mas a muitos homens e ao longo trabalho do tempo".[38]

Entre as principais fontes de inspiração dos historiadores romanos estavam o culto dos ancestrais e o gosto das famílias nobres pela comemoração de seus feitos. Diferentemente dos historiadores gregos, consideravam seu dever de patriotas apresentar um relato abrangente do passado de seu país. A primeira história de Roma foi, contudo, escrita por um grego, Políbio, que lá viveu no século II a.C. Entre os historiadores que depois se destacaram estão César, Salústio, Lívio, Tácito e Suetônio. Lívio (*c.* 59 a.C.–19 d.C.) deu à sua história o título *Ab urbe condita* ("*Desde a fundação da cidade*"), e começou com Enéias. Presságios e prodígios abundam em sua obra, a tal ponto que, comparado a ele, Heródoto parece moderno. O único historiador romano que pode ser comparado a Tucídides é Tácito (*c.* 55–117 d.C.). Ambos foram grandes estilistas e, para eles, a história era o tribunal supremo perante o qual as ações dos governantes e dos demais podiam ser julgadas, "mas enquanto Tucídides era um magistrado, Tácito era um advogado

— o mais brilhante, talvez, que jamais buscou determinar o julgamento do Tempo, mas ainda assim um advogado".[39] Embora grande parte de sua escrita histórica tivesse por base testemunhos orais, é ele, entre todos os historiadores antigos, quem cita com maior freqüência os autores e documentos que consultou. Tinha uma visão exaltada da história, bem ilustrada por sua asseveração (*Anais*, iii. 65) de que o ofício do historiador é "reavaliar a conduta dos homens, de modo a que ações generosas sejam arrancadas do esquecimento e o autor de conselhos perniciosos e o perpetrador de más ações possam ver, de antemão, a infâmia que os aguarda no tribunal da posteridade". Os romanos inclinavam-se a ver no curso da história uma alternância entre afastamento e observância dos valores tradicionais. Como A. R. Curtius mostrou, a atitude devota dos romanos para com seu passado e sua tendência a considerá-lo como uma parte do presente traduzia uma espécie de atemporalidade que excluía uma visão genuinamente histórica do mundo e era muito diversa de nosso sentido de perspectiva temporal.[40]

Embora respeitassem as obras literárias e outras realizações culturais dos gregos, os romanos ficavam perplexos diante da importância que os primeiros atribuíam à matemática. A exceção notável à conclusão geral de que os romanos não tinham real interesse por ciência foi Lucrécio (*c*. 94–55 a.C.), cujo *De rerum natura* é atualmente reputado o maior poema filosófico jamais escrito. Embora essa obra tenha impressionado tanto Cícero (106–43 a.C.) quanto Virgílio (70–19 a.C.), o epicurismo em que se baseava teve pouco impacto nos romanos, exceto por seu aspecto hedonístico. Com relação ao conceito de tempo, o poema é notável pela modernidade de seu ponto de vista: "De modo similar, o tempo por si mesmo não existe; mas das próprias coisas resulta um sentido do que já ocorreu, do que está ocorrendo e do que deve se seguir. Não se deve afirmar que alguém seria capaz de perceber o tempo em si mesmo, isolado do movimento das coisas ou de sua tranqüila imobilidade."[41]

Ao contrário do epicurismo, o estoicismo exercia considerável atração sobre os cidadãos mais instruídos. Uma famosa passagem da *Quarta écloga* dá expressão ao conceito do "Eterno Retorno": "Agora é chegada a última era da canção de Cumas; a grande linha dos séculos começa de novo (...). Um segundo Tífis surgirá então, e um segundo Argo, para transportar heróis escolhidos; haverá também uma segunda guerra, e novamente um grande Aquiles será enviado a Tróia." A atitude estóica de resignação filosófica substituiu o antigo politeísmo romano, que se tornara, cada vez mais, uma formalidade sem significado. Enquanto sobreviveu, Júpiter foi a personificação da Providência ou Destino. A divinização dos imperadores, introduzida por Augusto, não era levada demasiado a sério e significava pouco mais que o adjetivo "Sacro" posteriormente incorporado ao título "Sacro Imperador Romano".

Enquanto para as classes superiores a *Pax Romana*, no período dos Antoninos (século II d.C.), representou uma grande oportunidade para fortalecer e preservar os costumes de suas cidades ou distritos locais, para a gente mais humilde ela propiciou horizontes mais largos e oportunidades de viagem sem precedentes. Como observou uma das maiores autoridades em Antigüidade tardia, "os mercadores estavam constantemente em viagem, em busca de oportunidades nos territórios menos desenvolvidos da Europa Ocidental, estabelecendo-se com freqüência longe de suas cidades natais".[42] De fato, sabe-se de um mercador da Frígia que visitou Roma não menos que 72 vezes. Essa nova liberdade para viajar com segurança por toda parte teve um efeito profundo não só na vida das pessoas como em seus pensamentos e crenças; esses homens que estavam perdendo as raízes forneciam o "pano de fundo para os ansiosos pensamentos dos líderes religiosos do final do século II".[43] Era sobretudo no meio deles, e não mais entre os humildes e oprimidos, como no século anterior, que os conversos ao cristianismo eram agora recrutados.

Nessa época, entretanto, o cristianismo era apenas uma entre as várias religiões concorrentes no Império Romano, todas sofrendo a crescente influência cosmopolita da civilização helenística. O estoicismo declinava, e sua filosofia teve como último expoente Marco Aurélio, que governou de 161 a 180. Suas *Meditações*, que enfatizam as vicissitudes da perpétua mudança, transmitem uma impressão de cansaço do mundo. O século seguinte viu a expansão do gnosticismo, cujos adeptos pretendiam possuir conhecimentos secretos, ou privilegiados, e por isso eram chamados *gonostikoi* ("conhecedores"). Era um modo de pensar fundado na idéia geral helênica de que a salvação é obtida por meio do conhecimento. Além das formas cristãs, havia outras, como o hermetismo e o maniqueísmo. Um dos traços mais característicos do pensamento gnóstico era o dualismo fundamental de Deus e do mundo, sendo o primeiro visto como transcendendo por completo o mundo que, longe de ser sua criação, era o reino do Demônio e, por conseqüência, irredimivelmente mau. O gnosticismo pode ser visto como uma revolta contra a ciência grega. Embora dualista, diferia muito do platonismo: o tempo cósmico não era a imagem em movimento da eternidade, mas, "no melhor dos casos, uma caricatura da eternidade, uma imitação deformada, muito distante de seu modelo".[44] Do mesmo modo, o gnosticismo opunha-se ao cristianismo ortodoxo por sua hostilidade à história, pois, em vez de se basear na idéia de que Deus prepara o futuro por meio do passado, tinha uma concepção do mundo de que Deus estava ausente. Em conseqüência, quando o gnosticismo combinou-se com idéias cristãs, o resultado logo foi considerado inaceitável pela Igreja. Não obstante, essa combinação peculiar teve uma longa vida e estava destinada a ressurgir na Idade Média na forma da heresia albigense, que floresceu por algum tempo no sul da França e acabou por ser esmagada no primeiro quartel do século XIII pelos franceses do norte, a mando de Inocêncio III, o mais poderoso dos papas medievais.

Entre outras formas de religião que floresceram no Império Romano estava o mitraísmo, religião extremamente masculina que atraiu o exército romano. O fundador dos modernos estudos mitraístas, Franz Cumont, mostrou que o mitraísmo romano foi uma continuação da religião iraniana de Zaratustra, e que sua origem pode ser retraçada até os hindus, pois o nome Mitra é encontrado nos Vedas. Segundo Cumont, a despeito das diferenças teológicas entre os Vedas e o *Avesta*, "o Mitra védico e o Mitra iraniano preservaram tantos pontos de semelhança que é impossível alimentar qualquer dúvida acerca de sua origem comum".[45]

Duas diferentes imagens iconográficas de Mitra sobreviveram. Numa, encontrada apenas no Ocidente, mais precisamente no curso de escavações feitas na cidade de Londres, ele aparece como um belo deus que mata um touro, significando a renovação do mundo por ocasião do Ano-Novo. A mais notável característica de um grupo de mármore conservado no Museu Britânico, representando o Mitra matador de touros, é a presença de três espigas de trigo que saem do ferimento do animal sacrificado.[46]

A outra forma de Mitra, encontrada tanto no mundo oriental como no ocidental, é um monstro com cabeça de leão, em cujo corpo enrosca-se uma serpente. A serpente é por vezes decorada com signos do zodíaco. Representa, portanto, a trajetória do Sol em torno da eclíptica e indica a vinculação de Mitra com Zurvan, o deus iraniano do tempo. Esse simbolismo é similar ao encontrado em muitas culturas antigas, inclusive as da Mesoamérica, em que a serpente representa ciclos de um tempo infindável, devido, talvez, ao fato de que a serpente periodicamente perde e renova sua pele. Na história da Queda, no terceiro capítulo do Gênesis, o destruidor da inocência primeva do Homem é também descrito como uma serpente. A representação do tempo infindável por uma serpente que devora a própria cauda, acompanhada da inscrição "Meu fim é meu começo", aparece mais tarde em anéis, como o que possuiu Maria, rainha da Escócia.

O deus mitraísta com cabeça de leão simbolizava a Eternidade. Essa representação de Mitra parece ter sido derivada da arte egípcia, e sugeriu-se que pode ter sido influenciada pelas bandagens de cadáveres mumificados.[47] Há indicações de que, no Egito, o deus do tempo eterno era identificado a Osíris e, em algumas representações no *Livro dos mortos*, a fênix é retratada como surgindo dele.[48] Por vezes essa ave é representada também em contextos mitraístas. Como a teologia egípcia era influente na Roma imperial, M. J. Vermaseren considera que "nem o Irã nem o Egito separadamente determinaram o culto do deus com cabeça de leão do mitraísmo; foi a idade helenística em geral, da qual o Egito era um componente maior, que formou uma representação concreta da idéia abstrata de eternidade".[49]

Além das várias religiões de origem oriental que floresceram em Roma durante os séculos II e III d.C., houve também um retorno da especulação filosófica que, por se fundar num ressurgimento de idéias de Platão, foi chamado de neoplatonismo. A maior figura dessa escola foi Plotino (*c.* 205–270), que, nascido no Egito, estabeleceu-se em Roma em 244. Em sua filosofia, a realidade é o mundo espiritual contemplado pela razão, sendo o mundo material um mero receptáculo para as formas ideais que lhe são impostas pela "alma do mundo". A sétima parte de sua terceira *Enéada* ("Sobre o tempo e a eternidade") pode ser vista como uma meditação sobre a passagem do *Timeu* (37–8), de Platão, em que o tempo e a criação do mundo são discutidos.[50] Plotino acreditava que a origem do tempo deve ser buscada na vida da alma do mundo. A questão da possibilidade de o tempo existir se não houvesse "alma" (ou mente) para apreendê-lo fora levantada, mas não respondida, por Aristóteles, cuja definição do tempo como a "numeração" do movimento e da mudança em relação ao antes e ao depois parecia pressupor a existência de uma "alma" que o contempla e mede. Para a maioria dos filósofos da Antigüidade clássica, o mundo era ao mesmo tempo animado e divino. Em conseqüência disso, era-lhes possível (mas não para os cristãos, porque rejeitavam o panteísmo) falar de uma alma do mundo capaz de medir o tempo, e esta foi, de fato, a resposta dada por Plotino à questão de Aristóteles. Plotino foi também além de Platão, modificando sua famosa metáfora do tempo como a imagem em movimento da eternidade, porque estava mais interessado em frisar a diferença que a semelhança entre o tempo e a eternidade. Em sua opinião, embora tudo o que existe deva ser semelhante à sua causa, o fato de uma coisa ser produzida por outra implica que são diferentes. Adotando um ponto de vista hierárquico e preferindo falar antes em termos de "vida" que de "movimento", Plotino via o tempo como um intermediário entre a eternidade (ou a alma superior que contempla a eternidade) e o movimento do universo, que revela o tempo como a "vida" (ou força criativa) da alma.[51] Embora não fosse um cristão, sob alguns aspectos Plotino foi um precursor de Santo Agostinho, particularmente porque pensou o tempo em termos psicológicos.

Logo no início do século IV, tiveram fim as lutas intermitentes entre o Estado romano e a Igreja Cristã, com a vitória desta, em parte em decorrência das sublevações militares que haviam ameaçado o Estado romano em meados do século anterior. Dois eventos de especial importância ajudaram então a definir o destino de ambos: a capital do Império Romano foi transferida para Bizâncio, rebatizada Constantinopla, e o cristianismo tornou-se a religião oficial. Quando mais jovem, o imperador Constantino (*c*. 288–335) fora adepto primeiro de Hércules, depois de *Sol Invictus*. Sua conversão ao cristianismo marcou uma reviravolta na história tanto da Igreja como da Europa. O monograma "*Chi-Rho*" de Cristo começou a aparecer nas moedas de Constantino no ano 315. Na mesma época, o bispo de Roma começou a se tornar mais importante no Ocidente, em parte porque o imperador já não residia na antiga capital.

Como Augusto tivera o poeta Virgílio para cantar seus feitos, Constantino teve no político e historiador eclesiástico Eusébio o homem que se sentava imediatamente à direita de seu trono nas sessões do concílio de Nicéia, em 325, e que exerceu uma influência decisiva sobre o credo e a disciplina da Igreja Universal, ou Católica. Constantino foi declarado imperador por direito divino; tendo "mais ganhado que perdido com sua disposição a mudar o estilo e o título de um deus pelo de vice-gerente de Deus".[52] Mais tarde, nesse século, o império acabou por ser dividido em uma parte oriental e outra ocidental. Daí em diante, este último, que era o mais diretamente ameaçado por invasores, não pôde mais contar com as forças militares do primeiro, que eram mais fortes. Tendo o governante ocidental Honório lhe recusado a província de Nórico (sul da Áustria), o rei visigodo Alarico, cujas terras estavam sob a pressão dos hunos, a leste, avançou com suas tropas para Roma, no ano 410, e saqueou a "Cidade Eterna". Essa catástrofe sem precedentes chocou profundamente o império e levou o bispo de Hipona (perto de Cartago) a escrever, logo depois, seu grande livro *A cidade de Deus*, a primeira filosofia da história, com o objetivo de refutar a acusação de que o saque de Roma fora uma punição a seus cidadãos, pelo abandono de seus tradicionais deuses pagãos.

Como Paulo de Tarso, Agostinho de Hipona foi um converso ao cristianismo, tendo antes sido maniqueu e neoplatônico, como Plotino.

Suas *Confissões*, escritas não muito antes da Queda de Roma, constituíram uma forma de literatura ainda mais original que as que Rousseau escreveria mais de mil anos depois, pois foi a primeira verdadeira autobiografia. Por causa dessa obra, William James chamou Santo Agostinho de "o primeiro homem moderno", embora ele tivesse vivido há tanto tempo. Nela temos um relato de sua vida, inclusive sua conversão ao cristianismo e sua luta contra as doutrinas concorrentes.

Mesmo após deixar o neoplatonismo, Santo Agostinho permaneceu muito influenciado pelas idéias filosóficas de Platão, em particular aquelas referentes ao tempo. Como Platão, considerava que os conceitos de tempo e o universo eram inseparáveis, um sendo essencial ao outro. Em *A cidade de Deus* (xi. 5, 6; xii. 16), argumenta que o tempo não pode ter existência alguma a menos que coisas estejam efetivamente acontecendo, e em suas *Confissões* (xi. 14), ao responder a questão sobre o que fazia Deus antes de criar o céu e a terra, diz: "Não respondo, como se diz que alguém fez jocosamente (eludindo o impacto da questão), 'Ele estava preparando o inferno para os que se intrometem nos mistérios'." Em ambos os livros, o vemos apaixonadamente interessado pela natureza do tempo e rejeitando com vigor teorias cíclicas da história. Em *A cidade de Deus* (xii. 13), escreveu:

> Os filósofos pagãos introduziram ciclos de tempo em que as mesmas coisas seriam restauradas e repetidas pela ordem da natureza, e afirmaram que esses rodopios de idades passadas e futuras prosseguirão incessantemente. (...) A partir dessa zombaria, são incapazes de pôr em liberdade a alma imortal, mesmo depois que ela atingiu a sabedoria, e acreditam que ela está incessantemente caminhando para uma bem-aventurança falsa e incessantemente retornando a uma miséria verdadeira. (...) É apenas através da sólida doutrina de um curso retilinear que podemos escapar de não sei quantos falsos ciclos descobertos por sábios falsos e enganosos.

Como Plotino fizera anteriormente, Santo Agostinho, no Livro XI de suas *Confissões*, submeteu o conceito de tempo de Aristóteles a uma rigorosa crítica. Afirmou que tempo e movimento deviam ser mais cuidadosamente diferenciados um do outro do que o eram por Aristóteles. Em particular, condenou a correlação do tempo com os movimentos dos corpos celestes, uma vez que o tempo ainda existiria se os céus parassem de se mover mas a roda de um oleiro ainda girasse. Pois haveria alguma duração temporal representada por cada revolução da roda, e um certo número destas ainda teria lugar no intervalo de tempo que chamamos dia, mesmo que o movimento do Sol tivesse cessado.

De maneira similar, se um corpo está ora em movimento e ora em repouso, medimos tanto seu período de repouso como o de movimento pelo tempo. Em lugar da associação entre o tempo e o movimento que Aristóteles propusera, recorrendo à revolução uniforme dos céus como sua base, Santo Agostinho voltou-se não para o conceito de "alma do mundo", como o fizera Plotino, mas para a mente humana como fonte última e padrão do tempo. Aristóteles não investigara os processos mentais pelos quais percebemos o tempo, por acreditar que nossas mentes devem se conformar necessariamente ao universo físico, mas Santo Agostinho, ao contrário, tomou a atividade da mente como a base da mensuração temporal. Analisou o problema de medir o tempo que uma voz leva para emitir um único som. Evidentemente, antes que o som comece não podemos medir o tempo que tomará, mas como medi-lo depois que soou, se então já não existe? Tampouco somos capazes de medi-lo no presente, se o consideramos um instante indivisível que é verdadeiramente momentâneo e sem duração. Santo Agostinho chegou à conclusão de que só podemos medir o tempo se a mente tiver o poder de guardar em si mesma a impressão nela deixada pelas coisas à medida que passam, mesmo depois que já se foram. Em outras palavras, não medimos as próprias coisas, e sim algo que permanece fixo na memória. O que medimos é a impressão que os eventos que passam deixam na mente, pois somente esta permanece depois que aqueles passaram. A mente tem o poder de se distender em direção ao futuro, pela antecipação, e ao passado, pela memória. No presente há somente a atenção da alma, por meio da qual o futuro se torna o passado, e só quando a constante redução do futuro do som já o tornou inteiramente passado a mente pode medi-lo com base em algum padrão preconcebido. Santo Agostinho não explicou de que modo a mente podia ser um acurado cronômetro para a medição de eventos externos, mas como pioneiro do estudo do tempo psicológico, tem um lugar na primeira linha, entre os que contribuíram para a compreensão de nosso sentido do tempo.

Enquanto para a maioria dos gregos e romanos, acreditassem ou não em ciclos, os aspectos dominantes do tempo eram o presente e o passado, o cristianismo dirigiu a atenção do homem para o futuro. Nas palavras do filósofo Erich Frank, "Com o cristianismo (...) o homem adquiriu uma nova compreensão do tempo".[53] A visão cristã do mundo, voltada para o futuro, como Santo Agostinho a apresenta, diferia das idéias correntes sobre o tempo da Antigüidade clássica na medida em que não o concebia como cíclico, nem julgava que continuaria indefinidamente, sem que nada de essencialmente novo ocorresse. John Baillie observou ainda que, em sua crítica detalhada das visões cíclicas do tempo, Santo Agostinho estava preocupado em defender a doutrina da criação e, em particular, seu corolário de que "através da força criativa de Deus, o curso dos eventos é caracterizado pela emergência de genuína *novidade*".[54] Para avaliar a importância de Santo Agostinho no desenvolvimento da visão cristã do tempo, pode-se contrastar seus escritos com o Novo Testamento. Recentemente, Olaf Pedersen chamou a atenção para a completa indiferença de São Paulo pelo tempo e a cronologia: nunca datava suas cartas.[55] Presumivelmente, essa total falta de interesse devia-se à sua crença — de que partilhavam outros cristãos primitivos — de que a Segunda Vinda era iminente (Romanos 13: 11–12). O tempo, para os cristãos, começara com a Criação e terminaria com a Segunda Vinda de Cristo. A história do mundo era limitada por esses dois eventos. A difusão dessa crença marca a cisão entre a perspectiva da Antigüidade clássica e a da Idade Média. Mais ainda, nosso conceito moderno de história, por mais racionalizado e secularizado que seja, permanece fundado no conceito de tempo histórico inaugurado pelo cristianismo.[56]

Embora tenhamos tomado do cristianismo nossa orientação temporal moderna, é sobretudo aos romanos que devemos a forma de nosso calendário e as convenções de registro do tempo. Antes de Júlio César, contudo, as realizações romanas em cronometria pouco tiveram de notável. O primeiro quadrante solar de Roma — trazido da Sicília em 263 a.C., durante a primeira guerra púnica, e erigido no Fórum —, por exemplo, era inexato, porque indicava o tempo apropriado a seu local de origem, mais de quatro graus ao sul. Só em 164 a.C., quase um século depois, construiu-se um quadrante solar público adequado à latitude de Roma. Em 158 a.C., uma clepsidra pública foi erguida em Roma por Cipião Nasica. A introdução de relógios nos tribunais romanos, segundo o costume grego, levou alguns advogados inescrupulosos a subornarem o encarregado pela clepsidra para que regulasse o suprimento de água em seu favor. Por meio de César, ficamos sabendo que se usavam relógios de água em acampamentos militares para medir o tempo das sentinelas noturnas (*De bello Gallico*, v. 13). Segundo São Marcos (13: 35), estas eram quatro, marcada pelo anoitecer, a meia-noite, o canto do galo e a manhã.

Escrevendo nos tempos imperiais, o poeta Juvenal (*c*. 50–130 d.C.) nos informa que, na época, os membros abastados das classes mais altas tinham relógios de água privados e escravos especiais para lê-los e anunciar as horas a seus senhores. Os relógios passaram assim a ser vistos como símbolos de *status*. Um exemplo disto ocorre na *Festa de*

Trimalchio, de Petrônio: Trimalchio tinha um belo relógio em sua sala de jantar. Não obstante, as horas desiguais e o desencontro entre os relógios romanos levou Sêneca (*Apocolocyntosis*, ii. 2–3) a se queixar de que era impossível saber a hora certa "uma vez que é mais fácil os filósofos entrarem em acordo que os relógios"!

Nosso calendário atual é uma modificação do calendário introduzido por Júlio César em 1º de janeiro de 45 a.C., e que tem o seu nome (ver Apêndice 1). Anteriormente, os romanos tinham tentado compatibilizar seu calendário civil — que, como muitos calendários antigos, baseava-se na Lua — com o ano astronômico baseado no Sol, mediante um sistema que envolvia um mês adicional ou intercalar de dois em dois anos. Como a duração desse mês não era determinada por qualquer regra precisa, os governantes podiam arbitrá-la como quisessem, e freqüentemente abusavam desse poder para fins políticos. Manipulando o número de dias do mês intercalar, podiam prolongar um mandato ou apressar uma eleição, e o resultado foi que, na época de Júlio César, o ano civil estava defasado em cerca de três meses em relação ao ano astronômico, de tal modo que os meses de inverno caíam no outono e o equinócio da primavera ocorria no inverno.

A conselho do astrônomo grego Sosígenes, César decretou que, para corrigir essa anomalia, o ano 46 a.C. seria prolongado a 445 dias. Este, embora tenha sido chamado "o ano da confusão", destinava-se a dar fim numa confusão. César aboliu também o ano lunar e o mês intercalar e baseou seu calendário inteiramente no Sol. Fixou o verdadeiro ano em 365 dias e 1/4 e introduziu o ano bissexto de 366 dias de quatro em quatro anos, o ano civil comum compondo-se de 365 dias. Estabeleceu que janeiro, março, maio, julho, setembro e novembro teriam todos 31 dias e os demais 30, exceto fevereiro, que normalmente teria 29 dias e, nos anos bissextos, 30. Lamentavelmente, em 7 a.C. esse bem-feito arranjo sofreu uma interferência: em homenagem a Augusto (que o considerava seu mês de sorte), deu-se seu nome ao mês Sextilis, atribuindo-lhe o mesmo número de dias do mês precedente, que fora renomeado por Marco Antônio em honra a seu tio-avô assassinado. Assim, um dia foi tirado de fevereiro e transferido para agosto. Para evitar a ocorrência sucessiva de três meses de 31 dias, setembro e novembro foram ambos reduzidos a 30 dias, e outubro e dezembro passaram a ter 31. Assim, em homenagem ao primeiro dos imperadores romanos, um arranjo ordenado foi reduzido a uma mixórdia ilógica que muitas pessoas têm dificuldade em memorizar, mas que, no curso de 2.000 anos, foi imposta com sucesso à maior parte do mundo.

Embora originalmente o calendário romano começasse na primavera, no dia 1º de março (o que se reflete nos nomes que damos aos meses de setembro a dezembro), os cônsules, que eram eleitos por um ano, passaram, em 153 a.C., a tomar posse em 1º de janeiro. Daí por diante os romanos passaram a considerar esse dia como o início do ano. Mais tarde essa escolha foi considerada pagã pela Igreja, por causa das festividades tradicionalmente associadas à data. A Igreja preferia tomar a Anunciação como o primeiro dia do ano, o que levou à adoção de 25 de março, nove meses antes do Natal, embora a escolha não tenha sido absolutamente universal. (Os astrônomos, por via de regra, mantiveram o 1º de janeiro como início do ano. De modo geral, a história do início do ano civil é complicada.[57] Em Veneza, por exemplo, o ano começou em 1º de março até a queda da república em 1797.) A partir de 312 d.C., "ciclos de indicção", de 15 anos de duração, foram introduzidos pelo imperador Constantino para efeito de cobrança de impostos, o que levou o ano bizantino a ser contado a partir de 1º de setembro, data em que começavam os anos de um ciclo de indicção. Esses ciclos continuaram populares no Ocidente ao longo da Idade Média e foram mesmo usados pelo supremo tribunal do Sacro Império Romano até sua abolição por Napoleão em 1806.

Os romanos fizeram uso da idéia de denominar os anos pela contagem de uma única era, que fora posta em prática em 312/311 a.C. por Seleuco I, o governante helenístico da Babilônia. No século seguinte foi iniciado o sistema grego de datar por sucessivas Olimpíadas, a partir da primeira, em 776 a.C. — pelo historiador Timeu da Sicília ou por Eratóstenes, o famoso bibliotecário do Museu de Alexandria e mensurador da Terra —, e dali em diante a cronologia grega baseou-se nele. O sistema romano de datar *ab urbe condita* (isto é, desde a fundação de Roma) foi introduzido por Varro, no século I a.C., e baseava-se na data atribuída à fundação lendária da cidade. Embora esse sistema tenha sido ratificado por Júlio César em 46 a.C., e fosse amplamente utilizado, há alguma incerteza sobre a relação precisa entre as datas romanas dele resultantes e as das Olimpíadas.[58] Segundo o historiador Políbio, a fundação de Roma ocorreu numa Olimpíada correspondente a 750 a.C. Outras datas são também atribuídas a esse evento. Na época de Augusto, foi compilada uma lista dos magistrados da República que se baseava numa contagem a partir de 752 a.C. A data que acabou tendo aceitação geral foi 753 a.C., originalmente sugerida por Varro (116–27 a.C.). Segundo a tradição, o aniversário de Roma era no festival de *Parilia*, em 21 de abril. Por isso, em 247 d.C., os romanos celebraram nesse dia o milésimo aniversário da cidade. Cunharam-se então moedas que traziam a famosa inscrição: *Roma aeterna* — "Roma, a cidade eterna".

Entre as convenções para a divisão do tempo que nos vieram da Roma imperial está a semana de sete dias. Sua origem remonta aos sumérios e babilônios. Nunca foi usada pelos gregos, que dividiam o mês em três partes, com dez dias cada uma, mas foi empregada pelos judeus (ver p. 70). Originalmente, os romanos tinham um complicado sistema de dividir os meses, com calendas (de que deriva nossa palavra "calendário") no primeiro dia, idos no décimo quinto dia de março, maio, julho e outubro e no décimo terceiro dos outros meses, e nonas, que ocorriam oito dias antes dos idos. De início, as calendas eram os dias de lua nova e os idos, os de lua cheia; o ano era dividido em dez meses, março a dezembro, sendo o período entre a metade do inverno até a primavera deixado de lado porque nele havia pouco trabalho agrícola a ser feito. Mais tarde esse período foi dividido nos meses de janeiro e fevereiro. No princípio da história de Roma, os únicos momentos reconhecidos no período iluminado pelo Sol eram o nascer do Sol, o meio-dia e o pôr-do-sol. As noites, entretanto, eram divididas em quatro *vigilae* (ou sentinelas), sistema presumivelmente de origem militar. Os dias eram contados para trás, a partir das calendas, nonas e idos, respectivamente. O dia a partir do qual os romanos calculavam e o dia a ser designado eram ambos incluídos; 2 de janeiro, por exemplo, era designado *ante diem IV Non. Jan.* As nonas tinham esse nome porque ocorriam no "nono" dia antes dos idos. Os dias depois dos idos eram contados como dias *antes* das calendas do mês seguinte. Esse sistema ainda estava em uso na Europa Ocidental até o século XVI![59]

Nos tempos imperiais, contudo, sob a influência astrológica, popularizou-se o costume de usar a semana de sete dias, cada um deles denominado segundo o respectivo "planeta".[60] Inscrições em Pompéia relacionam os "dias dos deuses", a saber, Saturno, o Sol, a Lua, Marte, Mercúrio, Júpiter e Vênus. Esta ordem, de que derivam nossos nomes modernos para os dias da semana (em francês, por exemplo), parece à primeira vista sem sentido, uma vez que não se harmoniza de nenhuma maneira óbvia com a ordem em que (segundo a cosmologia pré-copernicana), se supunha que os "planetas" se relacionavam com a Terra: Saturno, Júpiter, Marte, o Sol, Vênus, Mercúrio, a Lua. A explicação é que se acreditava que os planetas regiam tanto as horas do dia como os dias da semana, estando cada dia associado ao planeta que regia sua primeira hora. A primeira hora de sábado era regida por Saturno, assim como a oitava, a décima quinta e vigésima segunda horas. A vigésima terceira era atribuída a Júpiter, a vigésima quarta a

Marte, e a primeira do dia seguinte ao Sol, que portanto regia o domingo, e assim por diante, no correr da semana. Daí provém o costume, introduzido no século III d.C., de indicar as datas mais importantes também segundo os dias da semana.[61]

Os cristãos, dada a origem judaica de sua religião, de início aderiram à semana judaica de sete dias, que, exceto o sabá, eram numerados, mas não nomeados. Acabaram, contudo, por ser influenciados pelas crenças astrológicas de convertidos do paganismo e adotaram a semana planetária. Nesse ínterim, a influência do mitraísmo levara os pagãos a tomar o *Dies Solis* (o *Sun-day*, domingo) em lugar do *Dies Saturnis* (o *Saturn-day*, sábado) como primeiro dia da semana. Essa alteração atraiu os cristãos, que por muito tempo tinham observado o domingo — o dia do Senhor (*Dies Dominica*), em que Cristo ressuscitou dos mortos — como o primeiro da semana, em lugar do sabá judaico. A semana planetária foi oficialmente adotada em 321 d.C. pelo imperador Constantino, que seguiu também a prática cristã de considerar o domingo, em vez do sábado, como o primeiro dia da semana. Ele decretou formalmente que magistrados, cidadãos e artesãos deveriam repousar de seus labores "no venerável dia do Sol", mas permitiu os trabalhos do campo. Desde o primeiro século d.C., sob a influência do judaísmo, a sociedade romana começara a adotar um dia semanal de repouso — em contraste com a Grécia antiga, onde não haviam sequer feriados escolares, exceto em ocasiões especiais como os dias em homenagem a Apolo, Posêidon etc.[62] Tertuliano (*c.* 155–222) foi o primeiro Doutor da Igreja a declarar que os cristãos deviam se abster, no domingo, de tarefas ou ocupações seculares, sob pena de agradar ao Demônio.

A primeira menção ao dia de Natal, ao que saibamos, apareceu no calendário romano para o ano 354. Anteriormente, 6 de janeiro fora celebrado como a Epifania, ou aniversário do batismo de Cristo, que se supunha ter ocorrido em seu 13º aniversário de nascimento. A escolha do 6 de janeiro para esse propósito foi atribuída aos cristãos gnósticos do Egito — a data correspondente no calendário lá utilizado era tradicionalmente associada com a bênção do Nilo. O aniversário de Cristo só se tornou importante para a Igreja quando o batismo de recém-nascidos substituiu o de adultos. Isto deu lugar à crença de que a natureza divina de Cristo originara-se em seu nascimento, e não em seu batismo e, em conseqüência, por volta do ano 400, o dia de Natal tornou-se uma data significativa no ano cristão: 25 de dezembro foi o dia escolhido, com o propósito de exorcizar o grande festival pagão do solstício solar.

Na segunda metade do século IV, o último grande imperador do Ocidente, Teodósio, que era de origem espanhola, acabou por abolir o calendário romano pagão, com sua confusão de festivais, rompendo assim um dos mais populares vínculos que tinham os romanos com seu passado histórico. É a ele, portanto, que o mundo europeu deve um calendário uniforme, em correspondência com as necessidades de uma sociedade universal e baseado no ano cristão. Em 386 Teodósio reafirmou seu decreto e impôs severas sanções aos que dessacralizassem o dia do Senhor.[63] A concepção de que o dia do Senhor é essencialmente o sabá judaico — um dia "tabu" —, transferido do sétimo para o primeiro dia da semana, encontrou expressão vez por outra no direito e na teologia medievais. Isso culminou nos excessos sabatarianos do puritanismo inglês e escocês e a "legislação do domingo", que foi em grande parte relaxada desde a Primeira Guerra Mundial.

A Páscoa foi introduzida em Roma por volta do ano 160 e, como em Alexandria, era celebrada no domingo que seguia ao *Pessach* hebraico, que, na prática, podia ser situado no domingo seguinte à primeira lua cheia após o equinócio da primavera. Um conjunto de tabelas da Páscoa traçadas por Cirilo da Alexandria (376–444) era acompanhado de uma série consecutiva de anos, começando com o imperador Diocleciano e sua perseguição, em 284 d.C. Em 525 d.C., porém, Dionísio o Pequeno, um monge da Cítia que vivia em Roma, foi encarregado pelo papa João I de preparar uma continuação das tabelas de Cirilo. Dionísio percebeu então que era impróprio contar a partir do reinado daquele inimigo do cristianismo, e escolheu em troca datar os anos a partir da Encarnação de Cristo.[64] Os indícios astronômicos sugerem que isso pode ter ocorrido na primeira metade no ano 5 a.C.. (Pois os astrônomos, diferentemente dos historiadores e cronologistas, têm um ano 0.) Embora o sistema de Dionísio tenha sido a origem da seqüência d.C. que hoje empregamos, por quase 200 anos ela não foi utilizada — a mais antiga obra conhecida em que é empregado é a *História eclesiástica da nação inglesa*, de Beda, do início do século VIII. O sistema a.C., que se estende para trás a partir do nascimento de Cristo foi ocasionalmente usado por Beda, mas depois dele ficou esquecido até o século XV. Só a partir da segunda metade do século XVII entrou em uso geral.

5

O Tempo na Idade Média

Europa Medieval

No ano 430, os vândalos, que tinham cruzado o Mediterrâneo não muito antes, estavam investindo contra os muros da cidade em que vivia Santo Agostinho, enquanto ele agonizava. O fato pode ser considerado simbólico, pois, em seus grandes dias, em particular no período dos Antoninos, no século II, o Império Romano fora basicamente uma civilização de cidades. Estas eram muito diferentes das construções erguidas a esmo da Europa medieval. Eram meticulosamente planejadas, com ruas dispostas em sistemas de redes ortogonais, à maneira das grandes cidades dos tempos helenísticos, como Alexandria e Antióquia. O declínio das cidades e a crescente ruralização foram os mais claros indícios da decadência do Império Romano. Essa transformação ocorreu de início nas províncias do norte e do oeste, que sempre tinham representado sobretudo um encargo, não gerando tanta riqueza e cultura quanto as do sul e do leste. A África, por exemplo, abastecia Roma com dois terços de seu trigo, transportado nos grandes navios graneleiros que deviam ser uma das mais impressionantes visões da Antigüidade. As províncias do norte e do oeste eram relativamente menos desenvolvidas, e as principais cidades nelas situadas, como Segóvia, Arles, York e Colônia eram basicamente acampamentos militares.

Entre as causas da queda do Império Romano estiveram sucessivos ataques de bárbaros. No século VI, Belisário e Narses, os grandes generais do imperador Justiniano, conseguiram reconquistar grande parte do Ocidente — de tal modo que, por um período, o Mediterrâneo voltou a ser um lago romano —, no século seguinte, porém a Europa enfrentou um novo e perigoso inimigo. Guerreiros fanáticos inspirados por uma religião nova e militarista, o islamismo, provocaram o rompimento definitivo entre Oriente e Ocidente. Por volta do ano 700, o estudo na Europa Ocidental estava confinado à Irlanda e à costa da Nortúmbria. Os únicos centros de conhecimento eram os mosteiros dessas regiões remotas, e é num deles — fundado em Jarrow em 682 por Benedito Biscop, rico nobre da Nortúmbria que se fizera monge — que encontramos "o primeiro intelecto científico produzido pelos povos germânicos da Europa".[1] O Venerável Beda (673–735) passou a maior parte de sua vida em Jarrow, como monge beneditino, orando, lendo e ensinando latim, grego e hebreu. Fora ordenado padre por São João de Beverley, ganhando assim o título de "Venerável" — uma dignidade rara entre monges, mas uma forma de tratamento usualmente dada aos padres na época. De fato um grande erudito, Beda teve uma oportunidade singular para desenvolver seus talentos porque Biscop trouxera de volta para Jarrow cerca de 200 a 300 livros antigos, que conseguira adquirir no sul da Itália. Beda teve acesso também à biblioteca reunida em Hextham pelo bispo Acca.[2] Pôde assim adquirir um conhecimento de literatura antiga invulgarmente extenso para seu tempo, incluindo as obras de Santo Agostinho e os escritos científicos de Plínio o Velho.

O principal propósito de Beda na vida foi transmitir seu conhecimento numa forma inteligível a seus contemporâneos e sucessores, no que foi notavelmente bem-sucedido. Como *sir* Arthur Bryant expressou tão vivamente, "Essa vida de erudição e trabalho, com a incansável mão a escrever em meio a intervalos de prece e ensino, por vezes tão gelada que mal podia segurar a pena, é uma das memórias que mais orgulham a Inglaterra".[3] Beda escreveu ao todo 35 livros, 20 dos quais eram comentários sobre o Êxodo, os Provérbios e outros livros da Bíblia e seis tratavam de cronologia. Sua obra mais famosa, *A história eclesiástica da nação inglesa*, foi o primeiro trabalho histórico produzido na Inglaterra. Escrita em latim, foi traduzida para o inglês por volta do fim do século IX por Alfredo o Grande. Contendo maior proporção de assuntos seculares que a história da Igreja de Eusébio, baseava-se tanto em material escrito como nas recordações de homens que ainda viviam. Parte considerável da historiografia medieval fundamentou-se nele. Em particular, Beda teve influência direta sobre o renascimento carolíngeo do século IX através de seu pupilo Egberto. Este veio a ser arcebispo de York e mestre de Alcuíno, que, sob Carlos Magno, fundou as escolas frâncicas, que tanto fizeram para estimular o conhecimento no continente.

Os escritos de Beda têm considerável valor na história da cronologia. Esta já se tornara um assunto de importância decisiva na Inglaterra no curso do século XVII. Embora a morte em batalha, em 655, de Penda, o rei pagão da Mércia, tenha selado a vitória do cristianismo sobre o barbarismo, este importante evento foi eclipsado por dissensões entre as igrejas romana e celta. A principal fonte de discórdia dizia respeito à data da Páscoa. Nossas regras atuais para sua determinação (ver Apêndice 3), tal como estabelecidas no *Book of Common Prayer*,* seguem a tradição romana, pela qual o dia da Páscoa é o primeiro domingo após a primeira lua cheia que se segue ao dia 21 de março (ou coincide com ele). Se a lua cheia ocorre num domingo, porém, o dia da Páscoa é o domingo seguinte. A razão disto era evitar a coincidência com o *Pessach* judaico. (A expressão "lua cheia" designa o 14º dia da lua a contar de sua primeira aparição.) A Igreja celta, fundada no século VI por São Columba com a ajuda de monges formados na Irlanda, seguia Roma, celebrando a Páscoa sempre num domingo, diferentemente das igrejas dos orientais. Entretanto, em razão de seu afastamento, a Igreja celta tinha dificuldade em se manter plenamente informada sobre mudanças doutrinárias e outras decididas em Roma. Em conseqüência, ao contrário de Canterbury, deixou de acompanhar a prática romana quando o 14º dia da lua caía num domingo. Assim, por volta de meados do século VII, uma dificuldade especial surgiu na Nortúmbria. Pois, enquanto o rei Oswy seguia a prática celta, sua esposa, rainha Eanfleda — que tinha a seu lado um padre de Kent, chamado Romanus — observava a prática romana. Na maioria dos anos este fato não suscitou nenhum problema especial, mas acabou por haver uma ocasião em que o rei não pôde celebrar a festa da Páscoa a contento em razão da ausência da rainha, ainda de jejum porque, para ela, era Domingo de Ramos.

Para resolver este problema da Páscoa e outros pontos de divergência entre as igrejas, Oswy convocou o Sínodo de Whitby, em 664. No capítulo 24 de sua *História eclesiástica*, Beda relata o que ali se passou. Embora provavelmente não fosse capaz de acompanhar em detalhe as abstrusas discussões que tiveram lugar, Oswy acabou por decidir aceitar a prática romana, sob o pretexto de que é São Pedro quem guarda as chaves dos céus, e não entraria em disputa com ele. "Tendo o rei dito isto, todos os presentes, grandes e pequenos, assentiram e, renunciando à instituição mais imperfeita, resolveram conformar-se àquela que consideraram melhor."[4] Daí em diante, as igrejas inglesas teriam as vantagens da unidade e da disciplina que a Igreja de Roma herdara do império.

Beda não somente compilou um relato detalhado desse importante sínodo como, em outro de seus tratados, *De temporum ratione* ("Sobre a contagem do tempo"), escrito em 725 e geralmente considerado sua obra-prima científica, computou tabelas da Páscoa para o período de

* Livro de Eduardo VI (1549), que fixa a liturgia da Igreja da Inglaterra. (N. da T.)

532 a 1063; fez também a primeira tentativa de uma cronologia geral do mundo até o reinado de seu contemporâneo, o imperador bizantino Leão o Isauro. O capítulo 29 de sua obra é notável por conter a primeira investigação científica das marés, envolvendo o mais antigo "estabelecimento de um porto", isto é, o intervalo médio entre o momento da maré cheia e o do trânsito anterior do meridiano pela Lua.

Foi também Beda quem introduziu na Inglaterra o sistema d.C.,* formulado dois séculos antes por Dionísio o Pequeno, em que os anos são contados a partir da Encarnação de Cristo. O ciclo do ano de Dionísio começava em 25 de março, dia da Anunciação da Bendita Virgem Maria. A partir da época de Beda, a era cristã passou a ser adotada na datação de decretos, mas de início apenas na Inglaterra. Segundo R. L. Poole, "Ela passou para o continente por meio dos missionários e eruditos anglo-saxões. São Bonifácio levou-a para o reino frâncico. Mas não parece ter sido regularmente empregada na Chancelaria Real até o último quartel do século IX, época a partir da qual se tornou um elemento permanente em documentos oficiais."[5] Foi só a partir do pontificado do papa João XIII, eleito em 956, que o papado começou a datar pelo ano da Encarnação, mas a prática não foi uniformemente aplicada até o período de Leão IX, eleito em 1084.

O capítulo 35 de *De temporum ratione*, de Beda, é o *locus classicus* do conceito de "idades do homem", a divisão medieval da vida humana num número de diferentes períodos que hoje nos é conhecido sobretudo pelo discurso que Jacques faz sobre as "sete idades do homem" em *As You Like It*, de Shakespeare (Ato II, cena 7). A grande parte dos escritores antigos e medievais concebia a vida humana não como um desenvolvimento contínuo, mas como pontuada por certo número de mudanças súbitas de uma "idade" para a seguinte. (A idéia foi estendida à pré-história pelo antropólogo social A. van Gennep, que, em 1909, introduziu a expressão *les rites de passage* para designar os rituais originalmente associados a tais mudanças na vida do indivíduo.) Beda foi o primeiro inglês a expor a teoria das *quatro* "idades do homem". Para as origens disto devemos remontar aos pitagóricos do século VI a.C., cujas especulações cosmológicas baseavam-se nas "*tetracys*", isto é, o símbolo geométrico composto de dez pontos discretos simetricamente dispostos na forma de um triângulo eqüilátero, cujos lados têm quatro pontos cada um. O número quatro veio a ficar associado a muitos fenômenos naturais, como as quatro estações, os quatro pontos

* Abreviatura de depois de Cristo, ou A.D., do latim *Anno Domini* (ano do Senhor), como até hoje se escreve nos países anglo-saxões. (N. da T.)

cardeais e os quatro elementos da teoria grega da matéria de Empédocles a Aristóteles.

Por cerca de 2.000 anos, continuou-se a atribuir grande significação ao número quatro. Por exemplo, muito depois de Beda, John Russel — que fora mestre-de-cerimônias da casa do grande patrono da cultura, o filho mais novo de Henrique IV, duque Humphrey de Gloucester (1391–1447) — descreveu como os quatro pratos servidos num elaborado jantar de peixe que ele preparara para o amo e seus hóspedes fora acompanhado por "sutilezas adequadas" ou efeitos ornamentais. Enquanto o primeiro prato era servido, os convidados do duque Humphrey contemplavam a representação de um jovem galante ["*a galaunt yonge man*"], de pé sobre uma nuvem (significando o elemento "ar") no início da primavera (associada ao humor sangüíneo). Enquanto se servia o prato seguinte, contemplavam a representação de um guerreiro ["*a man of warre*"] em meio ao fogo (associado ao verão e ao humor colérico); e ao consumirem o terceiro prato, eram confrontados pela forma de um homem com uma foice na mão ["*a sikelle in his hande*"], de pé num rio (significando água e o humor fleumático associado ao outono e à época da colheita). O quarto e último prato, acompanhado de ervas aromáticas e vinho, dava lugar a uma representação do inverno na forma de um homem com os cabelos grisalhos, fraco e velho ["*with his lokkys grey, febille and old*"], sentado sobre a pedra fria e dura (significando o elemento "terra" e o humor melancólico). "Assim", observa J. A. Burrow, "à medida que os convidados do duque Humphrey avançavam nesse pouco piedoso banquete de peixes, eram convidados a ver nele os quatro serviços do festim de sua própria vida."[6]

Embora discuta a teoria das "quatro idades" e se refira até à concepção alternativa das "seis idades", Beda não menciona as "sete idades" mais tarde descritas por Shakespeare. Não o podia fazer, porque não eram conhecidas no Ocidente latino antes da revivescência do conhecimento no "renascimento do século XII" (uma útil expressão proposta pelo medievalista norte-americano Charles Homer Haskins em 1927). A idéia das "sete idades", diferentemente da de quatro, tinha origem astrológica. Remontava ao astrônomo Ptolomeu de Alexandria (cujas obras datam de cerca de 150 d.C.), sete sendo o número dos "planetas", incluindo o Sol e a Lua. Há uma descrição completa dessa concepção no *Tetrabilblos* (iv. 10). (Uma tradução em inglês, de F. E. Robbins, foi publicada em 1940. Um extrato aparece nas pp. 197–8 do Apêndice do livro de Burrow citado acima.)

Através dos esforços de Carlos Magno, coroado Sacro Imperador Romano pelo papa no ano 800, o centro da cultura européia começou a se deslocar rumo ao norte do Mediterrâneo. Os ataques dos vikings nos séculos IX e X, entretanto, retardaram os plenos efeitos desse movimento até por volta do ano 1000. A Inglaterra, em especial, sofreu com essas investidas, de tal modo que, na altura do renascimento do século XII, era, nas palavras de R. W. Southern, "uma colônia do império intelectual francês, importante à sua maneira e bastante produtiva, mas ainda subordinada".[7] A principal atividade criativa das casas monásticas inglesas se dava no campo da historiografia. Com a notável exceção de Beda e dos autores da *Crônica anglo-saxã*, as gerações anteriores não tinham tido, em geral, grande interesse por registros históricos, mas a Conquista produziu uma transformação. Os normandos insistiam em títulos de posse das propriedades, ameaçando confiscar aquelas para as quais não existissem. Nessas condições, o conquistador convenceu os mosteiros ingleses de que a sobrevivência coletiva dependia da descoberta e preservação do passado. Assim, como Southern observou, "a história não era um mero adorno: era uma necessidade".[8]

Uma das principais características do renascimento do século XII foi uma grande expansão da historiografia, estimulada não só pela conquista normanda da Inglaterra como pelas cruzadas e o surgimento das comunas do norte da Itália, ou cidades-estados. Além disso, homens como o grande eclesiástico e arquiteto, o abade Suger de Saint Denis (*c*. 1081–1151), que dedicou seus últimos anos a compor uma biografia laudatória do monarca francês Luís VI (1081–1137) — efetivamente um segundo fundador da dinastia dos Capetos —, escreveu história com o objetivo mais de fazer propaganda que de documentar fatos. Os escritos históricos de Suger estimularam o gosto pela história entre os monges de sua abadia, que passaram a compilar uma série de crônicas. No mesmo século, floresceu também a história universal, que visava sobretudo a determinar o fim do mundo, depois que o ano 1000 passara sem nenhum sinal de sua ocorrência iminente. Esse tipo de história tinha, é claro, uma orientação mais teológica que política. A influência dos historiados apocalípticos do século XII estava destinada, contudo, a ser logo eclipsada pela de Joaquim de Fiore (ver pp. 97–9).

Entre as artes técnicas cultivadas em algumas escolas do continente que começaram a ter influência sobre a Inglaterra logo após a conquista normanda estavam a mensuração e o cálculo. Haskins chamou a atenção para interessantes indícios disto num fragmento autobiográfico deixado por um prior beneditino, Walcher de Malvern, cuja tumba lá se encontra até hoje, com a data de 1125. Nesse texto, o monge faz referência ao eclipse lunar de 20 de outubro de 1091, que tivera a oportunidade de observar na Itália. De volta à Inglaterra, descobriu que várias horas pareciam ter separado o momento do eclipse na Itália e no seu país. Intrigado com isto, teve depois o cuidado de anotar a hora tão precisamente quanto podia, quando, inesperadamente, no dia 18 do anos seguinte, a Lua sofreu novo eclipse:

> Antes de mais nada peguei meu astrolábio e fiz uma anotação cuidadosa do momento do eclipse total, que foi um pouco mais que três quartos de uma hora depois da décima primeira hora da noite. Se essa hora for convertida na hora equinocial, constatar-se-á que será um pouco anterior a 12,45. Assim, de acordo com esta regra que antes expliquei, o ciclo lunar começou em 3 de outubro às 19:30 horas.[9]

Como Southern observou, essa passagem, de que citei só um trecho, ilustra as dificuldades que a determinação das horas envolvia naquele tempo, e a ansiedade de Walcher com relação à precisão ao buscar estabelecer a correlação exata entre as fases da Lua e o calendário solar.

Para os homens da Idade Média, a astronomia tinha particular interesse porque parecia oferecer os melhores meios de compreender, e possivelmente controlar, os eventos terrestres. Uma ferramenta essencial para permitir aos astrônomos superar o estágio atingido por Beda foi o astrolábio. Esse instrumento fora introduzido no Ocidente no século XI, trazido do mundo do islã, que na época gozava de um grau mais elevado de civilização e de saber científico e tecnológico que o Ocidente. Alguém do norte da Europa que quisesse ter acesso a uma compreensão adequada da ciência islâmica tinha que ir para o exterior. Um dos primeiros a fazê-lo com essa finalidade foi Adelardo de Bath (ativo por volta de 1116–1142). Primeiro foi para Paris, mas, não encontrando ali o que queria, foi para Salerno, no sul da Itália e de lá para a Sicília, onde aprendeu o árabe. Mais tarde, é provável que tenha visitado a Espanha. O papel destacado que lhe cabe no desenvolvimento da ciência no Ocidente latino se deve às suas traduções do árabe, de natureza determinante e seminal.

O Mundo Islâmico

A origem do interesse islâmico pela ciência pode ser situada no fechamento, por Justiniano, da Academia Neoplatônica de Atenas, em 529. Sábios que a ela pertenciam foram convidados a ir para o Irã e levaram consigo muito do saber grego. Com esse despertar do interesse pelo assunto entre homens cultos da África Ocidental, acabou-se por criar em Bagdá um instituto científico depois que os muçulmanos conquistaram grande parte da região. Foi durante o califado de al-Ma'mun (813–833) — filho de Harun-al-Rashid, famoso pelas *Noites árabes*, e ele próprio um astrônomo — que este atingiu o ápice de sua reputação. Por volta do fim do século IX, muitos trabalhos científicos e tecnológicos helenísticos haviam sido traduzidos para o árabe, inclusive o grande livro astronômico de Ptolomeu, *Syntaxia*, hoje mais conhecido por seu título árabe, *Almagesto*. Em virtude de toda essa atividade, Bagdá foi a verdadeira sucessora de Alexandria, a antiga capital intelectual do mundo helenístico. O conhecimento da ciência e da tecnologia gregas, combinado com tradições iranianas e indianas e aprofundado por novos estudos científicos e invenções, difundiu-se dali para outras partes do mundo islâmico, inclusive a Sicília e o sul da Itália, e especialmente a Espanha moura, onde, na altura do século XII, Córdoba e Toledo figuravam como os principais centros de conhecimento.

Em todas as partes do mundo islâmico, muçulmanos requisitavam pessoas com formação matemática, que fossem capazes de determinar os momentos astronomicamente definidos de prece e a direção de Meca. Não surpreende, portanto, que muitos instrumentos portáteis para a determinação da hora se tornassem necessários, incluindo-se entre eles o principal instrumento usado tanto pelos astrônomos árabes como pelos latinos, o astrolábio. Ptolomeu já o conhecia, no século II d.C., e a teoria matemática da projeção estereográfica que lhe é subjacente por remontar pelo menos até Hiparco (século II a.C.), o grande predecessor de Ptolomeu.

O tipo de astrolábio usado na Europa medieval, entretanto, era derivado da forma muçulmana encontrada na Espanha. Uma boa descrição do instrumento em inglês foi feita pelo poeta Chaucer na segunda metade do século XIV. Consistia de uma placa circular de metal (em geral bronze) com a borda graduada. Era marcada com uma linha de referência (ou diâmetro) e articulada a seu centro havia uma linha giratória (ou ponteiro). Modelos portáteis podiam ser pendurados num aro preso à borda, de tal modo que a linha de referência ficava na horizontal. Dirigindo o ponteiro para uma estrela específica, podia-se ler sua altitude a partir da escala da borda com precisão de cerca de um grau. Para qualquer latitude dada, a estrela Polar tem de fato uma altitude constante e as outras parecem girar à sua volta em decorrência da rotação diária da Terra. Na frente do astrolábio havia uma fina placa (o tímpano), onde estava gravada uma projeção estereográfica das linhas de altitude e azimute (distância angular ao longo do horizonte), como se apresentariam a um observador numa determinada latitude.

Um mapa das estrelas com interstícios em projeção estereográfica (conhecido como *rete*) ficava em frente ao tímpano e podia ser girado com a mão sobre as linhas de altitude e azimute.

Forma primitiva de computador analógico, o astrolábio foi concebido fundamentalmente para resolver problemas de trigonometria esférica, permitindo abreviar cálculos astronômicos.[10] A partir das escalas nele gravadas, era possível determinar a posição das chamadas "estrelas fixas" em relação ao horizonte e a do Sol, da Lua e dos planetas em relação às estrelas. Projetado para a latitude de locais específicos, seu uso mais importante era a determinação da hora precisa do dia ou da noite a partir da observação da altura do Sol ou de uma das estrelas mapeadas na *rete*, mas é claro que, por nossos padrões modernos, o resultado não era muito preciso. Além disso, embora o astrolábio permitisse evitar longos cálculos, a computação das posições dos planetas — para estabelecer um horóscopo, por exemplo — ainda envolvia considerável quantidade de trabalho.

Com relação a outros instrumentos de mensuração do tempo, grandes vestígios de dois monumentais relógios de água islâmicos ainda podem ser vistos em Fez, no Marrocos.[11] Um livro em árabe *Sobre a construção de relógios de água*, que se acredita ser parcialmente baseado na tradução de um tratado helenístico escrito em grego, preserva a idéia de que a invenção da maquinaria básica de um relógio de água deveu-se a Arquimedes, juntamente com engenhosos acréscimos posteriores ao mecanismo feitos por artesãos tanto bizantinos como islâmicos. Escrito provavelmente em 1150, foi recentemente editado e traduzido para o inglês por D. R. Hill, que assinala que "horologicamente, ele fornece um importante elo entre os relógios de água do mundo helenístico e os do islã".[12] Uma discussão detalhada de alguns outros relógios islâmicos pode ser encontrada num livro escrito em Bagdá por volta de 850 e também traduzido por D. R. Hill.[13]

Um caso especial em que a influência do islamismo deu importante contribuição cultural ao desenvolvimento de conceitos temporais na Europa diz respeito à música. A música de igreja no início da Idade Média restringia-se ao cantochão, em que as notas tinham valores de tempo fluidos. A música mensural, em que as durações das notas têm uma razão exata entre elas, parece ter sido uma invenção islâmica, introduzida na Europa por volta do século XII. Foi também nessa época que surgiu na Europa um sistema de notação em que o valor de tempo exato de uma nota é indicado por um losango num pólo.

Com relação à análise teórica e filosófica do tempo, a contribuição mais importante e original dos pensadores medievais islâmicos foi sua teoria do tempo descontínuo, ou atomístico.[14] O mais famoso expoente dessa concepção, mas não seu criador, foi o filósofo do século XII Moisés Maimônides, que escreveu em árabe, embora fosse um judeu confesso. Na mais celebrada de sua obras, *O guia para os perplexos*, ele disse: "O tempo é composto de átomos de tempo, isto é, de muitas partes, que, em razão de sua curta duração, não podem ser divididas (...) Uma hora é, por exemplo, dividida em 60 minutos, o segundo em 60 partes e assim por diante; ao cabo de dez ou mais sucessivas divisões por 60, obtêm-se elementos de tempo que não são passíveis de divisão, e são de fato indivisíveis."[15] Essa concepção atomística do tempo estava associada a um conceito radicalmente contingente e acausal do mundo, segundo o qual sua existência num instante não implicava sua existência em nenhum instante subseqüente.

D. B. MacDonald especulou sobre a difícil questão da origem dessa visão no islã e sugeriu que teria surgido de uma heresia muçulmana "no obscuro mas intenso período de desenvolvimento teológico e intelectual que se estendeu, a partir da morte de Maomé, por pelo menos dois séculos e meio".[16] A teoria atomística de Epicuro, os métodos dos céticos gregos e os paradoxos de Zenão referentes ao tempo e ao espaço podem, todos eles, ter influenciado os hereges em questão, mas MacDonald não conseguiu encontrar nenhum vestígio de qualquer teoria grega que combinasse atomismo material e temporal, e atribuiu sua ocorrência no pensamento islâmico à influência indiana.

O calendário islâmico é um dos poucos puramente lunares que restaram, e nele o ano é pouco mais de dez dias mais curto que o ano trópico, ou ano das estações. A era islâmica começou em 16 de julho de 622, o primeiro dia da fuga de Maomé para Medina. As circunstâncias em que este evento foi adotado como marco, em vez da ocasião do nascimento do Profeta ou de sua investidura em sua missão divina, são explicadas por al-Biruni (973–*c*. 1050 d.C.) em sua grande obra *A cronologia das nações antigas*.[17] O momento fundamental na vida islâmica ocorre com a lua nova, que deve ser observada e estabelecida por duas "testemunhas do instante".[18] O "instante perfeito", entretanto, é a Hora do Juízo Final, pois sua "testemunha" é o próprio Juiz divino.

A PERIODIZAÇÃO DA HISTÓRIA E O MILENARISMO

Esse tipo de visão escatológica do tempo não estava, é claro, restrito ao islamismo, sendo também encontrado no zoroastrismo, no judaísmo e no cristianismo primitivo e medieval. No caso cristão, ele conduziu à periodização da história, um método cronológico que ainda utilizamos, embora hoje encaremos a história de um ponto de vista puramente secular. Os historiadores medievais seguiam o esquema concebido por Santo Agostinho, dividindo a história do mundo em seis eras, correspondentes aos seis dias da Criação descrito no início do Gênesis. Vivendo nos tempos conturbados do fim do século IV e início do século V, Santo Agostinho viu a era cristã como uma época de senectude e decadência, que levaria à sétima era, que seria o final dos tempos, embora tivesse o cuidado de não prever uma data definida para isso. A mais importante mudança na perspectiva cristã sobre a história entre a época apostólica e a de Santo Agostinho foi a compreensão gradual de que o fim do mundo não estava prestes a ocorrer. Agostinho deu particular ênfase àquelas passagens do Novo Testamento (por exemplo, Marcos 13:32) que frisam nossa total ignorância sobre quando ocorrerá a Segunda Vinda. Também Beda acreditava que o momento do Juízo Final permanece oculto à humanidade.

Como Beryl Smalley comentou, "A concepção das seis idades impôs aos historiadores medievais uma visão melancólica de seu tempo",[19] mas, ainda que desencorajasse o otimismo e descartasse a possibilidade de progresso, ela não pesou demais sobre os historiadores medievais, em particular porque o ano 1000, que fora aguardado por muitos com uma mistura de esperança e inquietação, passara sem nenhum sinal de que o mundo chegava ao fim. Muitos profetas do século X acreditavam que ele acabaria no ano 1000, mas, segundo A. J. Gurevich, as lendas concernentes a psicoses em massa ocorridas na Europa, à medida que o ano 1000 se aproximava, tiveram origem no final do século XV, quando as pessoas de fato temeram que o fim do mundo estivesse iminente.[20]

A crença milenarista surgiu da combinação da idéia expressa no Salmo 89: 4 — "Um dia com o Senhor é como mil anos" — com a interpretação do sabá, ou o sétimo dia, como um símbolo de repouso celeste, segundo Hebreus 4: 4–9. O mais influente expoente das crenças milenaristas na Idade Média foi Joaquim de Fiore (1145–1202). Ele era um monge cisterciense que se tornou abade de Curazzo, na Calábria, no sul da Itália. Nessa parte do mundo, a cultura grega e a Igreja romana se encontravam e a influência sarracena era forte. Em conseqüência, era uma região sujeita a conflitos entre crenças e correntes de pensamento. Joaquim acabou por romper com os cirtercienses e se retirou para um local isolado da Calábria. Ali, discípulos se reuniram à sua volta e ele obteve do papa permissão para fundar sua própria congregação. Sua idéia de uma ordem religiosa completamente afastada do mundo quase encontrou expressão na irmandade que começou a se formar entre os seguidores de São Francisco de Assis pouco depois da morte de Joaquim, mas o setor principal dos franciscanos logo fez concessões à vida cotidiana.[21] Em 1570, a comunidade de Joaquim acabou por ser absorvida pela ordem cisterciense.

Joaquim chamou seu mosteiro de São João em Fiore, na expectativa da nova vida que devia florescer.[22] Era um arguto estudioso das Escrituras, particularmente o Livro das Revelações, e ao meditar, em seu retiro calabrês, sobre o mistério da Trindade e sua relação com o processo temporal, teve momentos de intensa iluminação que o levaram a formular uma nova filosofia milenarista da história. Colocava grande ênfase na unidade da Trindade, argumentando que raiz, tronco e casca formam juntos uma árvore. Afirmava que havia, entretanto, três idades ou estágios distintos: a de Deus e do Antigo Testamento, que foi a idade do medo e da servidão; a de Cristo e do Novo Testamento, que foi a idade da fé e da submissão; e a Terceira Idade do Sempiterno Evangelho, ou Idade do Espírito Santo, que suplantaria o Antigo e o Novo Testamentos e seria a idade do amor, da alegria e da liberdade. Sua esperança, ardorosamente expressa, na chegada da Idade do Espírito Santo talvez tivesse origem na concepção judaica da Idade Messiânica, pois, como esta, era concebida por ele como residindo essencialmente na história, e não além dela, sendo de fato o clímax da história. Essa crença era totalmente irreconciliável com a visão agostiniana de que a ocorrência do Reino dos Céus aqui na terra, tanto quanto era possível, já se realizara na Igreja.[23] O conceito de história de Joaquim era muito mais dinâmico que o de Santo Agostinho. Como observou uma autoridade sobre a influência do joaquinismo:

> O que caracteriza essa tradição cristã revolucionária que vai de Joaquim de Fiore a John Huss, de Thomas Münzer às teologias da esperança e às teologias políticas de nossos dias, é que o Reino de Deus não é concebido como um outro mundo em espaço e tempo, mas como um mundo diferente, um mundo modificado, um mundo modificado por seus próprios esforços. (...) Isto significa que é na história humana que todas as contendas são decididas.[24]

Joaquim teve profunda influência sobre profecias posteriores até o fim do século XVII. É difícil para nós compreender como podiam tantos pensadores sérios daquela época se guiar por profecias. Até Isaac Newton (1642–1727), embora não diretamente influenciado por Joaquim, dedicou muito de seu tempo à correlação entre profecia, história e o fim do mundo.[25] *Admitidos seus pressupostos básicos*, porém, ele foi de fato tão científico nos cálculos que fez nesse campo como em suas famosas contribuições para a física matemática e a astronomia.

A Medição do Tempo

Em seu conhecido livro *A sociedade feudal*, o historiador Marc Bloch deu particular ênfase ao fato de que, na Idade Média, os homens tinham dificuldade em avaliar a significação do tempo por estarem tão mal equipados para medi-lo. Pois não só os relógios de água eram raros e caros, mas, em regiões como a Inglaterra, o norte da França, os Países Baixos e a Alemanha, os quadrantes solares eram inadequados, dada a freqüência de dias nublados. Segundo Asser, em *Life of King Alfred*, esse monarca intelectual usava velas de igual tamanho acesas sucessivamente para marcar a passagem das horas; mas, como Bloch ressalta, "tal preocupação com a uniformidade na divisão do dia era excepcional naquela época".[26] Para ilustrar a questão, Bloch descreve um incidente registrado numa crônica de Hainault, ligado a um duelo judicial que deveria ter lugar na aurora. Somente um dos disputantes apareceu e, ao fim do período de espera prescrito, as nove horas, ele pediu que o não comparecimento do adversário fosse legalmente registrado. Os juízes tinham de decidir se a hora limite fora atingida. Discutiram, observaram o Sol, e depois consultaram os clérigos, já que a prática da liturgia e o dobrar regular dos sinos das igrejas os habituava a conhecer o ritmo das horas com mais precisão que os próprios juízes. Como Bloch comenta, "Para nós, acostumados a viver com os olhos constantemente voltados para o relógio, como parece distante de nossa civilização essa sociedade em que um tribunal de justiça não era capaz de determinar a hora do dia sem discussão e investigação!"[27]

Uma das peculiaridades reveladas em muitos documentos que nos ficaram da Idade Média é a falta de precisão com que as horas dos eventos e as medidas de duração eram registradas. John Nef, em suas *Wiles Lectures* de 1956, concluiu que, se estivermos em busca das origens de nossa preocupação quantitativa moderna, devemos nos concentrar nas últimas décadas no século XVI.[28] Antes disso, encontramos em geral poucos traços dela, e sua ausência da consciência do tempo das pessoas comuns daqueles dias não nos deveria surpreender. Em seu livro *O tempo na vida e no pensamento franceses*, Richard Glasser chamou a atenção para o fato de que em nenhuma passagem da *Chanson de Roland* encontramos qualquer indicação de tempo. O poeta épico "não estava atento nem à queda das folhas no outono, nem à passagem das gerações. Estes eram fenômenos que em nada atraíam sua atenção. A qualidade essencial do mundo era sua transitoriedade *vis-à-vis* Deus, não a mudança visível que prosseguia incessantemente no mundo".[29] Até o século XIV, somente a Igreja tinha interesse na medição e na divisão do tempo. Nem mesmo o conceito de hora era usado como unidade de duração antes da época do francês médio.* Na língua do povo, só era usado para indicar um ponto no tempo.[30]

Em vista da lentidão com que se operavam as mudanças de mentalidade naqueles dias, não surpreende que, mesmo depois da introdução do relógio mecânico, no século XIV, a maioria das pessoas, inclusive muitas das mais sofisticadas, tivesse muito menos preocupação com a passagem do tempo em sua vida cotidiana do que nós. Um exemplo impressionante é fornecido por um famoso fabricante de instrumentos astronômicos, Jean Fusoris, preso sob suspeita de traição em 1415, durante a invasão da França por Henrique IV. Interrogado duas vezes num único ano, na primeira ocasião afirmou "ter mais ou menos 50 anos" e no segundo, "mais ou menos 60"![31]

Na Inglaterra, registros paroquiais com a indicação das datas de nascimento foram instituídos por lei em 1538. Antes disso, quando a idade de alguém tinha que ser formalmente determinada, isso devia ser feito na presença do xerife do condado e de um "júri" composto de gente do lugar que conhecesse a pessoa em questão. Esse procedimento era seguido quando um menor herdeiro de uma propriedade alegava ter atingido a maioridade, ou quando se considerava necessário determinar legalmente se um homem ou mulher chegara à idade em que era permitido casar. Evidentemente, a indiferença ao tempo atribuída de modo generalizado às pessoas na Idade Média não era absoluta. Já na altura do ano 1200 havia numerosos indícios de pressão econômica sobre o tempo e, mesmo dois séculos antes, parece que camponeses e artesãos das proximidades de Fleury tendiam a ignorar os dias de festa em função da necessidade de trabalhar em seus campos.[32]

Outra indicação de que nossos antepassados medievais tinham padrões muito diversos dos nossos para registrar a passagem do tempo é o modo como datavam suas cartas. Em pleno século XV, é duvidoso que as pessoas em geral soubessem o ano corrente da era cristã, uma vez que isso dependia de um cálculo eclesiástico e não era muito usado no cotidiano. Raramente datavam suas cartas e, quando o faziam, era pelo ano do reinado do soberano. Mesmo quando cronistas do período

* Ou *moyen français*, a língua francesa falada nos séculos XIV e XV. (N. da T.)

mencionavam o "ano do Senhor", com freqüência cometiam enganos. Isto não surpreende, já que diferentes números eram atribuídos ao ano em diferentes lugares. R. L. Poole ilustrou isto com o seguinte exemplo hipotético:

> Se supusermos um viajante que partisse de Veneza em 1º de março de 1245, o primeiro dia do ano veneziano, ele se encontraria no ano 1244 quando chegasse a Florença; e se, depois de uma breve permanência, seguisse para Pisa, veria que o ano de 1246 já começara ali. Se prosseguisse sua viagem rumo ao oeste, encontrar-se-ia de novo em 1245 ao entrar na Provença e, chegando à França antes da Páscoa (16 de abril), estaria de novo no ano 1244.[33]

Isto parece um atordoante emaranhado de datas, mas por via de regra o viajante só levaria em conta o mês e o dia. Se, no entanto, considerasse o ano, seria aquele do lugar em que costumava viver. Na prática, apenas quem escrevia documentos e crônicas estava atento ao número do ano.

Dias e meses tendiam, é claro, a ser definidos com mais correção, e as cartas freqüentemente eram datadas com essas indicações, mas havia um uso muito mais geral de festas e dias santos. Em sua introdução às *Paston Letters*, J. Gairdner assinala que freqüentemente datavam-se cartas com a indicação de que tinham sido escritas num determinado dia da semana, digamos segunda-feira ou quarta-feira, *antes* ou *depois* de tal celebração. Por exemplo, Agnes Paston chegou a datar uma carta particular (Nº 25) escrita durante a semana por referência à Coleta do serviço religioso no domingo anterior: "Escrita em Paston, apressadamente, na quarta-feira seguinte a *Deus qui errantibus*."[34] A prática moderna de numerar os dias do mês consecutivamente, do primeiro ao último, veio da Síria e do Egito para o Ocidente na segunda metade do século VI. O papa Gregório VII introduziu-a em sua chancelaria, mas seus sucessores retornaram ao antigo estilo romano. A revivescência do conhecimento sob Carlos Magno (*c*. 800) se deu na tradição latina, e assim houve também na chancelaria imperial uma reversão oficial ao estilo romano, que persistiu por séculos.

Uma atitude muito mais moderna em face do tempo e das datas foi adotada um século antes pelo famoso poeta italiano e restaurador da literatura clássica Petrarca (1304–1374). O tempo, tema que inflamou seu coração quando jovem estudante, afetou-o pelo resto de sua vida. Como mantinha um registro detalhado dos marcos temporais de sua vida, temos mais informações precisas sobre ele que sobre qualquer pessoa que tenha vivido antes. Em todos os seus escritos, fossem poesia ou prosa, mantinha o que foi qualificado de "uma atenção no mínimo estarrecedora à exatidão na data".[35] Mais ainda, diferindo da maioria dos que escreviam cartas na Idade Média — e, sob esse aspecto, diferindo até da maioria de nós, hoje, quando escrevemos às pressas nossas cartas, sem pensar muito no tempo —, Petrarca "escreve as datas (inclusive a hora) com força e vagar, como para enfatizar a importância de orientar-se no tempo".[36] Por exemplo, numa carta escrita em 1364, teve o cuidado de citar a hora exata da chegada do barco que trouxera notícias da vitória de Veneza sobre Creta. "Era, acredito, a sexta hora de 4 de junho, deste ano de 1364." Embora o tempo pareça ter sido sempre importante para Petrarca, ele tendeu a valorizá-lo ainda mais à medida que ficava mais velho, porque se dava conta de que, como ocorre com outras coisas, ele se torna mais precioso à medida que fica menos abundante. Em sua sensibilidade a processos temporais, diferia de muitos de seus contemporâneos e podemos considerá-lo o precursor, na literatura, daqueles que, como Spenser e Shakespeare no final do século XVI, tinham grande preocupação com os efeitos irreversíveis do tempo sobre a mente e o espírito do homem. Embora a sociedade da Europa Ocidental na Idade Média não tenha desenvolvido nenhum conceito geral de progresso, muitas importantes inovações foram feitas. De fato, em tecnologia a Europa Ocidental superou de muito o Império Romano. Sob certos aspectos, os romanos eram bons engenheiros, como evidenciam seus sofisticados sistemas de aquecimento, envolvendo bombeamento de água quente, e suas redes de estradas; sob outros, porém, eram com freqüência surpreendentemente primitivos. Afora aquelas transmitidas pela China, as invenções medievais incluíram, por exemplo, óculos para leitura, a roda de fiar, ferramentas de ferro mais resistentes que as anteriormente disponíveis, o arado pesado e o uso do carvão como combustível. Além disso, na construção das grandes catedrais góticas, muitos novos inventos foram introduzidos, inclusive arcobotantes. Algumas das mais importantes inovações na Idade Média estavam ligadas ao uso do cavalo como fonte de força motriz. Um tipo de arreio mais eficiente que a simples canga, que servira tão bem para bois de tração, foi introduzido por volta do século IX. No final desse século Alfredo o Grande observou, com aparente surpresa, que na Noruega se usavam cavalos para arar.[37] Isto teria sido impossível com a canga, porque, com ela, assim que o cavalo começa a puxar, a correia do pescoço aperta a traquéia do animal, podendo dessa forma não só limitar a irrigação sanguínea de sua cabeça como sufocá-lo!

Outro importante desenvolvimento foi a ferradura de ferro presa ao casco com pregos. Anteriormente, a ferradura era apenas amarrada, o que prejudicava muito a marcha do animal. A primeira evidência indiscutível do uso de ferraduras com pregos remonta ao século IX. O desenvolvimento e a elaboração de armadura de metal para a proteção na guerra e nos torneios deu considerável impulso ao ofício de ferreiro. Isto estava fadado a ter particular importância para a medição do tempo, porque o ferreiro foi o precursor dos construtores do primeiro relógio mecânico. É certamente significativo que um dos maiores entre estes, Richard de Wallingford, abade de Saint Albans no início do século XIV (ver cap. 7), fosse filho de um ferreiro.

6

O Tempo no Extremo Oriente e na Mesoamérica

Índia

Já foi sugerido (cap. 5) que a teoria atomística islâmica do tempo pode ter resultado de influência indiana. Ao discutir essa possibilidade, MacDonald chamou a atenção para o artigo "Atomic Theory (Indian)", de Hermann Jacobi.[1] Nele, o autor se refere à teoria da momentaneidade de todas as coisas formuladas pelos sautrânkitas, uma seita budista que surgiu no século II ou I a.C. Segundo essa teoria, tudo existe por apenas um instante e é em seguida substituído por uma cópia exata de si mesmo, de tal modo que não há senão existências momentâneas semelhantes aos sucessivos fotogramas de um filme. O conceito de entidades que aparecem por apenas um instante e depois desaparecem era usado pelos budistas para provar que tudo é mera aparência e que a realidade absoluta escapa ao domínio do intelecto. Como e por que esse conceito temporal atomístico, que o budismo usava para seus próprios fins, foi adaptado aos propósitos muito diferentes do islã é uma questão que permanece em aberto.

Na Antigüidade clássica havia muitas ligações entre a Europa e a Índia, mesmo antes que as conquistas de Alexandre se estendessem até a parte noroeste do subcontinente indiano. Já no século VI a.C., no tempo em que Buda e Mahavira viveram, essa parte da Índia estava submetida aos aquemênidas do Irã, e desde então as influências iranianas foram importantes na Índia. Como no sistema zurvanita, as especulações filosóficas referentes ao tempo formavam a parte essencial de uma filosofia indiana particular, conhecida como o kalavada, mais tarde absorvida por outros sistemas. O termo *kala* era originalmente empregado pelos hindus no Rigveda para denotar o "momento certo" em conexão com o ritual sacrificatório. Mais tarde, passou a denotar "tempo" em geral, e foi usualmente empregado nesse sentido em escritos sânscritos. No período védico, a idéia abstrata de tempo era considerada o principal princípio do universo, mas não se sabe se o tempo foi transformado num deus. A palavra *kala* foi associada, entretanto, a Kali, "A Negra", uma das formas da esposa do deus Siva. O tempo era visto como negro e associado a Siva, deus de destruição, por ser duro e impiedoso.

Recentemente, Anindita Balslev chamou a atenção para a sutileza de muitos dos debates filosóficos hindus, como o referente à perceptibilidade do tempo, travado no século XI. Por um lado, a escola Bhatta-Mimamsaka afirmava que o tempo é perceptível, enquanto seus opositores Nyaya-Vaiseka sustentavam que é apenas um conceito inferido, porque carece de qualidades sensíveis como cor, forma etc. A primeira escola contra-argumentava que qualidades sensíveis não são os únicos critérios de perceptibilidade e que o tempo é sempre percebido como uma qualidade de objetos sensíveis. Em outras palavras, os eventos são percebidos como rápidos, lentos etc., propriedades que envolvem uma referência direta ao tempo. Seus oponentes replicavam que o tempo *per se* não podia ser percebido e que somente por meio da inferência podemos conhecê-lo como uma realidade ontológica.[2] Outras discussões filosóficas sutis diziam respeito ao contraste entre a realidade objetiva do instante e a natureza ideal da duração, porque esta é um construto mental, enquanto a primeira é experimentada (o contrário do que pensamos hoje no Ocidente).

Os indianos não escreveram livros históricos com datas numéricas e viam a vida pessoal como uma sucessão de vidas do mesmo indivíduo, repetida infinitas vezes num tempo interminável. No Ocidente, essa idéia de metempsicose, ou transmigração de almas, só surgiu ocasionalmente, em particular na escola de Pitágoras, que pode ter sofrido influências orientais, uma vez que foi mais ou menos contemporâneo de Buda, e também de Zaratustra. O mínimo erro na recitação dos Vedas era severamente condenado, mas os eventos passageiros eram considerados pelos hindus como desprovidos de significação real, e por isso não surpreende que não se desse importância alguma à sua associação com datas exatas. Os hindus estavam muito mais interessados em formular elaborados ciclos cósmicos de vastas e terrificantes proporções. Com seu amor pelos grandes números, atribuíram a um único ciclo 12.000 anos divinos, cada um com 360 anos solares, totalizando 4.320.000 anos; 1.000 desses ciclos cósmicos constituíam um *kalpa*. Isto correspondia a um único dia na vida de Brahma.[3]

O pensamento hindu com relação à natureza do tempo é bem ilustrado pelo modo como relações causais eram expressas em sânscrito. Para indicar a relação causal entre duas noções, formava-se um composto de modo a sugerir que é natural começar com o efeito e remontar à sua causa. Essa atitude tende a eliminar o tempo, uma vez que efeito e causa são ambos vistos como co-presentes na mente. Toda seqüência de fenômenos causalmente relacionados é assim sempre vista como completa. Essa maneira retrospectiva de pensar tendia a ser um traço geral do pensamento em países como a Índia e a China. Pode ser contrastada com os processos de pensamento da ciência ocidental, em que se considera que a marcha dos fenômenos tem uma direção temporal definida e única, da causa ao efeito.

CHINA

Os chineses tinham mais interesse pela medição prática do tempo que os habitantes da Índia. A clepsidra, embora não fosse um invento chinês, já estava em uso no país num período muito remoto de sua história. Provavelmente viera da Babilônia, onde a forma mais simples do tipo em que a água flui para fora já estava em uso antes do primitivo período Shang (*c.* 1500 a.C.). Os chineses tinham também um outro tipo arcaico de relógio de água, um globo flutuante com um furo na base, ajustado de modo a levar um tempo determinado para afundar.[4] Do período Han em diante, isto é, a partir de cerca de 200 a.C., porém, predominou o tipo em que a água fluía para dentro. Logo se percebeu que era preciso mais de um reservatório para evitar que o registro do tempo ficasse mais lento com a queda da pressão num único recipiente. Vários outros aperfeiçoamentos foram feitos, entre os quais o uso do mercúrio, que não congela nos dias frios do inverno. Elaborados relógios de água foram construídos entre os séculos II e XI d.C., culminando no notável instrumento projetado e construído no ano 1088, por Su Sung (1020–1101), um mandarim chinês.

O relógio não sobreviveu, mas temos a descrição que dele fez seu inventor: ela foi redescoberta em meados da década de 1950 pela maior autoridade em ciência e tecnologia chinesas, dr. Josehp Needham, de Cambridge.[5] A principal característica desse instrumento de registro do tempo era um escapo de alavanca, muito diferente do sistema de haste e folha inventado na Europa nos fins do século XIII (cap. 7). A água jorrava continuamente de um tanque de nível constante, sucessivamente, nas diversas pás côncavas de uma grande roda-d'água, sendo que cada pá só podia baixar depois de cheia. Ao baixar, acionava duas

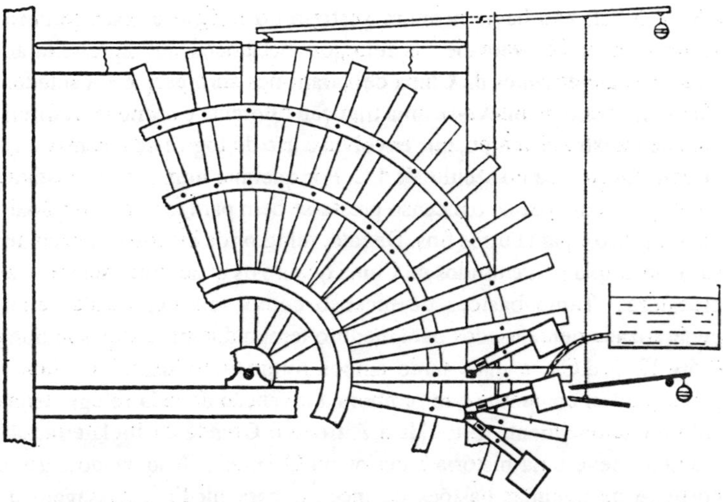

Fig. 1 **Um relógio de água medieval chinês.** Embora não fosse um relógio mecânico *stricto sensu*, o relógio de água de Su Sung envolvia um tipo muito primitivo de escapo. A intervalos de 24 segundos, o peso da água derramada em ritmo constante num recipiente vazio tornava-se suficiente para pressioná-lo para baixo e acionar a roda, de modo a livrar mais uma trave, pondo assim mais um recipiente vazio sob o jorro de água. A roda tinha 36 traves, fazendo portanto 100 rotações em 24 horas.

alavancas ou básculas que, por meio de conexões de alavancas, abria uma comporta no alto da roda, que se movia de modo a libertar uma única pá. De fato, essa máquina seccionava o tempo pela pesagem de sucessivas quantidades iguais de fluido. Uma verificação astronômica do registro do tempo era feita mirando-se por um tubo determinada estrela. Como o registro do tempo era governado mais pelo fluxo de água que pela ação do escapo, esse aparelho pode ser considerado um elo entre o aproveitamento das propriedades de registro do tempo de um fluxo constante de líquido e das oscilações mecanicamente produzidas. Esse relógio de roda-d'água chinês era não só muito diferente, mas bastante mais exato que os primeiros relógios mecânicos europeus, e, sob esse aspecto, talvez não tenha sido superado até a introdução do relógio de pêndulo no século XVII.[6] Apesar de sua sofisticação tecnológica, esse elaborado relógio era de uso essencialmente astrológico; ao que parece, sua finalidade era assegurar a possibilidade da determinação das posições dos corpos celestes, mesmo quando o céu estivesse nublado, no momento em que alguma das esposas ou concubinas do imperador desse à luz.

Quando os primeiros missionários chegaram à China nos séculos

XVI e XVII, não havia nenhum vestígio do relógio celeste de cinco séculos antes. Na verdade, os relógios mecânicos que apresentaram então aos governantes da China deixaram-nos surpresos e encantados. Nesse intervalo, manteve-se uma tradição diferente e muito mais difundida de registro de tempo, que envolvia o uso do fogo e de incenso, cuja origem foi situada no século VI d.C. Por queimar num ritmo constante e sem produzir chama, o incenso presta-se bem para medir a divisão do dia religioso e para outros fins. De fato, relógios de incenso parecem ter sido tão amplamente usados na China quanto os quadrantes solares e as clepsidras. Tanto bastões de incenso como velas graduadas eram generalizadamente usados para medir o tempo durante a dinastia Sung (950–1279 d.C.), e mais tarde ambos foram introduzidos no Japão. Silvio Bedini comentou que "embora a invenção da vela-relógio tenha sido tradicionalmente atribuída a Alfredo o Grande da Inglaterra, obviamente teve uma história anterior no Oriente".[7] Não sendo caro, o costume de queimar bastões de incenso para medir a passagem do tempo continuou a ser usado até o presente século. Em alguns desses relógios, diferentes porções de incenso exalavam diferentes aromas, pelos quais as pessoas de olfato apurado podiam identificar a hora aproximada.

A atitude chinesa em relação à história baseava-se na crença de que a ascensão e a queda das dinastias dependia de um mandato outorgado pelos Céus. Um homem de origem humilde podia obter esse mandato e tornar-se o Filho dos Céus, ou rei-sacerdote, mas quando seus descendentes davam mostras de falta da devida reverência por seu exemplo, perdiam a proteção dos Céus e sua dinastia declinava. Desde que o sinal dos Céus fosse claro, nada havia de desleal em transferir a vassalagem para um novo imperador, pois ele tinha a bênção dos espíritos ancestrais da China. O passado tinha assim, na China, um propósito social definido, seu uso dependendo essencialmente do conceito do mandato dos Céus para assegurar a continuidade num mundo de mudança política. J. H. Plumb suscitou uma interessante questão: "Por que a história se desenvolveu na Europa, ao passo que, na China, ela nunca se libertou das garras de ferro do passado a serviço do presente?"[8] Pois, embora tenham acumulado grande acervo de documentos que abrangiam um longo período, os chineses nunca desenvolveram nada correspondente ao conceito ocidental moderno de história. Na opinião de Plumb, "O que lhes fechava a mente para o problema histórico era sua ausência". O passado europeu, com seus registros de interação entre civilizações, religiões e culturas conflitantes, carecia da unidade e da "certeza abarcante" dos chineses, apresentando assim problemas históricos de um tipo que estes últimos nunca enfrentaram. Além disso, na China não havia nada correspondente à secularização da história ocorrida na Europa depois do fim do domínio da Igreja, com o Renascimento e a Reforma. A China conservava um controle burocrático tanto sobre os materiais históricos como sobre sua interpretação, ao passo que na Europa a crítica histórica teve muito mais oportunidades de se desenvolver livremente.

Com relação ao conceito filosófico de tempo, segundo Needham, a escola moísta (dos seguidores do filósofo Mo Ti, no século V a.C.) tendia ao atomismo temporal — embora a hipótese do atomismo material nunca tenha desempenhado um papel significativo no pensamento chinês —, conjugado à idéia do contínuo.[9] Além disto, o que é mais notável, os moístas parecem ter estado muito perto de formular o conceito de dependência funcional na relação do movimento com o tempo, uma idéia que não foi plenamente desenvolvida até a revolução científica do século XVII na Europa. De modo geral, contudo, tendia-se a conceber os diferentes intervalos de tempo como unidades discretas, separadas. O universo era visto como um amplo organismo submetido a um padrão cíclico de alternância, com a predominância ora de um, ora de outro componente, sendo a idéia de sucessão subordinada à de interdependência. Assim como o espaço se decompunha em regiões, o tempo se dividia em eras, estações e épocas. Conseqüentemente, como Needham assinalou, na medida em que a filosofia natural chinesa "estava comprometida com uma concepção do tempo em compartimentos ou escaninhos separados, talvez fosse mais difícil a emergência ali de um Galileu que o uniformizasse numa coordenada geométrica abstrata, uma dimensão contínua passível de tratamento matemático".[10]

A China era tão distante da Europa que, quando a seda tornou-se acessível, pela primeira vez, às classes mais abastadas da Roma imperial, ninguém sabia de onde ela vinha. O fato de a seda ter chegado a Roma, porém, mostra que a ausência de contato entre essas civilizações não era absoluta. Na Idade Média grande número de invenções, como a cola, o papel e a bússola, foi transmitido pela China à Europa.

Os Maias

Uma civilização que dedicou particular atenção ao tempo, mas estava destinada a permanecer totalmente isolada tanto da Europa como da Ásia até muito depois de seu declínio — seu apogeu ocorreu entre cerca de 600 e 900 d.C. — foi a dos maias, da Mesoamérica. Os maias eram um povo agrícola obrigado a lutar com um clima caprichoso. Devem ter sentido necessidade de um "almanaque do fazendeiro", e assim começaram a manter um registro dos dias, que grafavam com símbolos especiais. No tocante a seus deuses, os benevolentes eram venerados, ao passo que os de natureza equívoca tinham de ser aplacados nos momentos apropriados. O mais importante de fato era saber quando os deuses malignos estariam no comando, de modo a fazer o possível para evitar problemas, abstendo-se de qualquer ação em tais ocasiões. Para atender a essas necessidades, estabeleceu-se um calendário de considerável complexidade. Isso foi facilitado pelo desenvolvimento de uma notável forma de notação dos números: a civilização maia está entre as mais avançadas que já existiram no tocante à matemática. Usavam o conceito de valor associado à posição e tinham também um símbolo para o zero. O sistema de numeração com que trabalhavam, em vez de ser decimal como o nosso, ou sexagesimal como o babilônio, era baseado no número 20. O mês compunha-se de 20 dias, considerados divinos, sendo cada um deles associado a um presságio específico. O conjunto de 13 meses de 20 dias compunha um ciclo de 260 dias, que formava o cerne do almanaque maia. Sugeriu-se que essa escolha pode ter tido por base o fato de o mais longo dos dois intervalos anuais entre sucessivos trânsitos zenitais do Sol nas vizinhanças de Copán (uma das mais importantes cidades maias), a uma latitude de 15 graus ao norte, é 260 dias.[11] A cada um dos 260 dias do ano sagrado estava associado um número de 1 a 13, e havia também 20 diferentes nomes para os dias, arranjados de tal modo que a mesma combinação de número e nome só se repetia a intervalos de 260 dias. O deus do dia do ciclo de 260 dias em que um homem nascia era seu padroeiro ou divindade protetora. Há indícios de que se tornou costume dar nomes às pessoas segundo o dia em que nasciam, e o casamento daquelas cujos dias de nascimento tivessem o mesmo número era proibido.[12]

Além do ciclo de 260 dias (ou "Ano Sagrado"), os maias tinham um ano solar de 365 dias, que os arqueólogos chamam de o "Ano Vago", composto de 18 meses de 20 dias cada um e cinco dias intercalares. Um primeiro ciclo maior que o do "Calendário Redondo" maia continha 18.980 dias, correspondendo ao período ao fim do qual os ciclos de 260 e 365 dias coincidiam: o número 18.980 é o mínimo múltiplo comum de 260 e 365. Esse número de anos é igual a 52 Anos Vagos e a 73 Anos Sagrados. A mais importante unidade de tempo na concepção maia era porém o *katun*, que compreendia 20 anos de 360 dias, porque se esperava que os eventos de um *katun* se aproximassem daqueles de um *katun* anterior que tivesse terminado num dia associado ao mesmo número. Um elemento notável do calendário maia consistia numa era conhecida como "Longa Conta", uma contagem dos dias iniciada num ponto convencional, que se supõe ter sido a data correspondente ao dia 10 de agosto de 3113 a.C. do nosso calendário. Isto talvez estivesse relacionado com a última criação do mundo, porque os maias acreditavam que este fora criado e destruído várias vezes. Considera-se atualmente que a "Longa Conta" era usada para datar eventos históricos, e não astronômicos. Desde cerca de 1960 houve grande avanço no nosso conhecimento da história maia. Descobriu-se que muitas inscrições em monumentos, que anteriormente se supunha referentes simplesmente a calendários, são comemorativas de eventos específicos de significação histórica.[13] Os três únicos livros maias que se conservaram, entretanto, tratam exclusivamente de astronomia.

O mais importante desses livros é o chamado *Códice de Dresden*, que inclui um conjunto de tabelas para o planeta Vênus, de notável exatidão.[14] Esse planeta era identificado a Kukulcan, o equivalente maia de Quetzalcoatl, a sinistra serpente alada mexicana. A predição do seu nascer helíaco após uma conjunção inferior, isto é, seu primeiro reaparecimento como "a estrela da manhã" após um período de invisibilidade, era de importância vital para os maias, que consideravam esse momento particularmente aterrorizante. Todos os ciclos maias tinham seu reinício num único dia do Ano Sagrado de 260 dias: o dia em que Vênus era "1 Ahau". O principal problema era determinar após quantas revoluções sinódicas, ou reaparecimentos de Vênus como a "estrela da manhã" esse fenômeno voltaria a ocorrer em "1 Ahau". Se o período sinódico de Vênus fosse de exatamente 584 dias, as revoluções requeridas seriam 65, correspondendo a 146 do ciclo de 260 dias. Isto porque o mínimo múltiplo comum de 584 e 260 é 37.960, o que é igual ao produto de 65 e 584 e também ao de 146 e 260. Os sacerdotes maias descobriram, entretanto, que 584 dias é uma ligeira superestimação do período sinódico médio de Vênus. (O resultado correto é 583,92 dias, para duas casas decimais.) Souberam lidar admiravelmente bem com essa discrepância. Embora não tivessem frações em sua aritmética, e enfrentassem dificuldades de observação em razão da freqüente névoa das primeiras horas da manhã e do céu nublado na estação das chuvas, acabaram por atingir, na determinação do período sinódico de Vênus, uma precisão da ordem de um dia em 5.000 anos, o que corresponde *grosso modo* a uma parte em dois milhões. Esse grau de exatidão só foi alcançado na astronomia planetária européia nos tempos modernos. Era quase duas vezes maior que a precisão de nosso atual calendário solar gregoriano e quase 40 vezes maior que a do calendário juliano da Europa contemporânea. Um feito tão notável deve ter exigido a estreita cooperação de muitas gerações de pacientes observadores.

Entre todos os povos antigos, os maias parecem ter sido os mais obsedados pela idéia do tempo. Há indícios de que alguns povos mais primitivos da América Central, particularmente os olmecas, também se preocupavam com o tempo, mas nenhum deles com a intensidade dos maias.[15] Enquanto na Antigüidade européia os dias da semana eram considerados submetidos à influência dos principais corpos celestes — dia de Saturno, dia do Sol, dia da Lua e assim por diante —, para os maias cada dia era ele próprio um deus. Representavam as divisões do tempo como cargas transportadas por uma hierarquia de carregadores divinos que personificavam os números pelos quais se distinguiam os diferentes períodos de tempo: dias, meses, anos etc. As cargas eram levadas nas costas, sendo seu peso aliviado por uma faixa que cruzava a testa. Havia pausas momentâneas ao fim de cada período, em que um deus devia substituir outro com sua carga. Uma descrição gráfica deste tema foi feita por um dos mais eminentes estudiosos dos maias, J. E. S. Thompson:

> Um deus ergue a mão para tirar a faixa da testa, enquanto outros já tiraram as cargas das costas e as seguram no colo. O deus da noite, que assume o comando quando o dia termina, está se erguendo com sua carga. Com a mão esquerda, alivia o peso na faixa da testa; apoiando a mão direita no chão, equilibra-se enquanto se levanta. Na tensão refletida nos traços do deus, o artista transmite o esforço físico de se erguer do chão com sua pesada carga. Esta é a cena típica do carregador indígena reiniciando sua jornada, familiar a todos que visitaram as regiões montanhosas da Guatemala.[16]

A despeito de sua constante preocupação com fenômenos temporais, os maias nunca atingiram a idéia do tempo com a viagem de um único carregador com seu fardo. Sua concepção do tempo era mágica e politeísta. A estrada ao longo da qual os carregadores divinos se revezavam não tinha princípio nem fim. Os eventos se moviam num círculo representado pelos turnos recorrentes atribuídos a cada deus na sucessão dos carregadores. Dias, meses, anos, e assim por diante, eram todos membros de equipes de revezamento, avançando ao longo da eternidade. A carga de cada deus passou a significar o presságio específico ligado à divisão do tempo em questão. Num ano a carga podia ser estiagem, em outro uma boa colheita, e assim por diante. Calculando que deuses estariam caminhando juntos num dado dia, os sacerdotes podiam determinar as influências combinadas de todos eles e assim prever o destino da humanidade. A hierarquia de ciclos para cada divisão de tempo levou os maias a dedicarem maior atenção ao passado que ao futuro. Pois, embora detalhes particulares pudessem variar, esperava-se que a história se repetisse em cada *katun*, e que os eventos significativos seguiriam o padrão geral preestabelecido. Assim, na visão de mundo maia não havia nenhum sentido do progresso, mas apenas uma mistura de passado, presente e futuro que tendiam todos a se tornar uma só coisa.

A civilização maia clássica parece ter se esboroado cerca de 600 anos antes da conquista espanhola da América Central, mas, mesmo que tivesse sobrevivido, tudo indica que, inevitavelmente, a obsessão maia com o tempo teria permanecido uma curiosidade histórica, sem nenhuma influência sobre o mundo moderno. Isto porque, a despeito da notável perícia matemática e astronômica que manifestavam, os sacerdotes maias tinham uma perspectiva mental mágica e não científica. Tinham muito mais interesse pelo tempo que os gregos, mas o fato de cada momento ser considerado a manifestação de forças sobrenaturais significa que o conceito de tempo que dominava o pensamento maia era puramente astrológico. Uma civilização que jamais inventou a roda estava automaticamente impossibilitada de inventar o relógio mecânico,[17] mas de fato nem quadrantes solares nem relógios de água parecem ter sido desenvolvidos pelos maias para medir a passagem do tempo. Em suma, tinham o calendário, não o relógio.

O autor de um livro recente sobre a história dos relógios e sua influência no mundo moderno observou que qualquer pessoa que observasse as técnicas de medição do tempo em todo o mundo, digamos, no século XI, "teria apostado que os chineses desenvolveriam um relógio mecânico antes dos europeus".[18] Ao contrário, as técnicas horológicas chinesas não se desenvolveram e, quando os jesuítas levaram seus relógios para a China no século XVI, as invenções de Su Sung e outros tinham sido esquecidas havia muito. Como as acuradas observações astronômicas dos maias, essas realizações técnicas não levaram a lugar algum. Em vez disso, foi na Europa Ocidental que o primeiro relógio mecânico apareceu e, com ele, um novo tipo de civilização, fundado na medição do tempo.

Parte III

O Tempo no Mundo Moderno

7

O Advento do Relógio Mecânico

A Invenção do Escapo de Haste

Na Antigüidade, os únicos instrumentos mecânicos (ou, mais precisamente, quase-mecânicos) para o registro da passagem do tempo eram os relógios de água. A diferença básica entre eles e os relógios mecânicos — no sentido estrito — é que envolvem um processo contínuo, como o fluxo de água por um orifício, ao passo que os segundos dependem de um movimento mecânico que se repete continuamente, dividindo assim o tempo em segmentos discretos. Muitos dos relógios de água antigos eram instrumentos de considerável complexidade, especialmente na medida em que eram projetados para indicar horas cuja duração variava ao longo do ano. Embora não existissem relógios mecânicos na Antigüidade, há indícios de que se construíam modelos mecânicos para reproduzir os movimentos dos corpos celestes. Escrevendo no século I a.C., Cícero (*De republica*, I., xiv. 22) referiu-se a um inventado por Arquimedes (287–212 a.C.). Nada sabemos sobre as engrenagens que continham; os cálculos matemáticos que envolviam talvez constassem de um tratado de Arquimedes *Sobre a construção da esfera*, isto é, sobre a modelação do céu, que se perdeu. Restou-nos, entretanto, um notável mecanismo helenístico composto de engrenagens, do século I a.C. Ele foi descoberto em 1900, em meio aos destroços de um navio grego submersos nas proximidades da pequena e árida ilha de Anticitera, ao largo da costa sul da Grécia. Em 1974, D. J. de Solla Price divulgou os resultados da radiografia por raio X e raio gama dos corroídos restos desse mecanismo de bronze, que o levaram a concluir tratar-se de um aparelho destinado ao cálculo do calendário.[1] Ao que parece, permitia determinar as posições do Sol e da Lua no zodíaco, e continha um conjunto de rodas dentadas com engrenagens que mantinham relações fixas entre si, de modo a reproduzir mecanica-

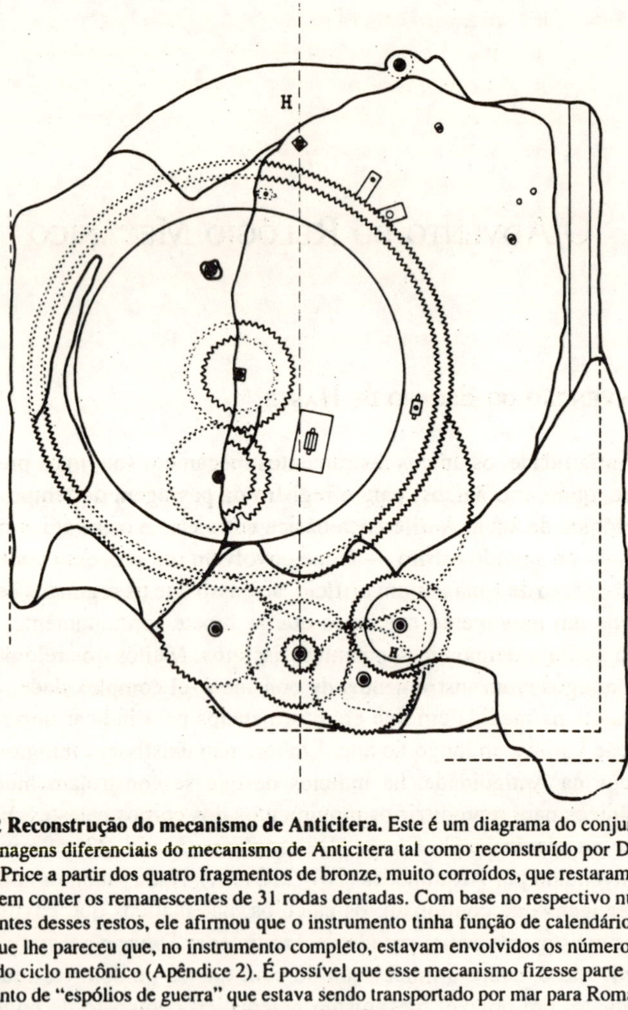

Fig. 2 **Reconstrução do mecanismo de Anticitera.** Este é um diagrama do conjunto de engrenagens diferenciais do mecanismo de Anticitera tal como reconstruído por D. J. de Solla Price a partir dos quatro fragmentos de bronze, muito corroídos, que restaram e que parecem conter os remanescentes de 31 rodas dentadas. Com base no respectivo número de dentes desses restos, ele afirmou que o instrumento tinha função de calendário, uma vez que lhe pareceu que, no instrumento completo, estavam envolvidos os números 19 e 235, do ciclo metônico (Apêndice 2). É possível que esse mecanismo fizesse parte de um conjunto de "espólios de guerra" que estava sendo transportado por mar para Roma após o saque de Atenas pelas tropas de Sula em 86 a.C.

mente o ciclo metônico, em que 19 anos solares correspondem a 235 meses lunares (ver Apêndice 2). Pelo que atualmente se sabe, foi com essa máquina que os artífices da Antigüidade mais se aproximaram da invenção do verdadeiro relógio mecânico.

Até recentemente, pensava-se que o mecanismo de Anticitera era o único exemplo remanescente de engrenagem matemática na tradição helenística. Em 1983, porém, o Museu de Ciência de Londres adquiriu quatro fragmentos de um instrumento com engrenagens de origem bizantina, feito provavelmente durante o reinado de Justiniano I (527–565), ou pouco antes.[2] Foi possível reconstruir completamente o instrumento, que era um quadrante solar de bronze, portátil, com um calendário feito de rodas dentadas que mostravam a forma aproximada da Lua e sua idade em dias, e talvez também sua posição e a do Sol no zodíaco. As rodas de um dos fragmentos contêm 59 e 19 dentes, e as de outro dez e sete dentes, respectivamente. A correspondência entre elas e as partes de um calendário mecânico descrito pelo cientista persa al-Biruni (973–1048) por volta do ano 1000 revelou-se um elo prático entre a tradição helenística da engrenagem matemática e a tradição islâmica medieval. O único exemplo que restou desta última é um mecanismo de calendário que indica a forma e a idade da Lua em dias e as posições do Sol e da Lua no zodíaco. Está acoplado a um astrolábio persa do início do século XIII, atualmente no museu de História da Ciência, em Oxford. A mais antiga engrenagem remanescente do Ocidente latino está unida a um astrolábio francês de cerca do ano 1300, hoje no Museu de Ciência, em Londres.

Embora não se tenha descoberto nenhum vínculo indiscutível entre os primeiros relógios mecânicos e os modelos astronômicos com engrenagens e maquinismos mecânicos de épocas anteriores, a maneira como certos relógios — por exemplo, o da catedral de Wells, do final do século XIV — mostram as fases da Lua e os algarismos que neles surgem à medida que as horas se sucedem sugerem que foram o resultado de uma tradição contínua, nascida no passado remoto. Há também indícios textuais que apóiam essa idéia. Ainda assim, a verdadeira origem do relógio mecânico permanece um mistério, embora se saiba que ocorreu provavelmente por volta do final do século XIII.

No início desse século, a procura por relógios de água devia ser grande, pois se sabe que, em Colônia, existia uma guilda que, por volta de 1220 ocupava uma rua especial, a Urlogengasse, ou rua dos Relojoeiros.[3] E como nos climas nórdicos os relógios de água deviam ser um transtorno no inverno, quando congelam, inventaram-se no século XIV os relógios de areia, ou ampulhetas. A invenção se deu depois que se introduziu um novo tipo de "areia", mais fina, feita de pó de casca de ovo. A areia comum não pode ser usada nesse tipo de instrumento, porque logo alarga o orifício pelo qual escoa. As ampulhetas mostraram-se adequadas apenas à medição de períodos curtos. Eram usadas sobretudo em embarcações, para medir a sua velocidade pela contagem do número de nós arreados numa corda amarrada a uma tora que flutuava à popa, enquanto a ampulheta media um determinado intervalo, em geral de meio minuto. Eram usadas também para medir os períodos de vigília dos marinheiros. Aliás, só no final do século XV a ampulheta passou a figurar em pinturas como um atributo do Pai Tempo.[4]

É provável que o estímulo para o desenvolvimento do relógio mecânico tenha nascido em boa parte das necessidades vividas nos mosteiros medievais, em que a pontualidade era uma virtude rigorosamente prescrita e o atraso na chegada a um serviço divino ou a uma refeição era punido. Tal exigência de pontualidade não se devia a nenhum desejo de "poupar tempo" — era para ajudar a manter a disciplina da vida monástica que a regulação estrita do tempo era necessária. Seja como for, parece indiscutível que o desenvolvimento do relógio mecânico deve ser atribuído antes de mais nada à Igreja, pois, embora a transmissão de força por roldanas já fosse conhecida pelos artesãos muito tempo antes, a matemática de rodas dentadas concatenadas (particularmente em maquinismos astronômicos) só era conhecida por pessoas de elevado nível de instrução, que apenas a Igreja formava.

A palavra inglesa *clock* é etimologicamente relacionada com a palavra latina medieval *clocca* e com a palavra francesa *cloche*, que significam sino. Os sinos tinham um papel de destaque na vida medieval, e mecanismos para tocá-los, feitos de rodas dentadas e alavancas que oscilavam, podem ter contribuído para a invenção de relógios mecânicos. Uma possível comprovação desta idéia pode ser vista na única representação pictórica que restou de um relógio de água ocidental do século XIII, que parece ter sido usado em Paris, por volta de 1250, na corte de Luís IX. Era essencialmente um instrumento para anunciar as horas, com sinos. A única roda visível parece ter 24 dentes, o que pode significar que tinha uma rotação diária. A força motora era fornecida por um peso que descia lentamente, pendurado num fio enrolado em volta do eixo ou árvore, constituindo o mais antigo caso que se conhece de acionamento por peso num relógio. A ele se seguiu, cerca de 20 anos mais tarde, em 1271, a *antevisão* de um cronômetro puramente mecânico, feita por Robertus Anglicus (Roberto o Inglês) num comentário que escreveu a respeito do *Tratado sobre a esfera* de Sacrobosco. Ele o prefigurou com uma roda bem balanceada acionada por um peso condutor pendurado a seu eixo, de modo a fazer uma revolução entre o nascer e o pôr-do-sol. Observou, entretanto, a respeito dos relojoeiros que estavam tentando montar um marcador de tempo como esse: "Não são capazes de fazer um trabalho inteiramente perfeito."[5]

Sob o patrocínio de Afonso X (*el Sabio*) de Castela, o rabino Isaac ben Sid, de Toledo, compilou um conjunto de tabelas astronômicas aperfeiçoadas, conhecidas como "tábuas afonsinas", publicadas nos *Libros del saber de astronomica* em 1277. No volume IV dessa obra, reeditada em Madri em 1866, são descritos vários inventos, entre os quais um "relógio de mercúrio". Trata-se de um relógio acionado por peso, equipado com uma trava que é um tambor dividido em 12 compartimentos com pequenos orifícios nas paredes divisórias. Os seis compartimentos inferiores são enchidos com mercúrio. À medida que o peso acionador faz o tambor girar, o mercúrio sobe, até contrabalançar o peso, que pode então baixar lentamente, enquanto o mercúrio flui através das divisórias. O movimento, cuja uniformidade é assegurada pela viscosidade do mercúrio, pode ser regulado pela variação do peso e/ou tamanho do tambor. A característica essencial do relógio mecânico que faltava a esse interessante aparelho é o "escapo". A invenção do relógio mecânico ocorreu provavelmente após 1277, uma vez que, se tivesse sido anterior, é quase certo que teria sido incluída no volume IV dos *Libros del saber de astronomica*. Ao que parece, a data dessa invenção deve ser situada em algum momento entre 1280 e 1300.

O invento decisivo para tornar possível o relógio mecânico foi o escapo de "haste e folha", uma barra horizontal, ou "folha", tinha como

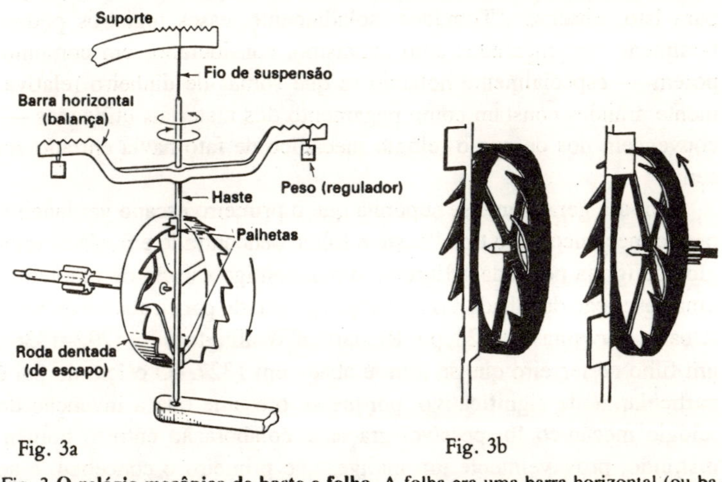

Fig. 3a Fig. 3b

Fig. 3 **O relógio mecânico de haste e folha.** A folha era uma barra horizontal (ou balança) com um peso (ou regulador) em cada extremidade (fig. 3a). Em seu meio, a barra era fixada à haste ou fuso vertical em que havia duas palhetas (ou flanges). Estas se engatavam numa roda dentada, que empurrava a haste primeiro para um lado e depois para outro (fig. 3b), fazendo a folha oscilar. A própria roda avançava, libertando um dente, após cada oscilação dupla. A velocidade da oscilação podia ser ajustada alterando-se os pesos ou a distância a que ficavam da haste. Esse engenhoso mecanismo era sólido, quase à prova de desgaste e capaz de funcionar incessantemente, desde que suas partes móveis fossem mantidas bem lubrificadas. Sua principal desvantagem era que, diferentemente de um pêndulo, a balança que controlava as oscilações não tinha um período natural próprio.

pivô, em seu centro, uma haste ou pino em que havia duas palhetas ou flanges. Estas engatavam-se numa roda dentada (acionada por um peso pendurado a um tambor) que empurrava a haste primeiro numa direção e depois na outra, fazendo a folha oscilar. A cada oscilação da folha, a roda avançava, ou "escapava", libertando um dente. A folha tinha sobre ela dois pesos (reguladores), um de cada lado, e era possível ajustar a velocidade da oscilação mudando os pesos ou a distância a que ficavam da haste. (Na Itália, a folha era por vezes substituída por um balanceiro com um movimento alternado similar.) O sistema envolvia também um mecanismo para contar as oscilações. Ninguém sabe quem foi o primeiro a fazer essa engenhosa invenção, embora, como já se sugeriu, ela date provavelmente do final do século XIII. Segundo C. F. C. Beeson, o mais antigo registro europeu de um relógio com mecanismo de escapo foi feito em 1283, nos *Annals of Dunstable Priory*, em Bedforshire.[6] Cita também registros da catedral de Exeter (1284), da antiga catedral de Saint Paul (Londres, 1286), do Merton College (Oxford, 1288?), do priorado da catedral de Norwich (1290), da abadia Ely (1291) e da catedral de Canterbury (1292). J. D. Norton, que chamou a atenção para isto, observa: "Tomados isoladamente, esses registros podem facilmente ser encarados com ceticismo, considerados em conjunto, porém — especialmente notando-se que somas de dinheiro relativamente grandes constam como pagamento dos materiais utilizados —, convencem-nos de que o relógio mecânico de fato havia entrado em cena."[7]

Embora geralmente se suponha que o primeiro escapo verdadeiramente mecânico foi o tipo "haste e folha", encontrado em vários relógios de igreja por toda a Europa, o mais antigo escapo de que temos uma descrição detalhada é o do relógio projetado para a abadia de Saint Albans, por volta de 1328, por Richard of Wallingford (*c.* 1292–1336), um filho de ferreiro que se tornou abade em 1327. (O ofício do pai é particularmente significativo, porque se presume que a invenção do relógio mecânico foi possível graças à colaboração entre o homem instruído, provavelmente um monge, que primeiro o concebeu, e ao ferreiro que efetivamente o construiu.) Era um mecanismo oscilatório que envolvia uma roda a mais que o sistema "haste e folha". J. D. North conseguiu reconstruir o escapo de Saint Albans a partir da descrição puramente verbal fornecida no manuscrito remanescente.[8] Sob alguns aspectos, era superior ao do tipo haste. North descobriu também que, mais de um século e meio depois, Leonardo da Vinci conheceu um escapo similar. Há desenhos dele em seu *Codex Atlanticus*, de cerca de 1495, mas Leonardo já não pode ser considerado seu inventor. O relógio de Saint Albans tinha dois escapos semelhantes, um para controlar o movimento do mecanismo e outro para tocar o sino a cada hora, num sistema de 24 horas em que o número de toques era igual ao das horas. Segundo North, não é impossível que um mecanismo oscilatório como este — que fazia soar um sino, acionado por um relógio hidráulico a intervalos devidamente escolhidos — tenha apontado o caminho para o primeiro escapo mecânico propriamente dito.

O mais antigo relógio que restou na Inglaterra é o da catedral de Salisbury, cuja fabricação não é posterior a 1386. Não tem mostrador nem ponteiros, mas bate as horas. O período da haste para uma meia oscilação é de quatro segundos. O relógio foi restaurado em 1956, recuperando sua condição original de pleno funcionamento, após um intervalo de 72 anos.[9] Outro relógio, mais completo, atribuído ao mesmo artesão, estava na catedral de Wells desde pelo menos 1392 e encontra-se atualmente no Museu de Ciência, em Londres. (Ambos os relógios acabaram por ser convertidos em relógios de pêndulo.)

A precisão de todos os relógios mecânicos dos primeiros tempos era pequena, porque a folha e a roda não tinham períodos naturais próprios e também em decorrência de efeitos de atrito. Era, no entanto, uma época em que a civilização se tornava mais vigorosa, e o número e a perícia dos que trabalhavam com metais aumentavam. O interesse pela construção de elaborados relógios astronômicos tornou-se uma febre. Um eminente historiador da tecnologia medieval observou: "Nenhuma comunidade européia sentia-se capaz de manter a cabeça erguida a menos que, em seu seio, os planetas girassem em ciclos e epiciclos, enquanto anjos trombeteavam e contramarchavam ao ribombar das horas."[10] Entre esses "relógios", sobressaía o *astrarium* que Giovanni de' Dondi, de Pádua, projetou entre 1348 e 1364. Esse complexo instrumento, com seus dentes finamente talhados e intricada engrenagem, era de bronze e menor que os toscos relógios ingleses dos primeiros tempos, feitos de ferro batido. Marcar a passagem do tempo era apenas uma função acessória do instrumento, basicamente destinado a ser uma representação mecânica do universo, uma espécie de planetário. Era muito mais elaborado que o primeiro da famosa série de relógios astronômicos da catedral de Estrasburgo, instalado aproximadamente na mesma epoca, em 1350. Esse relógio original de Estrasburgo continha provavelmente, além de algarismos móveis, um mostrador do calendário anual e possivelmente um mostrador lunar e um astrolábio, mas o instrumento projetado por Giovanni de' Dondi incorporava um calendário perpétuo para todas as festas religiosas, fixas ou móveis, e indicava também os movimentos celestes do Sol, da Lua e dos planetas,

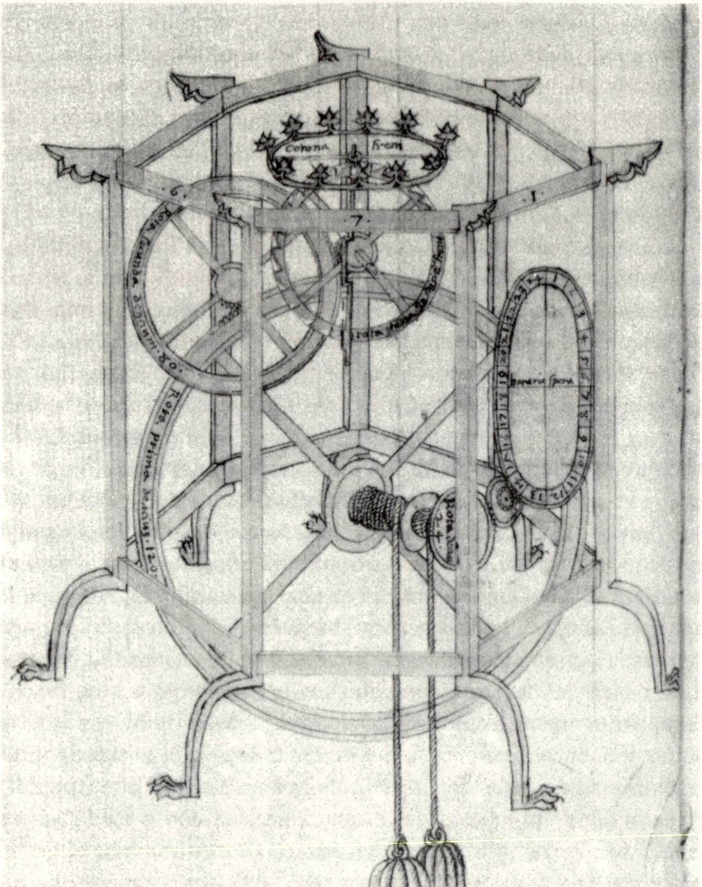

Fig. 4 **Desenho do relógio astronômico de de' Dondi.** Este desenho, datado de 1461, de uma parte do relógio astronômico de de' Dondi é de um manuscrito que se encontra na Bodleian Library, em Oxford (MS. Laud Misc. 620, fol. 10^{v}.) Este complexo instrumento acionado por um peso, concluído em Pádua em 1364, era regulado por um balanceiro que tinha a forma de uma coroa real. Duas palhetas encaixavam-se na haste dessa roda. A de cima era acionada por um dos 24 dentes da roda de escapo, que fazia girar a haste e o balanceiro de tal modo que essa palheta escapava, ao mesmo tempo em que a de baixo se encaixava. Esta girava então a haste e o balanceiro na direção oposta, e assim o processo continuava. O balanceiro tinha um batimento de dois segundos. Nos últimos anos, fizeram-se vários modelos desse relógio, um dos quais está no Museu da Smithsonian Institution, em Washington, D.C.

incluindo até os movimentos dos nodos da órbita da Lua, que levam mais de 18 anos para fazer uma revolução completa em torno da elíptica.

Não surpreende que esse relógio astronômico notavelmente completo atraísse a atenção dos príncipes. Comprado em 1381 pelo duque Gian Galleazzo Visconti — intelectual descrito como "um soberano tranqüilo mas astuto, grande amante da ordem e da precisão"[11] —, foi instalado no palácio deste em Pavia, e há registro de que em 1420 estava na biblioteca ducal. Era muito difícil mantê-lo em boas condições de funcionamento, e quando o imperador Carlos V o viu em Pavia, em 1529, estava precisando de reparos. Carlos, um apreciador de instrumentos mecânicos, encarregou Ginallo Torriano, de Cremona, de consertá-lo, mas a corrosão era tamanha que este considerou o trabalho impossível e concordou em fazer um instrumento semelhante. Em 1555, Carlos se retirou no mosteiro de San Yuste, com uma grande coleção de relógios e levou consigo Torriano. Depois de sua morte, este entrou para o serviço do filho de Carlos, Filipe II, e se mudou para Toledo, onde morreu em 1585. Poucos anos atrás, descobriu-se um manuscrito que indica que, no século XVII, a cópia do relógio de de' Dondi feita por Torriano continuava em sua casa, em Toledo, sendo portanto improvável que tenha sido destruída quando o convento de San Yuste, com seus tesouros artísticos, foi incendiado pelos franceses em 1809. Nos últimos anos, fizeram-se várias reproduções, que funcionam, do relógio de de' Dondi.

Durante o século XIV, os relógios mecânicos multiplicaram-se na Europa, sendo que a maioria não foi instalada em igrejas — eram relógios públicos. Um deles foi um notável relógio projetado pelo pai de Giovanni de' Dondi, Jacopo, alcunhado de "del Orologio". Erguido na torre de entrada do palácio Carrara, em Pádua, em 1344, foi destruído no assalto a essa torre pelos milaneses, em 1390. Embora caros, esses relógios públicos eram em geral considerados de grande utilidade. Enquanto os sinos das igrejas anunciavam o momento dos vários ofícios religiosos, o relógio comunal era um instrumento secular que batia as horas, e, por volta do final do século XIV, foram fabricados alguns que batiam os quartos de hora, o que absolutamente não significava que fossem mais precisos. Muitos atrasavam mais de 15 minutos por dia e os enguiços eram freqüentes. Não é de espantar, já que todas as engrenagens tinham de ser talhadas a mão.

A Influência Social do Relógio Mecânico

Uma importante conseqüência da introdução dos relógios mecânicos foi levar, em grande parte da Europa Ocidental, à adoção da hora uniforme de 60 minutos. Os primeiros relógios de que temos registro, como o de Saint Alban e aquele erguido na capela do palácio dos Visconti, em Milão, em 1335, batiam as 24 horas. Dante, ao que parece, já vira um relógio que batia as horas pelo menos 15 anos antes da instalação do relógio dos Visconti; talvez tivesse visto o relógio de ferro instalado no campanário da igreja de Santo Eustórgio, em Milão, em 1309 — o primeiro relógio público italiano de que temos notícia. No *Paradiso*, composto entre 1317 e 1320, fez uma famosa referência (24. 13–15) à engrenagem que fazia soarem as horas, num relógio:

> E come cerchi in tempra d'oriuoli
> si giran si che il primo, a chi pon mente,
> quieto pare, e l'ultimo che voli (...)

("E tal como engrenagens acordes, giram de tal modo que a primeira, a quem a repara, parece parada, e a última voar (...)")

Apesar do inconveniente de contar grande número de batidas, o sistema que batia as 24 horas persistiu por séculos na Itália; a maioria dos outros países europeus, porém, não tardou a adotar o sistema em que as horas eram contadas em dois conjuntos de 12, a partir da meia-noite e do meio-dia, respectivamente. A hora uniforme de 60 minutos logo tendeu a substituir o dia como unidade básica de trabalho na indústria têxtil. Em 1335, por exemplo, o governante de Artois autorizou os habitantes de Aire-sur-la-Lys a construir um campanário cujo sino marcaria as horas de trabalho dos operários têxteis.[12] O problema da duração da jornada de trabalho era de particular importância nesse ramo da indústria, em que os salários representavam parte considerável dos custos de produção.

A despeito da invenção do relógio mecânico, para a maioria das pessoas o tempo continuava desigual em qualidade. Nada contribuíra mais para fomentar essa crença que a Igreja, com seu calendário eclesiástico e normas referentes ao que podia ou não ser feito em determinados dias. Regras, ou cânones, prescreviam também a recitação de preces em momentos definidos do dia. Conhecidas como horas canônicas, elas seguiam o sistema das horas sazonais: matinas antes da aurora, prima ao nascer do Sol, terça às três horas, sexta às seis, nona às nove, vésperas às onze (sendo as quatro últimas contadas a partir do nascer do Sol) e completas depois do pôr-do-sol. Com o tempo, as nonas foram antecipadas em três horas, para o meio-dia, e essa é a origem da palavra inglesa *noon*. Os leigos devotos que desejavam participar desse programa diário precisavam ter seus próprios livros de oração. "Livro das horas" foi o nome dado a esses livros destinados à devoção privada ou familiar, o termo "horas" indicando não um intervalo de 60 minutos, mas partes menos precisas do dia reservadas às tarefas religiosas e de outras naturezas. Originalmente, tais livros eram feitos sob encomenda apenas para reis e membros da mais alta nobreza, mas já no século XV havia oficinas seculares que os forneciam para um público mais amplo, sobretudo em Paris e em outras cidades da França e nos Países Baixos. Eles formam a maior categoria isolada de manuscritos medievais que chegaram até nós, e deles provêm todos os demais livros de oração.[13] Geralmente iniciam com figuras que representam as ocupações dos diferentes meses, seguidas de passagens dos Evangelhos e das horas litúrgicas, das matinas (e laudes) até as vésperas e completas, fechando com miniaturas da vida da Virgem. O mais celebrado de todos é o *Très riches heures*, pintado no início do século XV pelos irmãos Limbourg, irmãos do duque de Berry, terceiro filho do rei João II de França.[14]

As superstições populares referentes a dias de sorte ou de azar, cuja existência já foi mencionada em conexão com os romanos, reforçaram-se na Idade Média pelo reconhecimento de dias aziagos no calendário eclesiástico. O dia em que se celebrava o massacre dos Santos Inocentes, 28 de dezembro, por exemplo, era considerado especialmente agourento, sobretudo no século XV. Ademais, ao longo do ano, o dia específico da semana em que o Dia dos Inocentes caíra no ano anterior era também considerado um dia malfadado e igualmente chamado de Dia dos Inocentes. Os que eram influenciados por essa crença evitavam encetar uma viagem ou alguma tarefa importante naquele dia da semana. Um exemplo interessante dessa superstição relaciona-se com a coroação de Eduardo IV em 4 de março de 1461. No ano anterior, 28 de dezembro caíra num domingo e como a coroação ocorreu nesse dia da semana, teve de ser repetida em um outro dia![15] E até mesmo já no último quartel do século XVI, o primeiro-ministro da rainha Elizabeth, lorde Burghley, aconselhou seu filho a evitar dar início a novos empreendimentos em três datas particularmente agourentas do calendário eclesiástico: a primeira segunda-feira de abril (assassínio de Abel), a primeira segunda-feira de agosto (destruição de Sodoma e Gomorra) e a última segunda-feira de dezembro (aniversário de Judas Iscariotes).

Uma categoria de dias (e semanas) que foi preservada tanto na Igreja Romana como na Anglicana é a dos dias e semanas "de têmporas".

Associadas com as quatro estações, as semanas em questão têm início, respectivamente, no dia de Santa Luzia (13 de dezembro), na primeiro domingo da Quaresma, no domingo de Pentecostes e no dia da Santa Cruz (14 de setembro). As quartas-feiras, sextas-feiras e sábados dessas semanas eram dias de têmporas. Tradicionalmente, eram reservados para preces especiais e jejum. Os domingos que se lhes seguiam, como o Domingo da Trindade, são os dias especialmente fixados para a ordenação do clero. Esse antigo costume acabou por ser estabelecido como lei da Igreja pelo papa Gregório VII, por volta de 1805.

Na Inglaterra, a crença na uniformidade do tempo foi grandemente influenciada pelos puritanos e sua forte oposição às práticas da Igreja Romana, em particular à idéia de dias especiais no calendário eclesiástico. Em vez disso, os puritanos propunham uma rotina regular de seis dias de trabalho, seguidos por um dia de repouso no sabá, a famosa ética não-conformista. No curso do século XVII, apesar da reação contra o puritanismo que se seguiu à restauração da monarquia em 1660, esse ponto de vista tornou-se cada vez mais influente, de tal modo que, no final do século, gozava de aceitação geral. Como Keith Thomas assinalou, "Essa mudança nos hábitos de trabalho constituiu um importante passo rumo à aceitação social da noção moderna de tempo como igual em qualidade, em oposição ao antigo sentido da desigualdade e irregularidade do tempo".[16]

Na França, um passo rumo ao fim da dominância das práticas litúrgicas da Igreja foi dado já em 1350, pelo rei Carlos V, quando ordenou que todos os sinos em Paris tocassem de hora em hora, segundo o relógio recém-instalado do palácio real, projetado por Heinrich von Wiek (Henri de Vic). A medição do tempo envolvia tais dificuldades práticas porque, até meados do século XVII, a maioria dos relógios não tinha senão um ponteiro e o mostrador era dividido apenas em horas e quartos de hora, mas, ainda assim, a estrutura abstrata do tempo uniformemente dividido tornou-se gradualmente o novo ambiente da existência cotidiana.

Esse importante desenvolvimento, que teve início nas cidades, foi estimulado pela classe mercantil e o surgimento de uma economia monetária. Enquanto o poder se concentrou na posse de terras, o tempo era vivido como abundante, sendo fundamentalmente associado com o ciclo inalterável do solo. Com a crescente circulação de dinheiro e a organização de redes comerciais, entretanto, a ênfase deslocou-se para a mobilidade. O tempo já não era associado apenas a cataclismos e festividades, mas à vida diária. Muitas das classes médias não tardaram a perceber que "tempo é dinheiro", devendo portanto ser cuidadosamente regulado e usado com economia. Nas palavras de Lewis Mumford: "A medição do tempo transformou-se em economia do tempo, contabilização do tempo e racionalização do tempo. À medida que isso ocorreu, a Eternidade foi deixando gradualmente de servir como medida e eixo das ações humanas."[17]

Um exemplo típico da ansiedade com relação ao tempo na Idade Média tardia ocorre numa carta escrita em 1399 por uma mulher ao seu marido, Francesco di Marco Datini, um "comerciante de Prato" já entrado em anos: "Em vista de tudo que tens a fazer, quando desperdiças uma hora, a mim ela parece mil (...). Pois nada se me afigura tão precioso para ti, tanto para a alma como para o corpo, quanto o tempo, e julgo que lhe dás muito pouco valor."[18] Dois anos mais tarde, encontramos o próprio Datini escrevendo no mesmo espírito a um de seus sócios na Espanha, Cristofano di Bartolo, que desejava persuadir a voltar para casa. Na introdução do hospedeiro à "Man of Law's Tale", nas *Histórias de Canterbury*, escritas por volta de 1400, Chaucer toca numa tecla parecida:

And therefor by the shadwe he took his wit
That Phebus, which that shoon so clere and brighte,
Degrees was fyve and fourty clombe on highte;
And for that day, as in that latitude,
It was ten of the clokke, he gan conclude,
And sodeynly he plighte his hors aboute.
"Lordinges," quod he, "I warne yow, al this route,
The fourthe party of this day is goon;
Now, for the love of god and of Seint John,
Loseth no tyme, as ferforth as ye may;
Lordinges, the tyme wasteth night and day,
And steleth from us, what prively slepinge,
And what thurgh necligence in our wakynge,
As dooth the streem, that turneth never agayn,
Descending fro the montaigne into playn."*

Não muito depois, já havia muitas atividades para as quais o tempo passou a ser cada vez mais considerado valioso. Na alta Idade Média,

* E assim, pelas sombras, concluiu/Que Febo, que brilhava fulgurante,/Ascendera quarenta e cinco graus;/E, pois, naquele dia e latitude,/Eram dez horas, foi a sua dedução./E, súbito, fez voltar o cavalo/E disse, "Senhores, aviso a todos/Que quarta parte do dia se foi,/Agora, por Deus e por São João,/Quanto possível, não percamos tempo,/Noite e dia o tempo se esvai, Senhores,/E nos foge e o perdemos dormindo,/Ou acordados, em nossa indolência,/É como o rio, que nunca retorna/Quando do monte à planície rola.

como em seus primórdios, fora possível levar muitas décadas e até muitos séculos erguendo um único edifício, fosse uma catedral, um castelo ou um palácio municipal. Isto era possível porque a vida humana era considerada basicamente como a vida da comunidade, em que uma geração sucedia pacificamente a outra, não havendo pois nenhuma necessidade premente de construir depressa. Tudo isto estava destinado a mudar na Idade Média tardia e no Renascimento. Até na pintura o fator tempo se fez sentir. De fato, embora vejamos com freqüência em obras desse período uma série de cenas consecutivas representadas simultaneamente num quadro, sob outros aspectos considerações temporais passaram a exercer uma influência decisiva. Em particular, determinaram a substituição da pintura *al fresco* pela pintura *a secco*, uma vez que, na primeira, os pupilos só adquiriam proficiência após um longuíssimo aprendizado, que já não podia ser ministrado, e um pintor de sucesso tinha de pintar depressa para atender a todas as encomendas que recebia. Nem mesmo um grande artista como Michelangelo (1475–1564) foi capaz de reverter esse movimento. Originalmente, fora planejado que o Juízo Final, na Capela Sistina, seria pintado *a secco*, mas ele insistiu em fazer o trabalho *al fresco*, pois a seu ver a pintura a óleo só convinha a "mulheres e gente desmazelada"! Seu ponto de vista conflitava com o espírito da época e, a despeito de seu exemplo, a gloriosa arte do verdadeiro afresco morreu, sua prática sendo incompatível com a nova atitude social em relação ao tempo.

Essa atitude foi responsável também por uma nova invenção horológica que acabaria por ter ampla significação social. Os primeiros relógios mecânicos eram grandes e pesados, e logo surgiu um desejo por mecanismos menores e mais facilmente transportáveis. Para atender a essa demanda, no início do século XV começou-se a usar molas no lugar de pesos como fonte da força motora em relógios. Foi um avanço importante, pois possibilitou a invenção do relógio doméstico e também do relógio de algibeira. Uma das primeiras referências a um relógio que a pessoa podia levar consigo é o estojo em forma de bola, de ouro, "com um relógio dentro" que Henrique VIII deu em 1540 a Catherine Howard, sua quinta mulher.[19] O relógio público, quer estivesse instalado numa igreja ou numa praça, lembrava a passagem do tempo apenas de modo intermitente, mas um relógio doméstico ou de algibeira era um indicador constantemente visível. Como D. S. Landes observou, conquanto pudesse ser usado para abrir e fechar mercados, assinar o início e o fim do trabalho e dirigir o movimento das pessoas, o relógio público assinalava apenas momentos, e não a passagem contínua do tempo. Um relógio de mesa ou de algibeira, por outro lado, era um evocador sempre visível do "tempo usado, do tempo gasto, do tempo desperdiçado, do tempo perdido". Como tal, tornou-se estímulo e chave da realização e da produtividade individuais.[20]

Ainda se passariam séculos, contudo, antes que esse invento se difundisse. De fato, por um longo período, a posse de um relógio de uso doméstico ou pessoal ficou restrita aos ricos e era vista mais como sinal de afluência que como necessidade social. Mesmo em meados do século XVII, verificamos, por exemplo, que até seus 30 anos Samuel Pepys (1633–1703), que já era um importante funcionário do governo, não tinha um relógio de algibeira. Sua vida era guiada pelo soar dos sinos das igrejas de Londres, e eventualmente por um relógio de sol, como a de quase todos que ali viviam então. Uma conseqüência disto é que raramente se marcavam encontros. Pepys ia e vinha entre lugares públicos, cafés e tabernas, na esperança de fazer um negócio. Muitas vezes, ia à procura do *Lord High Admiral*, James, duque de York, para discutir algum problema, somente para constatar que ele estava fora, caçando. Pepys nunca manifesta surpresa ou ressentimento. O tempo, para ele e seus contemporâneos, tinha um significado diferente do que tem para nós.

Como os relógios de algibeira foram por muito tempo um brinquedo de gente rica, não surpreende que, com freqüência, as pessoas comuns ficassem profundamente perturbadas quando se deparavam com um, chegando até a tomá-los por algo maligno e perigoso. Um exemplo divertido disto é relatado por John Aubrey, com relação a um lente de Oxford, Thomas Allen (1542–1632), que tinha muitos instrumentos matemáticos e outros aparelhos de uso científico. Numas férias que passou em casa de um amigo, "em Hom Lacey, no Herefordshire", deixou por acaso seu relógio de algibeira no peitoril da janela de seu quarto. Segundo Aubrey,

> As criadas entraram para fazer a cama e, ao ouvir uma coisa dentro de um estojo gritar *tic*, *tic*, *tic*, concluíram prontamente que era o Demônio dele e ergueram-no com as línguas, pela corrente, e jogaram-no pela janela, no pó (para sufocar o Demônio). Aconteceu que a corrente ficou presa num ramo de um sabugueiro que ali crescia, o que a seus olhos confirmou ser aquilo o Demônio. [Assim foi que] o bom e velho cavalheiro pôde ter de volta seu relógio.[21]

Quando não tinham qualquer tipo de relógio e moravam no campo em proporção muito maior que as de hoje, a maioria das pessoas estava muito mais atenta às várias marcações do tempo associadas com a vida das plantas e dos animais. De fato, é essa a origem da designação de algumas plantas, como "*day's eye*" (*daisy*), nome em inglês da margarida que exibe seu miolo amarelo pela manhã e volta a escondê-lo ao entardecer. O mais notável entre os marcadores naturais do tempo era o canto do galo, e Chaucer, em "Nun's Priest's Tale" prestou um famoso tributo à perícia horológica do galo Chauntecleer:

Wel sikerer was his crowying in his logge,
Than is a clokke, or an abbey orlogge.
By nature knew he ech ascenscioun
Of equinoxial in thilke toun;
For whan degrees fiftene were ascended,
Thanne crew he, that it mighte nat ben amended.*

Embora os relógios de algibeira tenham continuado extremamente raros até o final do século XVII, a influência do registro mecânico do tempo já se fizera sentir de vários modos, além dos já mencionados. Na altura do século XVI, as operações de mineração tinham passado a ser estritamente reguladas pelo relógio, segundo Agricola (Georg Bauer), que, em seu *De re metallica*, de 1555, anotou as horas exatas das mudanças de turno. Muitos profissionais, como juízes e professores, iniciavam suas atividades em horas fixas, e na Idade Média tardia mesmo os estudantes de universidades como a de Oxford, com freqüência indisciplinados, já estavam submetidos a horários fixos. No verão, as aulas começavam muitas vezes já às 5 ou 6 horas da manhã (às 7 no inverno), e por vezes a primeira se prolongava por três horas, sendo que nenhuma refeição estava prevista para antes das 10 da manhã.[22] É interessante retraçar o modo como o horário das refeições se modificou ao longo dos séculos, em particular porque na vida diária não é apenas o relógio que nos informa em que parte do dia estamos, mas também as refeições que fazemos. Assim, no linguajar comum, a "tarde" começa agora uma hora ou mais depois do meio-dia segundo o relógio. Também o jantar passou a ser cada vez em hora mais avançada do dia. Os fascinantes detalhes dessa tendência histórica foram descritos por Arnold Palmer.[23] E no século XVI, embora afetasse a maior parte das pessoas muito menos do que nos afeta hoje, o domínio do relógio já era suficiente para suscitar no Irmão Jean, no *Gargantua* (1545) de Rabelais, o protesto de que "as horas são feitas para o homem e não o homem para as horas!"[24]

---

* Mais regular era o seu canto, em seu refúgio,/Do que o relógio de casa, ou o da abadia./ Por instinto, ele cada ascensão conhecia/Em termos de equinócio na sua cidade,/Pois quando cada quinze graus o sol subia/Então ninguém seus cocoricos interrompem.

8

Tempo e História no Renascimento e a Revolução Científica

Reforma do Calendário

Ao longo de toda a história, o padrão máximo do tempo foi inferido de observações astronômicas. Por fim, isto levou à definição da hora, do minuto e do segundo como frações de uma rotação da Terra em torno do próprio eixo. Como se considerou conveniente para a vida diária determinar essa rotação pela orientação da Terra em relação ao Sol, o "dia solar médio" foi definido como o período de rotação da Terra em torno de seu eixo com relação ao Sol, corrigidas todas as irregularidades conhecidas. Uma vez que a órbita da Terra é apenas aproximadamente circular, a velocidade relativa do Sol não é de todo uniforme. Além disto, o movimento aparente do Sol não se dá ao longo do equador celeste (a projeção do equador da Terra sobre o céu), e por isso o componente do movimento do Sol paralelo ao equador varia. Em conseqüência, para fins de cronometragem comum, define-se um "Sol médio", que se moveria numa velocidade constante que é a média da velocidade do Sol real. A diferença entre o tempo solar médio e o tempo solar aparente (tal como indicado por um quadrante solar) é chamada "equação de tempo". Esta desaparece quatro vezes por ano, por volta de 15 de abril, 15 de junho, 31 de agosto e 24 de dezembro. O meio-dia aparente (ou do quadrante solar) precede o meio-dia médio em no máximo cerca de 16,5 minutos, o que ocorre no dia 3 de novembro ou nas suas proximidades, e o meio-dia médio precede o meio-dia aparente em no máximo cerca de 14,5 minutos, no dia 12 de fevereiro ou perto disto. O "segundo solar médio" é definido como a fração própria (1/86.400) do dia solar médio.

Embora no cotidiano pareça-nos conveniente determinar a hora pela posição da Terra em relação ao Sol, na prática é mais preciso determiná-la pelos momentos em que as estrelas cruzam o meridiano, que é a projeção sobre o céu do círculo de longitude que passa pelo local da superfície da Terra em que as observações estão sendo feitas. O intervalo entre sucessivos trânsitos da mesma estrela, ou grupo de estrelas, sobre o meridiano, é chamado de "dia sideral". Como o ano contém um dia sideral a mais que dias solares, o dia solar é cerca de quatro minutos mais longo que o dia sideral, que pode ser convertido no dia solar por uma fórmula numérica estabelecida para dez casas decimais a partir de observações que abrangem mais de 200 anos.

A unidade de tempo de que dependem as estações no calendário é chamada de "ano trópico". Este é o tempo entre duas passagens sucessivas do Sol pelo ponto em que sua trajetória anual contra o pano de fundo das estrelas (a "eclíptica") cruza o equador celeste no equinócio da primavera. Não é igual ao tempo entre sucessivas passagens do Sol pelo mesmo ponto fixo no céu, porque o equinócio tem um movimento retrógrado de pouco mais de 50 segundos de arco por ano. Essa "precessão dos equinócios", como é chamada, decorre da atração gravitacional exercida pelo Sol e pela Lua sobre a intumescência equatorial da Terra, que leva seu eixo a fazer uma precessão, como a de um pião a girar, num período de cerca de 25.800 anos. A precessão dos equinócios foi descoberta na Antigüidade pelo astrônomo grego Hiparco, e a determinação precisa do calendário exige seu correto conhecimento. Na Antigüidade, a duração do ano trópico era fixada com o auxílio de um gnômon, ao meio-dia, em sucessivos solstícios de verão (no mesmo lugar), quando sua sombra é mais curta; já a duração do ano solar era obtida a partir de sucessivos nasceres helíacos da mesma estrela brilhante. Com base nos métodos modernos de mensuração, o ano trópico é igual a cerca de 365,2422 dias solares médios, ao passo que o ano sideral tem cerca de 365,2564 desses dias.

A estimativa do ano trópico que estava na base do calendário juliano, 365,25 dias, tinha apenas pouco mais de 11 segundos em excesso, o equivalente a um dia extra a intervalos de 128 anos. Conseqüentemente, em 1582 o equinócio de primavera, que na época de Júlio César caía em 25 de março, retrocedera para 11 de março. Além disto, a Páscoa — que, por decisão do Concílio de Nicéia, realizado em 325, devia ser celebrada no primeiro domingo *depois* da lua cheia da primavera (isto é, a lua cheia que ocorresse no dia 21 de março ou imediatamente depois), ocorria a intervalos cada vez maiores após a lua cheia. Para trazer o equinócio para o dia 21 de março, o papa Gregório XIII, orientado por uma comissão especial que incluía o eminente astrônomo papal Christoph Clavius, um jesuíta, ordenou que o dia seguinte a 4 de

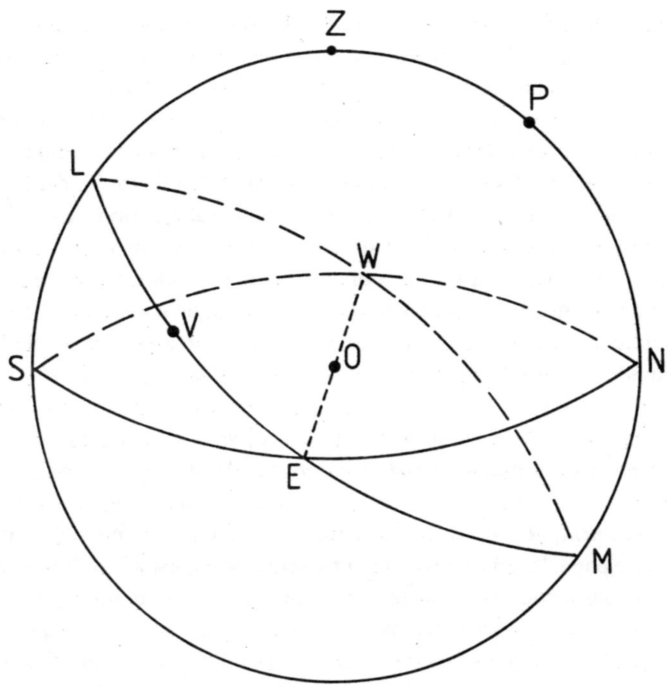

Fig. 5 **A esfera celeste.** Uma vez que são tão distantes, as chamadas "estrelas fixas" (em contraposição aos planetas, satélites, cometas etc.) podem ser descritas como pontos fixos numa esfera cujo raio é muito grande em relação ao raio da órbita anual da Terra em torno do Sol. As linhas entre todos os observadores na Terra até uma estrela determinada cortarão portanto essa esfera, conhecida como "esfera celeste", no mesmo ponto. Conseqüentemente, pode-se considerar que qualquer observador O está no centro da esfera celeste. Por causa da rotação diária da Terra, a esfera celeste parece girar diariamente em torno da linha que liga os pólos norte e sul da Terra. Segundo a terminologia matemática padrão, qualquer círculo na esfera celeste com seu centro em O é chamado um "grande círculo". (Linhas de longitude na superfície da Terra são também grandes círculos, ao passo que linhas de latitude, exceto o equador, não o são, constituindo apenas os chamados "pequenos círculos".) Nesta figura, o grande círculo ENWS representa o horizonte de O, com seu pólo no ponto zênite Z. Similarmente, o grande círculo ELWM representa o equador celeste (projeção do equador terrestre sobre o globo celeste). Seu pólo norte está em P, próximo do qual está a chamada "Estrela Polar". V representa o equinócio vernal (primeiro ponto de Áries). A eclíptica (projeção sobre a esfera celeste da trajetória aparente do Sol contra o pano de fundo geral das estrelas, decorrente da órbita da Terra em torno do Sol) é o grande círculo que passa por V, situado no plano que corta o plano do equador celeste num ângulo de aproximadamente 23,5 graus. O eixo terrestre de rotação diária está na direção OP. A esfera celeste faz sua rotação em torno da linha que liga O aos pólos da eclíptica num movimento semelhante ao de um pião. Essa "precessão dos equinócios" tem um período de aproximadamente 26.000 anos.

outubro de 1582 fosse designado 15 de outubro (mês escolhido por conter o menor número de dias santos e outros dias eclesiásticos especiais) e que o dia intercalar do ano bissexto fosse omitido em todos os anos centenários, exceto os múltiplos de 400. Assim 1600 foi um ano bissexto e o ano 2000 também o será, mas os outros anos centenários que ocorreram nesse intervalo não o foram. Além disto, foi decretado que o ano começaria em 1º de janeiro. O novo calendário fora sugerido por um médico, professor de medicina na Universidade de Perugia, Luigi Giglio (nome latinizado como Aloisius Lilius). Lilius morreu em 1576, mas seu irmão Antonio apresentou seu esquema ao papa. Lamentavelmente, o manuscrito de Lilius nunca foi impresso e se perdeu. Segundo Clavius, Lilius tinha direito à imortalidade, pois "foi o principal autor de tão excelente correção". Para uma exposição mais detalhada destas questões e da datação da Páscoa, ver os apêndices.

De início, somente os países católicos adotaram o calendário gregoriano, uma vez que em terras protestantes, embora algumas vozes o defendessem, generalizou-se o sentimento de que, por meio do calendário, o papa, "com a cabeça de uma serpente e a astúcia de um lobo", estava buscando reconquistar sub-repticiamente o domínio sobre a cristandade.[1] Hoje a idéia parece absurda, mas na época não, pois Gregório XIII era não só um poderoso promotor da Contra-Reforma como dera pleno apoio a Filipe II na implacável campanha que este empreendera contra os protestantes nos Países Baixos sob domínio espanhol e festejara o massacre dos huguenotes franceses do Dia de São Bartolomeu, em 1572, mandando cunhar uma medalha comemorativa. Havia, entretanto, astrônomos protestantes — notadamente Tycho Brahe e Kepler — que aprovavam a reforma gregoriana, conquanto outros considerassem que Clavius não conduzira as investigações a ela relacionadas com suficiente rigor científico. Em 1613, na Dieta de Regensburg, Kepler (que, em defesa de Clavius, sustentara que "a Páscoa é uma festividade e não um planeta. É possível determiná-la em horas, minutos e segundos") afirmou que o calendário gregoriano não envolvia a aceitação da bula papal, mas apenas dos resultados de cálculos feitos por astrônomos e matemáticos.[2] Ainda assim, os Estados protestantes mantiveram sua oposição até 1700, quando a maioria decidiu adotar o calendário gregoriano. Na Inglaterra e na Irlanda, contudo, o sentimento anticatólico, de caráter tão político quanto religioso, conseguiu impedir sua introdução por mais 50 anos, até que o inconveniente de usar uma data diferente da empregada na maior parte da Europa já não pôde ser tolerado. Já em 1584, entretanto, o astrólogo, matemático e agente secreto favorito da rainha Elizabeth, John Dee, usando dados de Copérnico, propusera uma correção de 11 dias que, segundo ele, era mais precisa que a correção gregoriana de 10 dias, feita por Clavius. Um comitê de matemáticos ingleses, composto pelo astrônomo Thomas Digges, *sir* Henry Savile e um sr. Chambers, concordou com Dee, mas concluiu, para seu desgosto, que na prática seria mais conveniente adotar o mesmo calendário que o Continente. Burghley e Walsingham, ministros da rainha Elizabeth, aprovaram o plano de Dee, mas ele não foi posto em prática em razão da violenta oposição dos bispos, que afirmavam que o novo calendário traía a influência do papismo. Quando finalmente, em setembro de 1752, a mudança foi feita, a correção de Dee foi adotada e 3 de setembro tornou-se 14 de setembro.

Na Inglaterra, 25 de dezembro foi considerado o início do ano na Idade Média, até o final do século XII, quando a data foi substituída por 25 de março. A Igreja decidiu começar seu ano nesse dia por ser o da Anunciação da Virgem (*Lady Day*), precedendo o dia de Natal em exatos nove meses. Ao ano que começava em 25 de março deu-se na Inglaterra o nome de "Ano da Graça". Embora janeiro figurasse como o primeiro mês do ano em calendários e almanaques, todos os documentos oficiais seguiram a datação do "Ano da Graça" até 1751, quando o ano oficial começou em 25 de março e terminou em 31 de dezembro; a partir de então, começou em 1º de janeiro. Essas alterações foram autorizadas por Ato do Parlamento de 1750. O ano fiscal, entretanto, sofreu apenas uma mudança mínima e até hoje termina no dia 5 de abril, data do novo calendário que correspondia ao dia 25 de março do antigo. Na Escócia o ano iniciou-se em janeiro desde 1600.

Facilmente surgem confusões quando tentamos comparar datas entre 1582 e 1752 segundo o calendário juliano que prevalecia na Inglaterra com as datas correspondentes do calendário gregoriano usado em alguns dos principais países do continente europeu. Afirmou-se algumas vezes, por exemplo, que Cervantes morreu no mesmo dia que Shakespeare. Infelizmente essa notável coincidência não ocorreu. Cervantes morreu em Madri num sábado, 23 de abril de 1616, segundo o calendário gregoriano já em uso ali, ao passo que Shakespeare morreu em Stratford-upon-Avon numa terça-feira, 23 de abril de 1616, segundo o calendário juliano que ainda vigorava no país. A data gregoriana correspondente a esta é terça-feira, 3 de maio de 1616. Assim, na verdade Shakespeare sobreviveu a Cervantes por dez dias.

A maior oposição ao novo calendário surgiu nas igrejas orientais, e foi energicamente expressa pelos patriarcas de Constantinopla, da Alexandria e da Armênia. A Igreja Ortodoxa na Grécia, na Romênia e na Rússia não o aceitou até 1923. Os monges de Monte Atos (no nordeste da Grécia) até hoje o recusam. Quase todos os mosteiros ali aderem ao calendário juliano, que está atualmente 13 dias atrasado em relação ao gregoriano. Além disto, num dos mosteiros ainda se contam as horas do dia segundo o estilo georgiano original, com o nascer do Sol ocorrendo sempre às 12 horas. Nos demais locais da "montanha santa", segue-se antigo sistema turco, em que essa é a hora do pôr-do-sol. Esse método — que, segundo se diz, remonta aos bizantinos — tem pelo menos a vantagem de permitir ao viajante saber, pelo seu relógio, quantas horas de luz do Sol ainda lhe restam.[3] A ilha de Foula, 20 milhas a oeste de Shetland, ainda segue o calendário juliano para suas festividades, como o Natal e a véspera do ano-bom.

Embora o tempo civil se baseie em fenômenos naturais, vimos que não só considerações religiosas, mas também de caráter puramente político, podem influenciar a montagem de um calendário, como se deu na Roma antiga. Um exemplo muito mais recente disto aconteceu quando, após depor Luís XVI, a Convenção Nacional, ou Parlamento francês, decidiu introduzir um calendário completamente novo. Decretou-se que o Ano I começaria no que teria sido 22 de setembro de 1792, o dia da proclamação da República. Novos nomes, como germinal, prairial e termidor foram criados pelo dramaturgo Fabre d'Eglantine para os 12 novos meses, que tinham todos 30 dias e eram divididos em três "semanas" de dez dias cada uma. No final do ano havia cinco dias de festa chamados *sansculottides* (ou "dias das calças"). (O *culote* era considerado uma peça de roupa aristocrática e as pessoas comuns usavam calças. *Sansculotte* foi originalmente um termo depreciativo aplicado pelas classes superiores a seus oponentes das classes mais baixas.) O sexto dia extra, nos anos bissextos, devia ser "O Dia da Calça", quando, segundo Fabre, os franceses "virão de todas as partes da República para celebrar a liberdade e a igualdade, para cimentar com seus abraços a fraternidade nacional, e para jurar, perante o altar do país, em nome de todos, viver e morrer como livres e bravos *sansculottes*".[4] Fabre inventou ainda nomes para cada dia do ano, muitos dos quais alusivos à flora, à fauna, a minerais e a implementos agrícolas. O novo calendário — que o estadista americano John Quincy Adams qualificou de "compósito incongruente de erudição profunda e frivolidade superficial, de falta de religiosidade e moralismo, de imaginação delicada e vulgaridade reles"[5] — teve vida curta. Foi oficialmente interrompido por Napoleão e, em 1º de janeiro de 1806, os franceses retornaram ao calendário gregoriano, que, malgrado suas imperfeições, continua sendo o calendário mais amplamente utilizado no mundo.

O RELÓGIO DE PÊNDULO E A IDÉIA DO UNIVERSO COMO UM RELÓGIO

Embora em geral não se ocupassem de máquinas, os eruditos da Idade Média começaram a se interessar cada vez mais por relógios mecânicos, em particular por causa de sua conexão com a astronomia. Era crença corrente que um conhecimento correto dos corpos celestes e seus movimentos era necessário para o bom desempenho da maior parte das atividades terrenas. Até o século XVII, a maioria dos pensadores cristãos aceitava a teoria das influências astrais. Era por isso que se exigia que os estudantes de medicina estudassem astronomia e astrologia: assim poderiam traçar um horóscopo da hora em que o paciente adoecera e determinar o momento propício para o tratamento indicado, como uma cirurgia. Um resquício da influência da astrologia na medicina é o uso que fazemos da palavra italiana *influenza* para designar a afecção virótica que, em outros tempos, se atribuía ao influxo maléfico de um astro funesto. Outro resquício etimológico é a palavra "desastre": originalmente, ela designava o aspecto desfavorável de um astro (do latim *astrum*). Carlo Cipolla chamou a atenção para a afirmação de um escritor, em 1473, de que o relógio público de Mântua servia para mostrar "o momento certo para flebotomia, para cirurgias, para confeccionar roupas, para cultivar a terra, para empreender viagens e outras coisas muito úteis neste mundo".[6] Em particular, as pessoas acreditavam que o "nascimento" de uma estrela — sua primeira aparição no horizonte — influenciava a vida da criança que fosse dada à luz naquele momento; em contrapartida, o ocaso de uma estrela nessa ocasião teria implicações para as circunstâncias de sua morte.

A invenção do relógio mecânico e suas aplicações a modelos mecânicos do universo, como o de de' Dondi, teve forte impacto em muitas mentes. Não surpreende, portanto, que a metáfora do relógio tenha passado a ser usada nos mais diversos contextos. Jean Froissart, por exemplo, em seu poema "Li orloge amoureus" (*c.* 1380) apresentou uma elaborada alegoria em que vários aspectos do amor galante eram comparados com as diferentes partes de um relógio mecânico, o escapo de "haste e folha" sendo associado à virtude da moderação, já que o autocontrole era a mais excelsa virtude do cânone do cavalheiro medieval.[7] Ao escrever seu poema, Froissart sem dúvida tinha em mente um relógio de verdade, e este pode muito bem ter sido o de Henri de Vic, instalado no palácio real, em Paris. Lamentavelmente, esse famoso relógio tornou-se mais tarde objeto de zombaria, como fica evidente pelo poemeto vulgar:

C'est l'horloge du Palais;
Elle va comme ça lui plaît!

Um indício particularmente interessante do modo como a invenção do relógio começou a influenciar o pensamento filosófico ocorre num tratado do contemporâneo de Froissart, Nicole Oresme (1323–1382), sobre a questão da comensurabilidade ou incomensurabilidade dos corpos celestes. Parte do tratado tem a forma de um debate alegórico entre a Aritmética, que defende a comensurabilidade, e a Geometria, que defende o contrário. A Aritmética afirma que incomensurabilidade e proporção irracional aviltariam a harmonia do universo. "Pois se alguém fosse construir um relógio mecânico, não moveria todas as rodas tão harmoniosamente quanto possível?"[8] Este é um dos primeiros exemplos em que vemos a simulação mecânica do universo pelo mecanismo do relógio sugerir, pelo menos implicitamente, a idéia recíproca de que o próprio universo é uma máquina semelhante a um relógio.

Essa idéia passou ao primeiro plano na revolução científica do século XVII. Já no início deste, Kepler rejeitou especificamente a antiga concepção mágica e quase-animística do universo e afirmou sua similaridade com um relógio. Entre outros que traçaram a mesma analogia figurou Robert Boyle (1627–1691). Numa passagem em que sustentou que a existência de Deus é revelada não tanto por milagres como pela primorosa estrutura e simetria do mundo — isto é, antes pela regularidade que pela irregularidade —, afirmou que o universo não é um títere cujas cordas devam ser puxadas a cada vez, mas

> assemelha-se a um relógio raro, como talvez seja o de Estrasburgo, em que tudo é tão habilmente arranjado que, tendo o mecanismo sido acionado uma vez, tudo prossegue de acordo com o propósito inicial do artífice, e os movimentos … não exigem sua interposição especial, ou o emprego de qualquer recurso inteligente, mas desempenham suas funções nos momentos exatos em virtude do arranjo geral e inicial de todo o mecanismo.[9]

As palavras de Boyle implicam claramente uma concepção da natureza de que tinham sido banidos todos os traços da visão animística do mundo — tal como ainda era evidente no início do século XVII no livro de Gilbert sobre o magneto. No desenvolvimento da concepção mecanicista da natureza no curso desse século, o relógio mecânico desempenhou um papel central. Certamente não foi por coincidência que o maior praticante da filosofia mecânica nesse período formativo, o cientista holandês Christian Huygens (1629–1695) — que no pri-

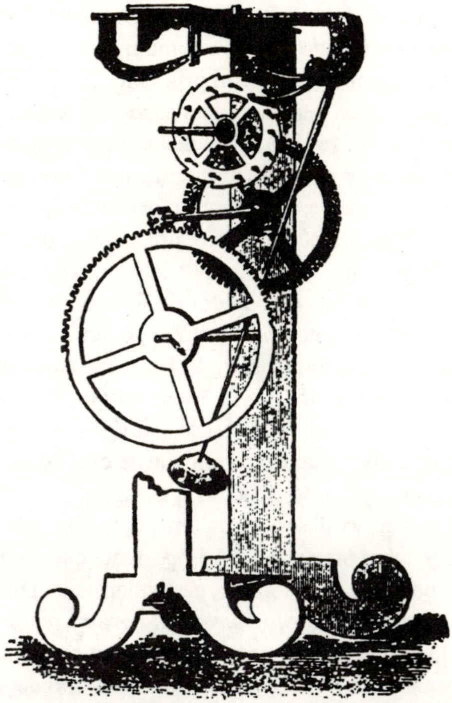

Fig. 6 **Um desenho do relógio de pêndulo de Galileu.** Em 1637 Galileu projetou uma engrenagem acionada por um pêndulo para contar oscilações, mas o pêndulo tinha que ser controlado a mão. Em 1641, um ano antes de morrer, Galileu examinou a possibilidade do uso do próprio pêndulo como um relógio. Em 1649 seu filho, Vicenzio, tentou construir um relógio baseado no projeto do pai, mas morreu antes de completá-lo. (O inventário de seus bens incluía um relógio de pêndulo inacabado.) Em 1659 o desenho de um relógio baseado nas idéias de Galileu, feito por seu amigo e biógrafo Viviane, foi enviado por um dos ex-discípulos daquele, o príncipe Leopoldo dei Medici, irmão do grão-duque de Toscana, ao astrônomo francês Ismael Boulliau. Este o repassou a seu amigo Christian Huygens, que o recebeu em janeiro de 1660. Acima, vemos a reprodução desse desenho. O relógio de pêndulo de Galileu envolvia um novo tipo de escapo, superior ao tradicional tipo de haste conservado por Huygens. Cada oscilação do pêndulo empurra a roda de cima de um pino saliente para o seguinte.

meiro capítulo de seu *Traité de la lumière* declarou que na verdadeira filosofia todos os fenômenos naturais são explicados "par des raisons de mécanique" — foi também responsável pela conversão do relógio mecânico num instrumento de precisão.

Esse aperfeiçoamento teve por base a descoberta de um processo periódico natural que podia ser convenientemente adaptado para os fins da medição exata do tempo. Após muita reflexão matemática sobre experimentos com pêndulos em oscilação, Galileu (1564–1642) chegou à conclusão de que todo pêndulo comum tem um período próprio de vibração, que depende de seu comprimento. (Hoje os historiadores da ciência atribuem precedência nessa descoberta ao cientista francês Marin Mersenne (1588–1648).) Naqueles tempos remotos, Galileu já imaginou a aplicação do pêndulo ao mecanismo do relógio, que poderia registrar mecanicamente o número de oscilações.

O primeiro relógio de pêndulo teve por base as pesquisas teóricas de Christian Huygens, que, por causa de suas observações astronômicas, sentiu necessidade de um medidor do tempo mais preciso que os até então disponíveis. Em junho de 1657 o governo dos Países Baixos Unidos concedeu a Salomon Coster, de Haia, direitos exclusivos para fabricar e vender naquele país, por 21 anos, relógios baseados na invenção de Huygens. Dois anos mais tarde, Huygens descobriu que era possível obter uma isocronia (uniformidade de oscilação) teoricamente perfeita impelindo o peso do pêndulo a descrever um arco cicloidal. (Uma ciclóide é a curva descrita por um ponto fixo num círculo que rola sem deslizar sobre uma reta.) Por importante que tenha sido o feito de Huygens do ponto de vista teórico, particularmente tal como expresso em seu famoso tratado *Horologium oscillatorium*, publicado em Paris em 1673, a solução prática do problema da medição mais acurada do tempo veio apenas com a invenção de um novo tipo de escapo.

O relógio de Huygens incorporava o escapo de haste, mas, por volta de 1670, foi inventado um tipo muito mais aperfeiçoado, o escapo de âncora, que interferia menos com o livre movimento do pêndulo. Embora não se saiba ao certo quem foi o responsável por esse invento, John Smith, em *Horological Disquisitions*, de 1694, atribuiu-o ao relojoeiro William Clements, de Londres. Nessa forma de escapo, no mesmo momento em que um dente da roda de escapo se solta da palheta numa extremidade da âncora, na outra extremidade desta um dente encaixa-se na palheta. Para funcionarem a contento, porém, os relógios que incluem o pêndulo e o escapo de âncora devem ser postos numa superfície horizontal e por isso os escapos de haste foram conservados nos relógios domésticos portáteis.

Para os que não eram astrônomos, o quadrante solar continuava a arbitrar a hora local — por ele eram aferidos os relógios de outros tipos, embora no século XVII poucos quadrantes solares comuns fossem capazes de indicar a hora com precisão de mais de meio minuto. No primeiro tratado científico abrangente sobre a arte da horologia — o *Artificial Clockmaker*, de William Derham, cuja primeira edição é de 1696 —, foi ressaltada a necessidade de corrigir a leitura do quadrante

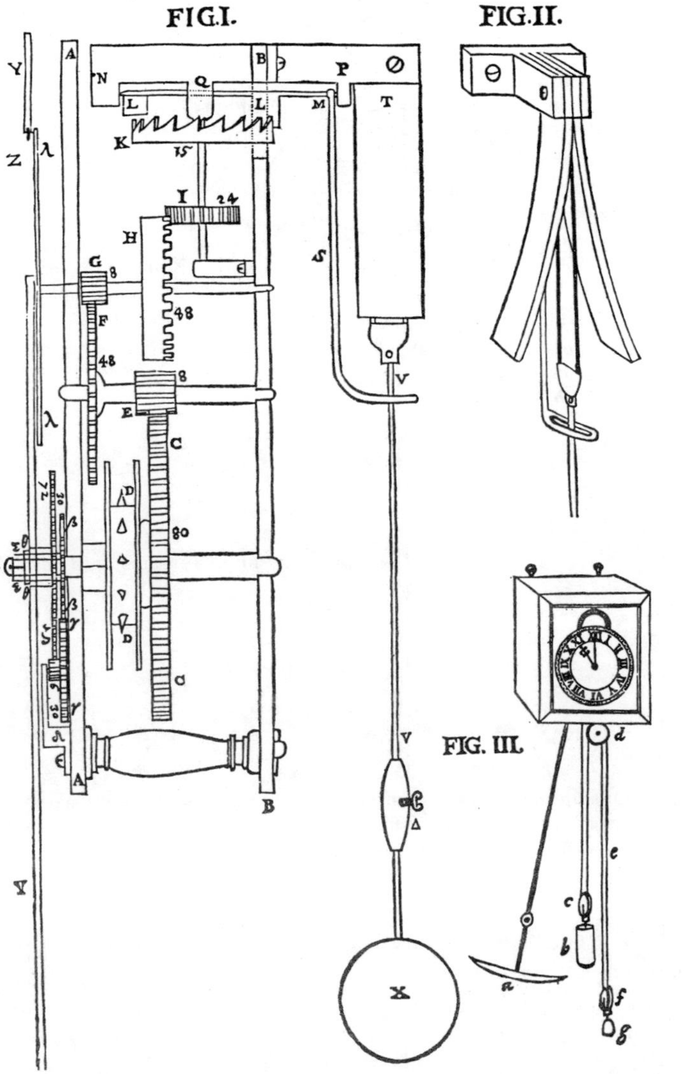

Fig. 7 **O relógio de pêndulo de Huygens de 1673.** Estes diagramas referentes ao relógio de pêndulo de Huygens estão na página 4 de seu *Horologium Oscillatorium de Motu Pendulorum at Horologia Aptato*, publicado em Paris em 1673 "Cum Privilegio Regis" e dedicado a Luís XIV. A Fig. I ilustra o funcionamento de todas as partes do relógio, com escapo de haste. A Fig. II mostra as faces cicloidais que controlam a oscilação do pêndulo; a Fig. III, a aparência externa do relógio. Esse relógio diferia do que Huygens fizera antes por estar o pêndulo suspenso entre faces cicloidais, o que tornava seu tempo de oscilação independente do tamanho do arco de oscilação — uma propriedade importante para a medição precisa do tempo.

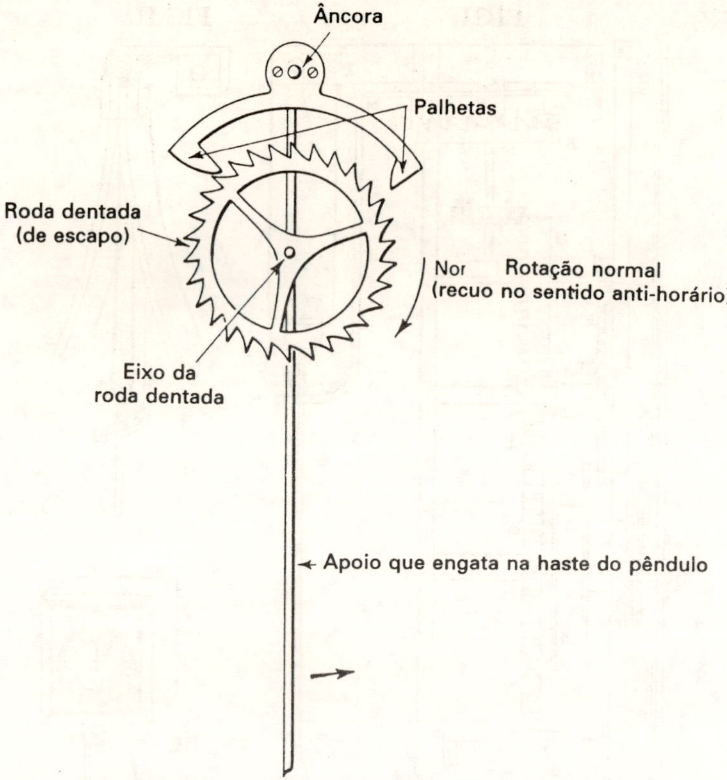

Fig. 8 **O escapo de âncora.** O escapo de âncora consiste de uma roda com dentes pontiagudos e uma âncora que, em lugares eqüidistantes de seu eixo, sustenta duas palhetas, cada uma das quais agarra os sucessivos dentes da roda, à medida que escapam da ação da outra.

solar para compensar o efeito da refração atmosférica quando o Sol está baixo no horizonte.

Embora os primeiros relógios de algibeira fossem acionados por uma mola, não havia mola reguladora no balanceiro. Nem a folha dos relógios grandes nem o balanceiro dos relógios de algibeira tinham um verdadeiro movimento regular próprio, não tendo portanto a propriedade de marcar o tempo com precisão. Em contrapartida, tanto o ritmo de oscilação do pêndulo sob o efeito da gravidade como o movimento do balanceiro sob o controle de uma mola são periódicos. Assim como a invenção do pêndulo aperfeiçoou a medição do tempo pelos relógios de parede ou de mesa, também a invenção da mola reguladora, por volta de 1675, conferiu maior precisão aos relógios de estojo ou de algibeira.

Robert Hooke (1635–1702) e Huygens reivindicaram ambos a invenção da mola reguladora. A Hooke pode ser atribuída, indiscutivelmente, a lei sobre molas *ut tensio sic vis* ("a extensão é proporcional à tensão"), que ele publicou em 1678 e que tem seu nome. Nesse ínterim, Huygens construíra efetivamente uma mola reguladora espiral. Hooke afirmou que essa idéia ocorrera primeiro a ele, tendo sido transmitida a Huygens por Henry Oldenburg, o secretário da Royal Society, a quem denunciou como "traficante de informação"! Só nos resta concluir que, embora Huygens tenha incontestavelmente criado um relógio com mola reguladora, há provas abundantes de que Hooke era daquele tipo de inventor engenhoso que freqüentemente fracassa em levar suas idéias avante o suficiente para justificar suas pretensões. A questão das contribuições de Hooke para a horologia foi minuciosamente examinada pelo historiador da ciência Rupert Hall.[10]

Não há dúvida de que a conquista de maior precisão na medição mecânica do tempo na segunda metade do século XVII foi um avanço significativo, pois acabou por levar ao reconhecimento da importância da mensuração precisa na ciência e na tecnologia em geral. Além disso, a invenção de um relógio mecânico preciso teve enorme influência sobre o próprio conceito de tempo. Pois, diversamente dos relógios que o precederam, que tendiam a operar de modo irregular, o relógio mecânico aperfeiçoado, quando adequadamente regulado, podia funcionar de modo uniforme e contínuo por anos a fio, devendo portanto ter reforçado muito a crença na homogeneidade e continuidade do tempo. O relógio mecânico foi portanto o instrumento prototípico não só da concepção mecânica do universo como da idéia moderna de tempo. Uma influência de alcance ainda maior foi-lhe atribuída por Lewis Munford, segundo quem "Ele dissociou o tempo dos eventos humanos e ajudou a criar a crença num mundo independente de seqüências matematicamente mensuráveis: o mundo próprio da ciência".[11]

Vimos que, ao se referir ao famoso relógio de Estrasburgo, Boyle disse que "tendo o mecanismo sido acionado uma vez, tudo prossegue de acordo com o propósito inicial do artífice". No caso de um relógio, a palavra "propósito" diz respeito à ação de seu mecanismo, não tendo significado teleológico. Sob esse aspecto, a concepção mecânica do universo tinha por modelo o relógio, em marcado contraste com a concepção do universo de Aristóteles, que influenciara profundamente os filósofos da natureza da Idade Média. Esta tinha por base a importância que Aristóteles atribuía às formas plenamente desenvolvidas a que, a seu ver, todas coisas, animadas ou inanimadas, aspiravam. Em conseqüência disso, para ele eram as essências ou qualidades próprias das coisas, e não seqüências temporais, que constituíam os objetos primários da investigação científica. Esse modo de pensar passou a ser atacado no século XVII, quando se começou a perceber com crescente clareza que não era capaz de explicar coisa alguma. Em vez de postular qualidades *ad hoc*, os cientistas que rejeitavam as concepções de Aristóteles e de seus seguidores medievais invocavam sistemas mecânicos hipotéticos para elucidar fenômenos naturais. Na medida em que operam a partir de condições iniciais dadas, tais sistemas têm alguma similaridade com um relógio. Para que um relógio indique a hora correta, não só seu mecanismo deve funcionar adequadamente, como os ponteiros devem ter sido corretamente posicionados. A analogia pode ser considerada de modo puramente mecânico ou também matematicamente. Neste último caso, o objetivo é calcular o curso que um sistema físico seguirá no tempo a partir de condições iniciais dadas.

Este foi o método adotado por Newton na teoria da gravitação, que desenvolveu nos *Principia*, publicados em 1687, cujo título completo se refere especificamente aos princípios *matemáticos* da filosofia natural. Como disse Newton em uma de suas cartas a Bentley, "A gravidade deve ser causada por um agente que age constantemente de acordo com certas leis; mas o caráter material ou imaterial desse agente é uma questão que deixei à consideração de meus leitores". Diversamente de seus principais críticos no continente europeu, Huygens e Leibniz, Newton pretendia, pelo menos nos *Principia*, contornar o problema de explicar a gravidade mecanicamente. Em vez disso, tomando o tempo como a variável independente, formulou leis matemáticas do movimento e da gravitação em cujos termos fenômenos gravitacionais podem ser descritos e previstos.

O conceito específico de tempo usado por Newton baseava-se na analogia entre o tempo e uma linha reta geométrica. Embora essa analogia tivesse sido usada por Galileu e outros antes dele, entre os quais se destaca Nicole Oresme, no século XIV, sua primeira justificativa explícita foi dada pelo antecessor de Isaac Newton na cátedra de matemática em Cambridge, Isaac Barrow, nas *Geometrical Lectures*, publicadas em 1670. Barrow ficou muito impressionado com o método cinemático na geometria, que fora desenvolvido por Torricelli, um discípulo de Galileu. Deu-se conta de que, para compreender esse método, era necessário estudar o tempo, e estava particularmente interessado na relação entre o tempo e o movimento. "O tempo não implica movimento, na medida em que é absoluto e no que diz respeito à sua natureza intrínseca; como tampouco implica repouso; quer as coisas se movam ou estejam paradas, quer durmamos ou estejamos despertos, o Tempo segue a natureza uniforme de seu curso." Considerava o tempo um conceito essencialmente matemático, com muitas analogias com a linha, pois "o Tempo tem apenas comprimento, é similar em todas as suas partes e pode ser visto como constituído por uma simples adição de instantes sucessivos ou um fluxo contínuo de um instante".[12] Esta afirmação de Barrow vai além de qualquer das feitas por Galileu, pois este usou apenas segmentos de reta para denotar intervalos específicos de tempo.

As concepções de Barrow tiveram grande influência sobre Newton. Em particular, a idéia de que, não importando que as coisas se movam ou fiquem paradas, que durmamos ou estejamos despertos, "o Tempo segue a natureza uniforme de seu curso", teve eco na famosa definição que figura no início dos *Principia*: "O tempo absoluto, verdadeiro e matemático, por si mesmo, e por sua própria natureza, flui de modo igual, sem relação a qualquer coisa externa." Newton via os momentos do tempo absoluto como formando uma seqüência contínua, como os pontos de uma linha geométrica, e acreditava que a razão em que esses momentos se sucedem uns aos outros independia de quaisquer eventos ou processos particulares.

A adoção por Newton da idéia de um tempo absoluto, que existia por direito próprio, deveu-se em parte à sua crença de que devia haver uma medida teórica básica do tempo para compensar a dificuldade de determinar uma escala temporal prática verdadeiramente exata. Como depois se descobriu (ver pp. 188–9), e como o próprio Newton parece ter percebido, a longo prazo não podemos obter uma escala temporal verdadeiramente fundamental a partir dos movimentos observados dos corpos terrestres ou celestes. Uma das dificuldades da definição de Newton, entretanto, é que não há como utilizá-la para obter um meio prático de medir o tempo. Ela foi também criticada por filósofos, por atribuir ao tempo a função de fluir; mas, se o tempo não fosse algo que flui, ele próprio consistiria de uma série de eventos no tempo, e isso não tem sentido. *O tempo não pode ser ele mesmo um processo no tempo*. Ademais, que se quer dizer quando se afirma que "o tempo flui de modo igual" ou uniforme? Aparentemente isto implicaria que há algo que controla o ritmo de fluxo do tempo, de modo a que prossiga sempre na mesma velocidade. Se, entretanto, o tempo existe "sem relação a nada de externo", que significado pode ser atribuído à afirmação de que a razão do fluxo não é uniforme? Se nenhum significado pode ser atribuído sequer à possibilidade de fluxo não-uniforme, que sentido tem estipular que seu fluxo é "uniforme"?

A possibilidade da existência, por direito próprio, de momentos de tempo absoluto, é hoje considerada por filósofos e cientistas em geral uma hipótese desnecessária. Eventos são simultâneos não porque ocupam o mesmo momento no tempo, mas porque ocorrem juntos. Quaisquer dois eventos não-simultâneos estão numa ordem temporal definida, porque um ocorre antes do outro, e não porque ocupam diferentes momentos de tempo, um dos quais seria anterior ao outro. Em outras palavras, inferimos o tempo dos eventos, e não o contrário. Este foi o ponto de vista adotado por Leibniz, o grande contemporâneo de Newton, que não acreditava que momentos de tempo pudessem existir independentemente de eventos. Leibniz demonstrou isso com base no que chamou de "o princípio da razão suficiente", segundo o qual nada ocorre sem que haja uma razão para que devesse ocorrer daquele modo e não de outro. Aplicou esse princípio ao tempo considerando o caso de alguém que pergunta porque Deus não criou todas as coisas um ano antes e quer inferir disso que Deus fez algo sem que pudesse ter uma razão para fazê-lo desse modo e não de outro. A resposta de Leibniz é que a inferência seria verdadeira se o tempo fosse algo separado das coisas temporais, pois teria sido impossível que houvesse razões pelas quais as coisas devessem ser aplicadas a certos instantes e não a outros quando sua sucessão permanecia a mesma. Mas isso prova por si mesmo que instantes isolados das coisas não são nada, e que consistem somente na ordem sucessiva das coisas. Se esta permanece a mesma, um dos estados (por exemplo, aquele em que se imaginou que a Criação teria ocorrido um ano antes) não seria de modo algum diferente e não poderia ser distinguido do outro. Na visão de Leibniz, *o tempo é a ordem de sucessão dos fenômenos*, de tal modo que, se não houvesse fenômenos, não haveria tempo.[13]

A natureza do tempo e sua relação com diferentes formas de existência, incluindo a física, fora considerada muito antes do século XVII, em especial por São Tomás de Aquino (1224–1274) em sua vasta *Summa theologica*, em que discutiu três tipos de "tempo". O tempo, no sentido estrito, era concebido por ele como um estado de uma sucessão que tem um começo e um fim definidos. Aplica-se apenas a corpos e fenômenos terrestres. A Eternidade, que existe toda simultaneamente (*tota simul*) é essencialmente "atemporal" e prerrogativa de Deus apenas. O terceiro conceito, chamado *aevum*, originalmente formulado pelo filósofo Boécio, do século VI, tinha começo, como o tempo, mas, diferentemente dele, não tinha fim. Segundo Aquino, era o estado "temporal" dos anjos, dos corpos celestes e das idéias (*archetypum mundum*).

Apesar da diferença entre Newton e Leibniz no tocante à natureza do tempo físico, sob outros aspectos suas idéias referentes ao conceito eram similares. Ambos acreditavam que o tempo era universal e único;

o universo compreenderia uma sucessão de estados, cada um dos quais existiria por um instante, sendo os instantes sucessivos semelhantes à seqüência de pontos numa linha reta de extensão indefinida. Este era o conceito de tempo que dominaria a ciência física até o advento da teoria especial da relatividade de Einstein, no início deste século.

As concepções de Newton com relação ao tempo não se confinaram ao mundo físico, estendendo-se à história humana e à profecia. Como muitos de seus contemporâneos, ele acreditava que o mundo estava chegando ao fim. Estava convencido de que o cometa de 1680 por pouco não atingira a Terra, e em seus comentários bíblicos, sobre o Apocalipse e o Livro de Daniel, sustentou que o fim do mundo não podia ser adiado por muito tempo, tendo tido, contudo, o cuidado de evitar a predição feita pelos milenaristas, que tinham fixado uma data. Seu contemporâneo e também cientista Robert Boyle acreditava igualmente que "o curso atual da natureza não durará para sempre, devendo este mundo um dia (...) ou ser abolido por aniquilação, ou, o que parece mais provável, ser inovado, e como que transfigurado, e isso pela intervenção daquele fogo que dissolverá e destruirá a presente constituição da natureza".[14]

Pode-se considerar que a *Chronology of Ancient Kingdoms Amended*, de Newton, publicada postumamente em 1728, e suas *Observations upon the Prophecies of Daniel and the Apocalypse of St John*, publicadas em 1733, traçam, juntas, uma história da humanidade que pretendia ser a contrapartida da história física do mundo exposta em seus *Principia*. Por volta de 1700 a cronologia tornara-se objeto de profundo interesse para muitos pensadores em razão de sua relevância para a questão da autenticidade da Bíblia. O Antigo Testamento, tal como chegou até nós, não contém datas. Beda calculara o intervalo entre a Criação e a Encarnação em 3.952 anos. Antes dele, Eusébio chegara a uma cifra de 5.198 anos. Por volta de 1660 pelo menos 50 diferentes datas tinham sido atribuídas à Criação, dependendo da versão do Antigo Testamento e do método de contagem utilizado.[15] James Ussher, arcebispo de Armagh (1581–1656), propôs o dia 23 de outubro de 4004 a.C., e o astrônomo de Dantzig, Johannes Hevelius (1611–1687), em *Prodomus astronomiae*, obra publicada postumamente em 1690, computou o momento exato como tendo sido as seis horas da tarde de 24 de outubro de 3963 a.C.[16] Newton, entretanto, teve o cuidado de não fixar nenhuma data específica para a Criação.

Newton dedicou boa parte dos últimos 30 anos de sua vida ao estudo minucioso da cronologia e buscou determinar o que considerava como datas-chaves, tais como a da expedição dos Argonautas. Embora fizesse uso de referências literárias quando necessário, preferia usar técnicas astronômicas, se possível. Em particular, pensava que a cronologia podia ser fundada em bases científicas por meio da determinação precisa da precessão dos equinócios. Acreditava que, com isso, se fosse possível encontrar um registro relevante da posição do Sol com relação às estrelas fixas no momento do equinócio, qualquer evento ocorrido no passado podia, em princípio, ser datado.

Numa carta a Oldenburg de 7 de dezembro de 1675, Newton formulou explicitamente sua crença de que "a natureza é um operário em perpétua circulação". Embora mais tarde tenha afirmado que a "quantidade de movimento" no mundo tenderia por si mesma a decrescer, *a menos que Deus interviesse para corrigir isso*, esta cláusula revela que continuava acreditando que a natureza do universo era essencialmente similar à do relógio. Em sua concepção, Deus precisava efetivamente intervir no mundo natural de vez em quando, para ajustar seu funcionamento, da mesma maneira que um relojoeiro precisa ocasionalmente reajustar um relógio para que indique corretamente a hora.

ATITUDES EM FACE DO TEMPO E DA HISTÓRIA NOS SÉCULOS XVI E XVII

No século XVI as pessoas tenderam a ser obsedadas pelo aspecto destrutivo do tempo. A imagem típica do tempo do Renascimento era a do destruidor munido de ampulheta, segadeira ou foice. Essa atitude em relação ao tempo pode ser vista em Shakespeare, sobretudo em seus sonetos e em *The Rape of Lucrece*, especialmente a estrofe 133:

> Mis-shapen Time, copesmate of ugly Night,
> Swift subtle post, carrier of grisly care,
> Eater of youth, false slave to false delight,
> Base watch of woes, sin's pack-horse, virtue's snare,
> Thou nursest all and murder'st all that are:
> O, hear me then, injurious, shifting Time!
> Be guilty of my death, since of my crime.*

* Tempo desfigurador, comparsa da noite informe,/Inesperado, insidioso mensageiro, portador de horríveis inquietações,/Devorador da juventude, falso escravo de delícias falsas,/Vigia ignóbil de pessoas, besta-de-carga do pecado, armadilha da virtude,/Tu, mãe de adoção de tudo que existe, e de tudo assassino:/Ouve-me, pois, ó Tempo malfíco e mutável!/Visto que és culpado da minha morte, sê também do meu crime.

Nos sonetos de Shakespeare, o tempo é tratado com o que se qualificou de "uma grandeza polifônica sem paralelo na literatura inglesa". De certo modo, sua atitude em face do tempo parece ter sido muito diferente da nossa. Por exemplo, embora nos agrade pensar que suas peças foram escritas para todas as épocas, é extremamente improvável que ele próprio pensasse o mesmo a respeito delas. No seu tempo, uma peça não era encenada em média mais de cinco vezes, poucas peças eram remontadas e raramente alguma era impressa. É provável que Shakespeare tenha escrito suas peças não no interesse da posteridade, mas para ganhar dinheiro suficiente para poder recolher-se confortavelmente em sua Stratford-upon-Avon natal. Um eminente historiador do período Tudor observou que, quando Shakespeare vivia, "Nenhum dramaturgo teria podido supor, em sã consciência, que estava escrevendo para todas as épocas".[17] Para eles a frase *ars longa, vita brevis* não teria tido sentido algum.

Enquanto a preocupação de Shakespeare com o tempo limitava-se ao nível pessoal, seu contemporâneo Edmund Spenser tinha a obsessão do tempo em todos os níveis, inclusive o astronômico.[18] Embora os doutores da Igreja tivessem convertido a história de uma seqüência interminável de ciclos numa visão do universo a se mover em sua totalidade da Criação à Redenção, a imagem do círculo ainda dominava o pensamento humano no campo da astronomia no século XVI. Isto influenciou profundamente Spenser, que, a despeito de seu profundo interesse pelo tempo, era essencialmente uma personalidade voltada para o passado. Como uma recente autoridade sobre o papel do tempo em sua poesia assinalou, Spenser acreditava que "nossa mortalidade e a insuficiência de todas as coisas criadas constituem, pela graça de Deus, apenas um aspecto de uma situação global cuja outra face é o retorno cíclico, até que esse tempo cesse como tempo".[19]

Outro contemporâneo de Shakespeare, *sir* Walter Raleigh, tinha também grande preocupação com as depredações do tempo. Acreditava que a ordem objetiva do universo era revelada na história e que proporcionava uma visão do significado e propósito da vida humana. Sua longuíssima *History of the World*, composta entre 1608 e 1614, quando esteve preso na Torre de Londres, foi dedicada a Jaime I, mas em vez de ficar lisonjeado, esse monarca, erudito mas irascível, queixou-se de que o livro era "muito mordaz ao censurar os príncipes"! A obra era dominada pela preocupação de Raleigh com o tempo, especialmente o acentuado contraste entre a escala temporal de sua própria vida e a vasta tarefa que empreendera. Embora tenha deixado seu livro incompleto, após cobrir o período que vai da Queda de Adão até a Queda de

Cartago, ele soma mais de 2.700 páginas na reedição de 1829. Muito consciente da significação cósmica do tempo, estava convencido de que tudo no mundo tendia a ficar cada vez pior. Ao sustentar essa crença, estava de acordo com a opinião predominante entre pensadores e escritores dos períodos do Renascimento e da Reforma, que eram quase inteiramente voltados para o passado. Esmagados por um sentido da significação da "Queda Cósmica", tendiam a acreditar na existência de uma "Idade de Ouro" primeva, seguida por irreversível declínio. Uma das mais contundentes expressões dessa visão foi a de Martinho Lutero no comentário sobre o Livro do Gênesis que escreveu em 1545: "O mundo degenera e torna-se pior a cada dia (...). As calamidades infligidas a Adão (...) eram leves em comparação às que nos foram infligidas." Lutero queixou-se também de que, após o Dilúvio, as árvores e os frutos da terra "não passam de remanescentes miseráveis (...) das antigas riquezas que a terra produzia quando criada pela primeira vez".[20]

A tendência a ter os olhos voltados para o passado no século XVI revela-se na palavra *Rinascita* ("Renascimento"), inventada por Vasari e outros na Itália, pois significava o renascer de algo antigo e não a introdução de algo novo. Mais tarde, no mesmo século, soberanos como Filipe II da Espanha, Elizabeth I da Inglaterra e Henrique IV de França viram-se como preservadores e mantenedores, nunca como fundadores e inovadores. De fato, como um biógrafo do monarca francês destacou, "Tal atitude levou Henrique a se qualificar perante a Assembléia de Notáveis como 'Libertador e Restaurador do Estado Francês'".[21] Esses soberanos consideravam suas reformas como um retorno a algum modelo prístino do passado.

De modo semelhante, Vieta (François Viète), o maior matemático do século XVI, via a inovação como renovação. Ademais, mesmo os numerosos avanços tecnológicos feitos na Europa Ocidental na Idade Média não deram lugar a nenhum conceito geral de progresso tecnológico.

Durante o Renascimento, os homens adquiriram crescente consciência de que quase tudo muda com o tempo, e portanto tem uma história. Contudo, se na Idade Média a interpretação linear da história fora enfatizada em razão de sua importância para a doutrina cristã, no Renascimento houve um acentuado ressurgimento da visão cíclica, porque cresceu o interesse pela história secular. Deu-se maior atenção à literatura remanescente da Antigüidade clássica e à concepção cíclica que caracterizava grande parte dela. Por exemplo, Giorgio Vasari (1511–1564), em *Lives of the Painters, Sculptors, and Architects*, defendeu essa idéia no campo da história da arte, por acreditar — o que não espanta

— que, após Michelangelo (1475–1564), a arte tenderia antes a declinar que a progredir ainda mais. Mais surpreendentemente, Francis Bacon (1561–1626), o profeta do avanço científico, num dos últimos ensaios que escreveu, "Of Vicissitude of Things", aderiu a uma visão cíclica da história em geral:

> Na *Juventude de um Estado*, florescem as *Armas*: na *Idade Média* de um *Estado*, o *Saber*: e nele ambos convivem por um tempo: no *Declínio* de um *Estado*, as *Artes Mecânicas* e o *Comércio*. O *Saber* tem sua infância, quando apenas se inicia, e é quase Infantil: Depois sua Juventude, quando é Luxuriante e Jovial: Depois a Força dos anos, quando é Sólido e Conciso; e por fim sua Velhice, quando se torna Seco e Exaurido. Mas não é bom contemplar por muito tempo o girar dessas rodas da *Vicissitude*, sob pena de termos Vertigem.

Ao longo do século XVII as atitudes pessimistas e passadistas em relação ao tempo que tinham caracterizado o século anterior foram gradualmente substituídas por visões otimistas e voltadas para o amanhã. Uma visão otimista do futuro foi expressa por Francis Bacon num de seus primeiros ensaios, de 1603, que não foi publicado. Intitulava-se, significativamente, *Temporis partus masculus* (*O fruto masculino do tempo*).

Mary Tiles, num recente artigo intitulado "Mathesis and the Masculine Birth of Time" discutiu as idéias de Bacon sobre o método científico e sua terminologia peculiar.[22] Algo é um "fruto do tempo" se surge da experiência coletiva cumulativa. A verdade foi considerada por Bacon como o "fruto feminino do tempo", ao passo que, por "fruto masculino do tempo" ele designou a intervenção ativa no mundo, que equivalia a um exercício de poder sobre a natureza. Bacon distinguiu o conhecimento derivado de textos antigos daquele buscado ativamente pelos filósofos da natureza modernos. O termo "mathesis" refere-se à ordenação do conhecimento (classificação etc.), particularmente por meio da matemática. Bacon escreveu: "A Ciência deve ser buscada na luz da natureza, não na escuridão da Antigüidade. Não importa o que foi feito; o que nos cabe é ver o que pode ser feito."

A rejeição desdenhosa, por Bacon, da doutrina segundo a qual os antigos tinham abarcado todo o conhecimento repercutiu, entre outros, em John Wilkins, que, em *The Discovery of a New World*, publicado em 1638, procurou mostrar que a Lua é habitada. Escreveu ali: "Existem ainda muitas Verdades secretas que os antigos não captaram, que ainda perduram para tornar alguns de nossa Era famosos por sua Descoberta." Dois anos depois, em *A Discourse Concerning a New Planet*, em que defendeu a teoria copernicana, Wilkins escreveu de modo ainda mais sugestivo:

> A Antigüidade consiste de fato na Idade Antiga do Mundo, não em sua juventude. De um conhecimento que possa ser acrescido por Experimentos inéditos e novas Descobertas, somos nós os Pais, e com mais Antigüidade que Eras passadas; porque temos a vantagem de mais Tempo do que eles tinham, e a Verdade (dizemos) é a Filha do Tempo.

Esse mote (*Veritas filia temporis*), que foi muito usado no século XVI, tem uma história fascinante, como mostrou Fritz Saxl no erudito capítulo que o traz como título no *Ernst Cassirer Festschrift*.[23] Numa importante nota de rodapé (p. 200), ele menciona que seu "douto amigo" dr. Klibansky informara-lhe que a frase remonta à Grécia antiga, onde prevaleciam duas tradições diferentes. "O tempo ou revela o delito e sua punição, como nas tragédias de Ésquilo, ou revela o verdadeiro valor e a honra que lhe é devida, como na poesia aristocrática de Plínio. Sófocles o utiliza para expressar sua humilde fé na justiça de deus."

A mudança da orientação temporal, do passado para o futuro, foi defendida também, em 1627, por um jovem clérigo anglicano, George Hakewill, numa refutação da obra *Fall of Man* (1616), do bispo Goodman, uma demonstração inexoravelmente melancólica de que o mundo estava se aproximando da extinção. A questão dos "últimos dias" despertou o interesse não só de cronologistas como de matemáticos. John Napier, barão de Merchiston, que publicou seu famoso *Mirifici logarithmorum canonis descriptis* em 1614, valorizava sua invenção dos logaritmos porque ajudava a acelerar seus cálculos do número da Besta, no Apocalipse, que queria identificar ao papa! O livro de Hakewill, de mais de 600 páginas, exibe um título interminável, que começa assim: *An Apologie of the Power and Providence of God in the Government of the World or an Examination and Censure of the Common Errour Touching Nature's Perpetuall and Universall Decay(...)*. Nessa prolixa publicação, Hakewill, que estava sob a influência de Bacon, repudiou as tradicionais lamentações sobre o declínio como meras manifestações da "morosidade e do humor rabugento dos velhos, sempre a se queixar das agruras do tempo presente, somada a uma admiração excessiva da Antigüidade".[24] De início suas concepções encontraram forte oposição, mas, à medida que o século avançava, passaram a ser amplamente aceitas. Encontramos, por exemplo, num dos ensaios latinos de Milton, a declaração: "Natura non patet senium" ("a natureza não sofre de senilidade").

O mundo não estava necessariamente ficando pior; menos ainda mostrava sinais de estar chegando ao fim, a despeito dos profetas da "Quinta Monarquia", que tinham anunciado a chegada do Milênio em 1666. Por que acreditar em Nostradamus, que, um século antes, marcara o fim do mundo em 31 de julho de 1999? Um importante fator para o desenvolvimento de um sentido do tempo associado a uma visão prospectiva da ação política foi fornecido pelo mito do "Anticristo", que se difundiu amplamente na Inglaterra em meados do século XVII, durante as sublevações religiosas e políticas da guerra civil e seus desdobramentos. Esse mito estava voltado para a futura derrota do Anticristo, multiplamente identificado com o papa, os bispos, toda a hierarquia da Igreja da Inglaterra, o rei e os realistas. Gradualmente, entretanto, com o repetido adiamento do dia do Juízo Final, a Idade de Ouro foi sendo transferida do passado para o futuro, e as profecias milenaristas foram substituídas por programas utópicos. Na clara síntese de Carl Becker, no século XVIII "Os filósofos invocaram a Posteridade para exorcizar a dupla ilusão do paraíso cristão e da idade de ouro da Antigüidade".[25]

Uma postura prospectiva teve grande influência também sobre aqueles que rejeitavam a filosofia escolástica, substituindo-a pela filosofia experimental defendida por Francis Bacon. A revolução científica do século XVII deu origem ao que se chamou de "a disputa entre antigos e modernos". O ponto essencial em jogo era que não se devia mais atribuir autoridade inquestionável aos filósofos e escritores da Antigüidade. Na França, Bernard de Fontenelle empreendeu um ataque frontal ao apelo à autoridade em matérias científicas em suas *Digressions sur les anciens et les modernes*, publicadas em 1683.

A necessidade de estabelecer um critério objetivo de verdade histórica foi claramente compreendida por Jean Bodin em seu *Methodus ad facilem historiarum cognitionem* (*Método para a fácil compreensão de histórias*), de 1566, mas, embora criticasse acerbamente os que aspiravam por uma Idade de Ouro perdida, ele ainda aderia ao conceito cíclico de história, como o tinham feito os filósofos da história italianos Maquiavel e Guiccardini no início do século. Maquiavel pensava que a história era dominada por uma oscilação entre o mal e o bem, sendo que o mal tenderia a prevalecer por mais tempo que o bem. A crença na natureza cíclica da história teve de fato grande aceitação desde a Idade Média até o século XVII, apesar da visão da Igreja de que o tempo se estendia da Criação até o fim do mundo, sendo um e outro eventos únicos. A despeito de suas concepções cíclicas, Bodin foi um dos primeiros a tentar descobrir se existiam quaisquer fatores causais que controlassem a ascensão e a queda dos impérios, imprimindo assim uma direção comum aos eventos históricos. Segundo uma autoridade moderna, produziu também "uma das melhores entre as primeiras sínteses da história da historiografia".[26]

Embora a Bíblia não mencione datas, sua cronologia, particularmente a do Antigo Testamento, tornou-se importante a partir da Reforma e das controvérsias teológicas dela resultantes. Anteriormente, a Bíblia fora vista pela Igreja não como um documento histórico, mas de modo alegórico, como um oráculo. A visão de protestantes, como Lutero, entretanto, era de que a Bíblia (que para eles substituía a Igreja como fonte suprema de autoridade religiosa) deveria ser tomada literalmente — um ponto de vista que até hoje não foi inteiramente eliminado. Na Inglaterra, Richard Hooker (*c.* 1554–1600), em meio à sua defesa intelectual da *media via* teológica e eclesiástica da Igreja Anglicana, *The Laws of Ecclesiastical Polity*, criticou os puritanos por tentarem aplicar preceitos do Antigo Testamento à sociedade contemporânea, para a qual eram despropositados em razão da prevalência de circunstâncias muito diversas. No século seguinte, o filósofo Baruch Spinoza (1632–1677) foi ainda mais longe, vendo a Bíblia exclusivamente como documento histórico, o que faz dele um precursor dos especialistas em história dos séculos XIX e XX na crítica mais elevada dessa obra.

A cronologia histórica sistemática, em particular da Antigüidade clássica, teve início com a publicação, em 1583, de *De emendatione temporum*, do grande erudito J. J. Scaliger (1540–1609). Ele introduziu, em 1582, o sistema de dias julianos, que se iniciavam ao meio-dia de 1º de janeiro de 4713 a.C. (esta foi a data que escolheu, para fins cronológicos, para a Criação), de modo a evitar as irregularidades na duração dos meses e dos anos no cálculo do tempo transcorrido entre dois eventos. O dia juliano que teve início ao meio-dia de 1º de janeiro de 1988 tem o número 2.477.162. Dias julianos continuam a ser usados por astrônomos, por exemplo, para os momentos de brilho máximo e mínimo de estrelas variáveis.

A despeito da obra de Scaliger, o filósofo René Descartes (1596–1650), quando se empenhou na busca da certeza absoluta, descartou a história como baseada na mera opinião e na subjetividade arbitrária, estando as ciências históricas de seu tempo num estágio mais primitivo que as matemáticas. Na verdade, a primeira formulação de critérios para testar a autenticidade de documentos, particularmente cartas régias e outros manuscritos em latim medieval, só foi feita após a época de Descartes, por Mabillon, na obra *De re diplomatica*, publicada em 1681.

O processo de adulteração de textos acabou por ser sustado pelos impressores, mas isso só ocorreu a partir do século XVIII. Até lá, a partir da invenção do tipo móvel, por volta de 1450, com os métodos primitivos de impressão, os textos na verdade parecem ter sido alterados mais rapidamente que o tinham sido pelos copistas medievais.[27]

Outro livro publicado em 1681 foi a primeira história detalhada do mundo em francês, o *Discours sur l'histoire universelle* de Bossuet. Entretanto, embora tratasse da ascensão e queda de impérios, Bossuet omitiu todos os que não eram cristãos, com exceção da Grécia e de Roma na medida em que as considerava relevantes para o estabelecimento do cristianismo. Ainda assim, o livro de Bossuet é importante na história da historiografia, por ter sido uma das primeiras histórias universais após a de Raleigh. Bossuet acreditava que as ações do homem são fiscalizadas por uma Providência Divina, de tal modo que, por inexplicáveis e surpreendentes que eventos particulares possam parecer, eles se sucedem não obstante em "*une suite reglée*".

9

Tempo e História no Século XVIII

A Invenção do Cronômetro Marinho

No século XVIII, a grande conquista com relação ao tempo foi a invenção do cronômetro marinho, que revolucionou a navegação, salvando com isso incontáveis vidas humanas. A necessidade prática de cronometragem precisa no mar data das viagens planejadas pelo infante Dom Henrique, o Navegador, no século XV. Depois que o cabo da Boa Esperança foi transposto, em 1488, o que importavam eram as distâncias no sentido leste-oeste, surgindo a necessidade de determinar a longitude no mar. Isso era mais difícil que determinar a latitude de uma embarcação, já que esta podia ser obtida pela medição da altura do Sol ao meio-dia local aparente, com o auxílio da balestilha ou do astrolábio. (O sextante só entrou em uso mais tarde.) Se os pólos do eixo terrestre de rotação servem como pontos de referência universais para o cálculo da latitude, não há auxílios naturais equivalentes para a determinação da longitude. Para substituí-los, é preciso escolher um zero arbitrário. A este se dá o nome de "meridiano-origem". A partir dele pode-se obter a longitude de um lugar determinando o tempo que a Terra precisaria girar por todo o ângulo que poderia trazer o meridiano que corta tal lugar para a posição em que estava o meridiano-origem no momento em que a posição da embarcação estava sendo determinada. A definição de distâncias longitudinais em terra por meio de diferenças na hora local era conhecida pelos gregos do século III a.C. e possivelmente de antes.

Duas diferentes maneiras para resolver o problema de determinar a longitude de uma embarcação foram sugeridas. Uma era astronômica, baseada na posição da Lua com relação às estrelas. Esse método foi proposto em 1514 por Johann Werner (1468–1522), de Nuremberg, e ficou conhecido como método da distância lunar. O outro, sugerido pela primeira vez em 1553 por Gemma Frisius (1508–1555), de Louvain, dependia da descoberta de um cronômetro preciso, projetado de modo a suportar as perturbações associadas ao transporte por mar. Seria ajustado para indicar a hora no meridiano-origem, a qual seria então comparada com a hora local (por exemplo, meio-dia) do lugar onde a embarcação estava situada.

Em 1567 Filipe II da Espanha ofereceu uma recompensa substancial para um meio eficaz de determinar a longitude no mar, recompensa que foi bastante aumentada 30 anos depois. Entre os que se candidataram ao prêmio estava Galileu, que se deu conta de que a descoberta dos quatro principais satélites de Júpiter e suas ocultações pelo planeta — que fizera em 1616 com a ajuda de seu telescópio — podia ser a base de um cronômetro celeste preciso. Apresentou seu método em 1616, mas os espanhóis não o consideraram uma proposta prática. Galileu contribuiu também para o método cronométrico de resolver o problema ao chamar a atenção para a possibilidade do uso do pêndulo como regulador de relógios mecânicos. Mais tarde nesse século, como vimos, o relógio de pêndulo foi desenvolvido com sucesso por Huygens, mas, embora este estivesse convencido de que seus relógios podiam ser usados para determinar longitudes precisas, eles tendiam a ser erráticos quando não estavam em terra firme ou num mar calmo.

Nesse ínterim, o método da distância lunar fora retomado em Paris por J.-B. Morin (1583–1656), que sugeriu a necessidade de um observatório que fornecesse a data requerida. Em 1666, sob a instigação do grande estadista Colbert, Luís XIV criou a Académie Royale des Sciences, e um ano depois foi fundado o Observatório de Paris. A "descoberta da longitude" foi também objeto de grande interesse por parte da Royal Society, de Londres, instituída por Carlos II em 1660, tendo levado à fundação do Observatório Real, em Greenwich, em 1675.

Qualquer método astronômico para determinar diferenças de longitude deve supor que, para efeitos práticos, a Terra gira uniformemente. Como os dias solares variam ao longo do ano, o primeiro astrônomo real da Inglaterra, John Flamsteed (1646–1719), decidiu verificar esse pressuposto concentrando-se na hora sideral. Com o auxílio de dois relógios instalados em 1676 no "Octagon Room" do Observatório Real de Greenwich, concluiu que a rotação da Terra era de fato uniforme, resultado que permaneceu inconteste por 250 anos. Esses relógios tinham sido feitos por Thomas Tompion (1639–1713), que foi chamado "o pai da relojoaria inglesa".[1] Como alguns dos primeiros relojoeiros ingleses, Tompion começara como ferreiro. Veio a se tornar amigo de Robert Hooke (1635–1704), curador de experimentos na Royal Society e, através dele, conheceu Flamsteed. Os dois relógios que fez para este último eram capazes de funcionar automaticamente por um ano.

Embora a expressão "descobrir a longitude" fosse freqüentemente usada, tal como "a quadratura do círculo", para denotar algo que se considerava impossível, a necessidade de resolver o problema tornou-se aguda após um impressionante desastre marítimo ocorrido em 29 de setembro de 1707, quando o almirante *sir* Clowdisley Shovel e mais 2.000 marinheiros morreram afogados porque a navegação deficiente levara quatro naus da Marinha Real, a caminho de Gilbraltar, a soçobrar nos rochedos de Gilstone, nas ilhas Scilly. Esse desastre deu lugar a um clamor público pelo aperfeiçoamento da navegação. "Descobrir a longitude" parecia ser a chave da questão, como deixou claro Isaac Newton, ao comparecer perante um comitê parlamentar instituído para examinar o assunto:

> Que, para determinar Longitude no Mar, houve vários Projetos, verdadeiros em teoria, mas de difícil execução. Um é um Relógio para medir o Tempo com exatidão, mas, em razão do movimento da Nau no Mar, a Variação de Calor e Frio, Úmido e Seco, e a Diferença da Gravidade em diferentes Latitudes, tal Relógio ainda não foi feito.[2]

Um resultado disto foi que, em 8 de julho de 1714, a rainha Ana deu o assentimento real a um *Projeto de Lei para Fornecer uma Recompensa Pública para a Pessoa ou Pessoas que Descobrirem a Longitude no Mar*. Um prêmio de 20.000 libras, o equivalente a mais de um milhão de libras hoje, foi oferecido por um método de determinar a longitude no mar com precisão de pelo menos 30 milhas marítimas ao final de uma viagem às Índias Orientais. Uma "milha marítima" é equivalente a um minuto de arco de longitude no equador (1.852 metros). Uma vez que um grau de longitude corresponde a quatro minutos de tempo, para receber o prêmio completo era preciso que o cronômetro tivesse uma precisão de pelo menos dois minutos após cerca de seis semanas de viagem. Prêmios menores foram oferecidos para graus de exatidão de até 40 milhas (15.000 libras) e 60 milhas (10.000 libras). O poder de outorgar o prêmio foi atribuído a um Conselho de Longitude, criado especialmente, cujos 22 integrantes, homens do mar, políticos e estudiosos especialistas, respondiam diretamente ao Parlamento.

Por longos anos esse ato governamental pouco fez para diminuir o ceticismo geral quanto à possibilidade da resolução do problema. Jonathan Switf em "Voyage to Laputa", a terceira das *Viagens de Gulliver*, publicada em 1726, observou que só se Gulliver se tornasse imortal como os Strulbrugs "veria então a descoberta da *longitude*, o *moto perpétuo*, o *meio universal* e muitos outros grandes inventos levados à máxima perfeição".[3] Nove anos depois, o pintor Hogarth foi ainda mais longe, incluindo na cena final do hospício de "The Rake's Progress" um homem que tentava calcular a longitude! Apesar do vultoso prêmio oferecido, mais de 20 anos se passaram antes que os conselheiros tivessem algo para registrar em suas atas, tão grandes pareciam as dificuldades em chegar a uma solução satisfatória. A necessidade prática de resolver o problema tornava-se, entretanto, cada vez mais premente. Em abril de 1741, o comodoro (mais tarde almirante) Anson, no *Centurion*, acompanhado por outras naus, após ultrapassar o cabo da Boa Esperança, foi impedido de prosseguir rumo ao oeste tanto quanto pretendia. Como muitos de seus homens estavam morrendo de escorbuto, ele estava ansioso por chegar à ilha de Juan Fernandez, para ter acesso a vegetais frescos, mas a dupla incerteza referente à longitude de suas embarcações e a da ilha (uma conseqüência da incapacidade dos exploradores de determinar a longitude de suas descobertas) fez com que não conseguisse chegar até lá antes de meados de junho. Essa demora custou a vida de quase 70 de seus homens.

Por uma irônica coincidência, cerca de cinco anos antes o *Centurion* tinha sido a primeira nau na história da navegação a transportar até Lisboa, num teste, um relógio que se pensava poder fornecer um meio prático de determinar a longitude no mar. O relógio usado nesse teste tinha um tipo especial de mola reguladora, já que havia mais de meio século se concluíra que relógios de pêndulo não se adequavam ao uso no mar, em razão dos efeitos do balanço das embarcações. As molas reguladoras, entretanto, eram consideradas particularmente sensíveis a mudanças de temperatura, provocando atraso no calor e adiantamento no frio. No caso do relógio de pêndulo, o primeiro horologista a superar uma dificuldade similar foi o ex-assistente de Tompion, George Graham (1673–1751). Em 1726 ele usou mercúrio para neutralizar a expansão e contração do pêndulo. O instrumento foi ajustado para que, no caso de uma elevação da temperatura, a expansão para cima do mercúrio no peso do pêndulo neutralizasse a expansão para baixo da haste de aço, de tal modo que o período de oscilação do pêndulo ficasse inalterado. Já em 1715 ele inventara uma forma aperfeiçoada de escapo, conhecida como o escapo sem ricochete. Embora o relógio regulador construído por Graham em 1730, incorporando esses dois inventos, tenha se provado um excelente cronômetro em terra, não resolveu o problema da determinação da longitude no mar.

Essa honra coube a John Harrison (1693–1776), que fora originariamente um carpinteiro em Yorkshire. Com seu irmão James, ele produziu primeiro, em 1728, um relógio com um pêndulo com hastes de bronze e aço arranjadas de tal modo que o tornavam praticamente independente da temperatura. Esse relógio tinha também um complicado escapo que envolvia um mínimo de atrito, o que fora outra fonte de imprecisão nos relógios. Os Harrisons dispuseram-se então a inventar um cronômetro preciso para uso no mar. Este ficou pronto por volta de 1735 e no ano seguinte, por recomendação da Royal Society, foi testado com sucesso numa viagem do *Centurion* até Lisboa. Esse cronômetro continha dois balanceiros de travessão reto, com uma bola em cada ponta, com um pivô no centro e ligadas por molas helicoidais e arames de modo a oscilar como se estivessem engrenadas uma à outra, mas com muito menos atrito. Verificou-se que o movimento de uma nau tinha muito pouco efeito sobre seu período de oscilação. Como no relógio anterior dos Harrisons, uma engenhosa combinação de hastes de bronze e de aço faziam variar a tensão nas molas, de modo a compensar o efeito de mudanças de temperatura. Esse invento foi o primeiro sistema para a compensação da variação da temperatura aplicado a um relógio de balanceiro, e a máquina em si mesma foi o primeiro cronômetro marinho de precisão.

Após o teste bem-sucedido desse cronômetro na viagem para Lisboa, o Conselho de Longitude se reuniu, em 24 de julho de 1737. John Harrison estava presente, mas, em vez de solicitar que seu cronômetro fosse testado numa viagem até as Índias Orientais, propôs-se a fazer uma versão melhorada para esse fim. O Conselho de Longitude decidiu adiantar-lhe 500 libras. O segundo cronômetro de Harrison, entretanto, nunca pôde ser testado no mar, presumivelmente porque eclodira a guerra com a Espanha, o que o exporia ao perigo de ser capturado. É possível também que Harrison tivesse algumas dúvidas sobre seu desempenho.[4] De qualquer modo, 17 anos se passariam enquanto ele se dedicava à feitura de um terceiro relógio, que pretendia que fosse sua obra-prima. Ao longo de todos esses anos, a Royal Society, influenciada por Graham, contribuiu para a sua manutenção, e em 1749 concedeu-lhe seu maior prêmio, a Medalha Copley.

O terceiro cronômetro de Harrison foi a mais complexa de suas máquinas, com nada menos que 753 partes separadas. Finalmente, em 1757, ele notificou o Conselho de Longitude de que se dispunha a competir com ele para o prêmio de 20.000 libras. Ao mesmo tempo, prontificou-se a fazer um mensurador de tempo muito menor, para servir como auxiliar. Essa proposta foi aceita e, com a ajuda do filho William, John Harrison construiu seu famoso "reloginho". Ao testá-lo, descobriu que era tão preciso como seu terceiro cronômetro, tendo a vantagem de ser muito mais portátil. Era um relógio de prata, com pouco mais de cinco polegadas [12,7 cm] de diâmetro. Exteriormente, assemelhava-se ao "relógio de diligência" comum da época, mas em essência era similar ao terceiro cronômetro, exceto quanto ao escapo, que era uma versão muito aperfeiçoada do escapo de haste geralmente usado nos relógios de bolso daquele tempo. (Uma descrição detalhada desse famoso cronômetro foi feita por Gould.[5]) Uma vez que esse quarto relógio era tão preciso e portátil, Harrison decidiu competir apenas com ele, que foi oficialmente posto a prova numa viagem para a Jamaica em 1762. Passou no teste com facilidade, apresentando um atraso de apenas 5 segundos ao chegar ao destino, o correspondente a um e um quarto minuto de arco de longitude — na latitude da Jamaica, isso era menos que uma milha geográfica. Harrison esperava, portanto, receber o prêmio de 20.000 libras. Mas o Conselho de Longitude fez lhe conceder tão-somente um adiantamento de 2.500 libras, por considerar que a longitude da Jamaica não era conhecida com exatidão suficiente para constituir um padrão de tempo com a necessária precisão!

Enquanto isso, outros estavam concorrendo a prêmios do conselho. Por causa do caráter complexo do movimento da Lua (segundo Newton, era o único problema que lhe dava dor de cabeça!), o método de determinação da longitude pela distância lunar não teve uso prático até que o astrônomo alemão Tobias Mayer (1723–1762) formulou suas tabelas do movimento da Lua com a ajuda de cálculos que tinham sido feitos pelo grande matemático Leonhard Euler (1707–1783). Mayer inscreveu-se como concorrente ao prêmio do Conselho de Longitude em 1755. Dez anos depois sua viúva foi contemplada com 3.000 libras em reconhecimento por sua realização e Euler recebeu 500 libras.

Quanto ao prêmio de Harrison, após muitas discussões e adiamentos, uma segunda prova oficial de seu quarto cronômetro foi realizada, cerca de dois anos após a primeira, numa viagem a Barbados. Por causa de sua idade, John Harrison não seguiu em nenhuma dessas duas viagens, mas seu filho William o substituiu. Na segunda viagem, foi acompanhado por dois astrônomos, um dos quais era Nevil Maskeline, que pouco depois se tornou astrônomo real. Foram instruídos a determinar astronomicamente a longitude de seu ponto de observação em Barbados. Nessa altura, as novas tabelas lunares, devidas a Euler e a Tobias Mayer, já estavam disponíveis e o sextante substituíra o tosco quadrante. Em conseqüência, as observações celestes não só tinham se tornado mais fáceis como podiam ser mais precisamente determinadas e prontamente verificadas.

No início de 1765 foi relatado ao Conselho de Longitude que o erro do cronômetro fora de apenas 38,4 segundos (em sete semanas), o correspondente a 9,8 milhas geográficas na latitude de Barbados.[6] Embora esse resultado fosse três vezes melhor que o requerido, o conselho permaneceu cético e se recusou a pagar o prêmio a Harrison até que ele fizesse uma completa exposição, sob juramento, dos detalhes do mecanismo de seu cronômetro. Nesse caso o conselho lhe pagaria 10.000 libras, menos as 2.500 já pagas em 1762 após o teste da Jamaica. Recusavam-se a pagar as 10.000 libras restantes até que construísse mais dois mensuradores de tempo bem-sucedidos. Harrison acabou por aceitar a metade da recompensa. Por volta de 1770 ele fizera, com a ajuda do filho, um quinto cronômetro que era uma versão ligeiramente aprimorada do quarto. Nesse ínterim, o rei Jorge III tivera seu interesse despertado para a questão e, numa audiência que concedeu no palácio de Windsor a Harrison e seu filho, exclamou: "Por Deus, Harrison, quero ver seus direitos reconhecidos!"[7] O quinto cronômetro foi então testado no observatório privado do rei, em Kew. Em dez semanas seu erro total foi de apenas 4,5 segundos. O conselho, entretanto, objetou que não autorizara a realização dessa prova e se recusou a aceitar seus resultados. Harrison fez então uma petição à Câmara dos Comuns, onde seu pleito foi apoiado por Fox e Burke, entre outros. Em resultado disso, o conselho finalmente decidiu pagar a Harrison mais 8.750 libras, argumentando que as 1.250 libras restantes já lhe tinham sido pagas muitos anos antes, quando se decidira que seus segundo e terceiro cronômetros se tornariam propriedade do conselho! Harrison morreu três anos mais tarde.

O feito de Harrison provou-se um marco na história da mensuração do tempo. Somente depois do êxito do teste da Jamaica, em 1728, a maioria dos relojoeiros começou a se dar conta de que a mensuração de tempo de alta precisão no mar era uma possibilidade prática. O sucesso de Harrison teve também enorme influência sobre a elaboração de mapas marítimos. Na segunda das viagens exploratórias do capitão Cook ao Pacífico Sul, entre 1772 e 1775, uma réplica exata do quarto cronômetro de Harrison permitiu-lhe traçar mapas muito precisos das linhas do litoral da Austrália e da Nova Zelândia.

Destacando-se entre os que, também no século XVIII, em outros países, contribuíram para o desenvolvimento do cronômetro marinho, figurou Pierre Le Roy (1717–1785). Em 1754 ele sucedeu a seu pai no posto de "horloger du roi", junto a Luís XV de França. A essa altura, inventara uma forma aperfeiçoada de escapo, conhecida como "escapo livre", em que o movimento do balanceiro era efetivamente uma vibração livre, sujeita apenas a um distúrbio mínimo nos instantes em que recebia o impulso e acionava o escapo. Mais tarde Le Roy inventou o "balanceiro de compensação", que corrigia o efeito da mudança de temperatura alterando a elasticidade da mola no momento de inércia do balanceiro. Embora Harrison tenha sido inquestionavelmente o primeiro homem a fazer um mensurador de tempo marinho satisfatório, o cronômetro moderno deve mais às invenções de Le Roy.[8] Este teve por contemporâneo e concorrente Ferdinand Berthoud (1729–1807), que nascera na Suíça mas passou quase toda a sua vida ativa na França. Embora não tivesse a profunda compreensão de Le Roy dos princípios básicos da cronometria, Berthoud era, como Harrison, um excelente artesão, que aperfeiçoava continuamente suas máquinas. O que não impediu que elas continuassem complicadas e caras.

Enquanto isso, na Inglaterra, houve um movimento conjunto no sentido de simplificar os cronômetros marinhos e tornar seu preço acessível ao navegador comum. Os dois principais pioneiros nesse importante aperfeiçoamento foram John Arnold (1736–1799) e Thomas Earnshaw (1749–1829). Em particular, Earnshaw aprimorou o balanceiro de compensação inventado por Le Roy. O resultado foi que, por volta de 1825, os cronômetros marinhos tornaram-se equipamento padrão em todos os navios da Marinha Real britânica, a Companhia das Índias Orientais já tendo exigido que seus navios os tivessem alguns anos antes.

A DESCOBERTA DA PERSPECTIVA HISTÓRICA

O século XVIII foi importante na história do tempo não somente por causa da invenção do cronômetro marinho, mas também porque o espírito de otimismo intelectual que caracterizou o "século das luzes", como veio a ser chamado, fundava-se numa atitude prospectiva com relação ao tempo. O pensador que esteve particularmente associado com a emergência dessa concepção foi Leibniz, que sustentava que este "é o melhor dos mundos possíveis". Embora tenha sido muitas vezes ridicularizado por essa afirmação, que na verdade foi posta em xeque com o grande terremoto de Lisboa, em 1755, seria preciso, para lhe fazer justiça, pôr a ênfase na palavra "possíveis", pois Leibniz não pensava que este mundo era realmente "perfeito". O recente livro de R. Nisbet sobre a história da idéia de progresso chamou a atenção para a seguinte passagem do ensaio "Da origem primeira das coisas", que deixa isto bastante claro.

> Para apreender em sua plenitude a beleza e perfeição das obras de Deus, devemos reconhecer certo progresso perpétuo e sumamente livre de todo o universo, que está assim sempre rumando para um maior aprimoramento. (...) E à possível objeção de que, se assim fosse, o mundo deveria há muito ter-se tornado um paraíso, há sempre uma resposta pronta. Embora muitas substâncias já tenham atingido grande perfeição, dada, contudo, a infinita divisibilidade do contínuo, sempre restam no abismo das coisas partes adormecidas que ainda precisam ser despertadas, para crescerem em tamanho e valor, e, numa palavra, para avançar até um estado mais perfeito. Por isso o progresso nunca se consuma.[9]

Arthur Lovejoy assinalou que uma das principais características do século XVIII foi a temporalização do que foi chamado de "a grande cadeia do ser", isto é, a idéia de que o universo é composto de um imenso número de elos dispostos em ordem hierárquica. Pois, embora para muitas mentes desse século a idéia de um mundo em que nenhuma emergência de novidade era possível parecesse completamente satisfatória, havia outros que sentiam que a cadeia do ser "Deve por força ser reinterpretada de modo a admitir o progresso em geral".[10]

Entre aqueles que, no século XVIII, filosofaram sobre o processo histórico como um todo e tentaram descobrir as leis que o governam, estiveram Turgot e Condorcet na França, Priestley na Inglaterra e Kant na Alemanha. Já se afirmou que Turgot fez na Sorbonne, em dezembro de 1750, quando tinha apenas 23 anos, sobre "Uma revisão filosófica dos sucessivos avanços da mente humana", a primeira exposição sistemática da idéia moderna de progresso.[11] Nas *Notas sobre a história universal*, que escreveu no ano seguinte, Turgot reconheceu a influência de Bossuet, mas sua abordagem da questão era puramente secular. Mostrou ali que, se por um lado os talentos naturais dos homens são os mesmos por toda parte, as características particulares de uma sociedade são conseqüências inevitáveis de seu próprio passado. Os escritos de Turgot tiveram profunda influência sobre Condorcet, que foi seu primeiro biógrafo e o via como o verdadeiro descobridor da "lei do progresso". Como tantos de seus contemporâneos, entre os quais o jovem Wordsworth, Condorcet estava convencido de sua boa sorte em viver durante uma das maiores revoluções da história e ser capaz de reconhecer sua verdadeira significação. Ironicamente, passou a ser perseguido depois que os girondinos, dos quais era amigo, foram expulsos da Convenção, em junho de 1793. Conseguiu esconder-se numa casa em Paris, onde escreveu seu *Esboço*, mas em 25 de março de 1794 deixou a casa e, dois dias depois, foi preso. Na manhã seguinte foi encontrado morto em sua cela.

Em seu *Esboço de um quadro histórico dos progressos do espírito humano*, publicado em 1795, um anos após sua morte, Condorcet expressou sua crença na inevitabilidade do progresso humano e no poder que tinham a ciência e a tecnologia de transformar o conhecimento e o controle que o homem detinha sobre si mesmo e a sociedade. Via a história como uma seqüência de dez estágios distintos, cada um dos quais surgia necessariamente do anterior. No primeiro estágio o homem vivia num estado de selvageria primitiva. Nos estágios seguintes, progredia, primeiro pelo aperfeiçoamento dos meios de produção e depois pelo desenvolvimento de seus poderes de raciocínio. O estágio em que então se vivia era o nono, que começara com a filosofia de Descartes e culminava na fundação da República Francesa. O décimo e último estágio seria o governo dos cientistas. A confiança no progresso futuro da humanidade foi expressa também pelo cientista Joseph Priestley (1733–1804), que buscou refúgio na América depois que sua casa, biblioteca e laboratório foram incendiados por uma turba, em Birmingham, por causa de sua simpatia pelos líderes revolucionários franceses. Lá, buscou fundar uma utopia libertária.

Uma visão mais profunda da história foi desenvolvida em 1784 por Immanuel Kant (1724–1804), que, em *Uma idéia para uma história universal a partir de um ponto de vista cosmopolita*, afirmou que, ainda que as vontades humanas se harmonizassem, a natureza sabe melhor o que é bom para a espécie e, conseqüentemente, as vontades estarão em desacordo. De fato, o problema com a teoria teleológica do progresso, tão amplamente aceita não só por Condorcet como por muitos outros nos séculos XVIII e XIX, era que sua validade dependia da aceitação não questionada do fim a que ele se dirigia, uma vez que os entusiastas do progresso, em sua maioria, "atribuíam inconscientemente ao presente uma espécie de direito divino que era arbitrariamente negado a todas as outras épocas".[12] Como Montesquieu e outros assinalaram, transportar para outros séculos todas as idéias do período em que se vive é uma das mais férteis fontes de erro.

Uma visão pessimista da história, ao lado de uma visão superotimista da natureza humana, foi assumida por Rousseau. Logo após ter rejeitado a ciência e a civilização modernas em seu ensaio premiado de 1749, jogou fora seu relógio, talvez subconscientemente influenciado pelo fato de que sua cidade natal, Genebra, era um dos principais centros da indústria relojoeira (o outro era Londres). Já se disse que sem dúvida Rousseau teria sido feliz na *Erewhon* de Samuel

Butler, onde a mera posse de um relógio podia levar uma pessoa para a prisão.[13] M. J. Temmer chamou a atenção para a influência decisiva que teve sobre Rousseau a leitura de Santo Agostinho, origem de seu amor pela eternidade estática do paraíso agostiniano e de seu "desejo elegíaco de viver no futuro à maneira do passado".[14]

Voltaire, o arquiinimigo de Rousseau, tampouco era um entusiasta do progresso, chegando a rejeitar a idéia de evolução física e biológica. Num ensaio de 1769, afirmou que a terra permanecera sempre tal como era ao ser criada, exceto pelos efeitos dos "cento e cinqüenta dias do Dilúvio". Quanto aos fósseis marinhos que tinham sido encontrados nas escarpas do monte Cenis, atribuiu sua presença tão longe do mar a uma de três causas possíveis: ou colecionadores os tinham posto lá, deliberadamente; ou fazendeiros os tinham levado para lá em meio a cargas de limo para fertilizar o solo; ou peregrinos a caminho de Roma tinham acidentalmente deixado cair os distintivos feitos de conchas de seus chapéus.[15]

O maior filósofo da história no século XVIII foi um obscuro e mal remunerado professor de retórica da Universidade de Nápoles, Giambattista Vico (1668–1744). Embora em sua juventude tivesse sido um seguidor de Descartes, percebeu gradualmente que o cartesianismo, como método, é aplicável apenas à matemática e à lógica, e não à nossa compreensão do mundo externo da natureza e da sociedade. Não só rejeitou a atitude negativa de Descartes em relação à história, mas descartou também seu princípio da dúvida universal como ponto de partida filosófico. Em seu lugar, Vico partiu da nova idéia de que, para conhecer alguma coisa, devemos tê-la criado em nós mesmos. Isaiah Berlin chamou a atenção para a antecipação parcial dessa idéia pelo cardeal Nicholas de Cusa (1401–1464). Este observou que a matemática era puramente uma criação humana, que conhecemos porque fomos seus exclusivos criadores, mas não foi adiante, como Vico, que estendeu essa percepção ao conhecimento histórico e outros estudos humanos.[16] Com base no que é freqüentemente chamado de "princípio de Vico da equivalência entre *verum* e *factum*", Vico afirmou que, enquanto o mundo da natureza só pode ser plenamente compreendido por Deus, o homem é capaz de compreender a matemática porque ela é sua própria criação. Da mesma maneira — e nisso ele se chocava frontalmente com Descartes —, acreditava que a história também pode ser compreendida, porque instituições sociais, línguas, costumes e leis foram todos desenvolvidos pelas ações dos homens, não tendo sido preestabelecidos. Respeitava a matemática e reconhecia seu valor em nossas tentativas de compreender o mundo físico, mas não identificava um ao outro. Além disso, acreditava que, como a natureza humana é governada pelo livre-arbítrio e capricho, os métodos matemáticos não podem ser efetivamente aplicados a ela, ou, na melhor das hipóteses, apenas de modo muito limitado. A originalidade de Vico pode ser mais prontamente avaliada por nós, hoje, ainda que muito do que defendeu pareça agora lugar-comum, quando lembramos que, cem anos depois dele, Auguste Comte ainda quis dar à própria nova ciência que criara (sociologia) o nome de "física social", e ainda mais tarde, em 1872, Walter Bagehot deu ao seu conhecido livro sobre a evolução da sociedade o título *Physics and Politics*. (Begehot, ao que parece, tinha uma idéia peculiar de "física", uma vez que o subtítulo de seu livro é *Reflexões sobre a aplicação dos princípios da "seleção natural" e "hereditariedade" à sociedade política*.)

A obra-prima de Vico foi seu livro *Scienza nuova* (o título parece lhe ter sido sugerido pelo *Novum organum* de Bacon, cerca de um século anterior ao seu livro). A primeira edição foi publicada em 1725 e a terceira (revista) em 1744. Nele Vico sustentou que o homem é um ser que só pode ser compreendido historicamente. Em outras palavras, o conhecimento do passado é vital para uma compreensão de nós mesmos. Criticou particularmente a tendência a projetar nas mentes de povos primitivos modos de pensar e sentir que são eles próprios o produto de um longo período de desenvolvimento histórico. Vico acreditava que toda teoria deve começar do ponto em que o assunto de que trata começou a tomar forma. Como Isaiah Berlin assinalou, "Esta é toda a doutrina do historicismo em embrião".[17] Vico admirava Bodin, o historiador do século XVI, que o antecipara em parte ao notar que fábulas e mitos podem muitas vezes fornecer úteis indicadores das crenças de povos primitivos.

Embora acreditasse na existência de ciclos históricos, Vico interpretou esse conceito de modo mais sofisticado que seus adeptos anteriores. Pensava que certos períodos da história tinham uma natureza básica geral, que influenciava todos os seus detalhes, a qual reaparecia em certos outros períodos, de tal modo que era possível raciocinar com base na analogia entre um desses períodos e o outro. Por exemplo, traçou um paralelo entre o barbarismo da alta Idade Média cristã na Europa Ocidental e o barbarismo da idade homérica, apontando certos traços comuns, como o domínio de uma aristocracia guerreira, uma literatura de baladas etc. Chamou esses períodos de "heróicos". Não pensava que a história era estritamente circular, porque novidades estavam sempre sendo criadas. Como disse R. G. Collingwood, seu conceito de recorrência "não é um círculo, mas uma espiral; pois a história nunca se repete a si mesma, mas ressurge em cada nova fase sob uma forma alterada pelo que se passou antes".[18] Assim, o barbarismo da Idade Média ocidental diferiu do da Grécia homérica pela influência do cristianimo. Vico pensava, entretanto, que períodos similares tendem a se repetir na mesma ordem; por exemplo, um período heróico é sempre seguido pelo que chamou de um "período clássico", em que o pensamento prevalece sobre a imaginação, a prosa sobre a poesia, e assim por diante.

Scienza nuova era uma obra escrita de maneira muito obscura e por muito tempo foi negligenciada. Só se tornou famosa cerca de um século depois da sua primeira publicação, quando, em 1820, o grande historiador francês Michelet, numa viagem à Itália, descobriu-a quase por acidente e traduziu-a para o francês, dando origem à sua reputação. Em sua monumental *História da França*, Michelet declarou que Vico fez pela história o que Newton fizera meio século antes pela física. Mesmo que esta comparação pareça excessiva, não há dúvida de que Vico pode ser considerado o primeiro expoente da crença moderna de que, para compreender a natureza e a estrutura da sociedade, devemos estudar todos os seus aspectos em perspectiva histórica, isto é, do ponto de vista do tempo. Embora nenhuma tradução inglesa da *Scienza nuova* tenha aparecido até depois da Segunda Guerra Mundial, nas décadas de 1920 e 1930 o filósofo e historiador da Bretanha romana, R. G. Collingwood, de Oxford, foi profundamente influenciado por Vico, se bem que, nisso, tenha constituído um caso quase único no mundo anglofônico. Atualmente, Vico é considerado o mais importante filósofo italiano e um dos grandes filósofos da história de todos os tempos.

Um destacado filósofo alemão da história no século XVIII, que percebeu a importância fundamental da perspectiva histórica, foi Johann Gottfried Herder (1744–1803). Rejeitava "valores absolutos" e negava a existência de leis invariantes em história, válidas para todas as pessoas e todos os tempos. Em vez disso, acreditava no "relativismo histórico", segundo o qual cada cultura (e cada época) tem seu próprio caráter e valor intrínseco, e somente por eles pode ser julgada. A principal obra de Herder, em quatro volumes, publicada a partir de 1784, foi traduzida para o inglês em 1800 por T. O. Churchill sob o título *Outlines of a Philosophy of the History of Man*. Ao contrário do que se passou com Vico, a influência de Herder sobre os historiadores logo se fez sentir e, no presente século, suas idéias foram reformuladas e burriladas por Oswald Spengler. Isaiah Berlin produziu uma estimulante apresentação crítica de Herder.[19]

Enquanto Vico restringiu a abrangência de sua "nova ciência" à história da sociedade e ao campo das humanidades, o filósofo Immanuel Kant (1724–1804) afirmava que *somente* o universo físico (excluindo as espécies biológicas, que estava convencido de que *não* eram passíveis de evolução) era o produto de mudança e desenvolvimento contínuos.[20] Herder, entretanto, estava convencido de que o processo histórico abarcava tudo isso, a saber, o universo físico, o mundo vivo e a sociedade humana, embora se deva enfatizar que seu ponto de vista "constituía mais uma visão filosófica que uma teoria científica".[21]

Como era de se esperar, Herder foi um crítico acerbo dos preconceitos anti-históricos dos enciclopedistas franceses, expresso por exemplo na rejeição de Homero como "um filósofo grego, teólogo e poeta" cujos poemas épicos "provavelmente não seriam muito lidos no futuro"![22] Como precursores intelectuais da Revolução Francesa de 1789, os enciclopedistas difundiram uma crença na existência de certas verdades *atemporais*, que levou os revolucionários mais fanáticos a proclamarem que estavam baixando leis não meramente para a França, mas para todo o universo!

10

Evolução e a Revolução Industrial

O Universo Evolucionário

Embora Vico tivesse dado grande ênfase à necessidade de considerar o homem historicamente, não o via como oriundo da natureza, nem pensava que o mundo natural tivesse uma história própria. Ao longo do século XVIII, entretanto, a crença de que a idéia de tempo é parte essencial da idéia de natureza começou a se difundir. Assim como a aceitação da teoria copernicana rompera os estreitos limites do mundo no espaço, a tendência a ver as coisas historicamente conduziu uma ampliação equivalente do mundo no tempo.

Em sua revolta contra a filosofia aristotélica da natureza, então dominante, Descartes, como Newton meio século depois, viu toda matéria, tanto terrestre como celeste, como sujeita às mesmas leis físicas. Sendo um determinista mecanicista, entretanto, não invocou a intervenção divina para explicar a origem do sistema solar. Em seus *Principia* de 1644, tentou explicar a uniformidade de direção dos movimentos no sistema solar e sua aproximação ao plano da eclíptica por sua teoria dos vórtices. Admitiu que, originalmente, o mundo fora preenchido por matéria distribuída de modo tão uniforme quanto possível, e esboçou, qualitativamente, uma teoria da formação sucessiva do Sol e dos planetas, incluindo a Terra, que via como composta por uma série de diferentes camadas.

A concepção de Descartes de que o universo teria evolvido por processos naturais de separação e combinação foi a origem de uma sucessão de teorias da evolução cósmica. Quase um século mais tarde, Swedenborg, em seus *Principia* de 1734, defendeu uma visão modificada da cosmogonia cartesiana. Sugeriu que os planetas tinham sido ejetados do Sol, mas sua idéia sobre o modo como isso ocorrera foi rejeitada por Buffon, que, em 1745, propôs a primeira teoria da origem do sistema solar fundada na força de atração. Supondo que os cometas tinham uma massa muito maior que a que hoje lhes atribuímos, sugeriu que a colisão de um cometa com o Sol podia ter arrancado dele material suficiente para formar os planetas.

Nem Swedenborg nem Buffon aplicaram as idéias newtonianas aos problemas de cosmogonia. O primeiro a fazê-lo foi Immanuel Kant, em *História natural universal e teoria do céu*, publicada em 1755. Admitiu que, de início, toda a matéria estava em estado gasoso e distribuída mais ou menos uniformemente, exceto em algumas regiões de maior densidade, que atuavam como centros de condensação sob a ação da gravitação. Um desses centros foi a origem do sistema solar. Kant pensava que, por fim, em conseqüência de colisões coplanares, podiam surgir órbitas circulares que se movessem todas na mesma direção em torno do Sol. Estava errado ao pensar que esse fenômeno era automaticamente possível, porque ele contraria o princípio dinâmico da conservação de momentos angulares e, portanto, as leis do movimento de Newton. (Esse princípio dinâmico, entretanto, só foi formulado em sua plena generalidade em 1775, por Euler.) A hipótese nebular de Laplace, proposta em 1796, estava livre dessa falha, sua nebulosa solar primeva teria tido uma rotação inicial. A idéia de evolução cósmica, como distinta da antiga idéia de ciclos cósmicos, foi sugerida também por William Herschel, o grande pioneiro da moderna observação astronômica. Num artigo publicado em 1814, ele sustentou que "o estado atual a que a Via Láctea foi conduzida pela ação incessante da força aglutinante é uma espécie de cronômetro que pode ser usado para medir o tempo de sua existência passada e futura".[1]

Um dos obstáculos que a idéia de evolução devia enfrentar era a convicção geral, herdada de outras épocas, de que a extensão do tempo passado era rigorosamente limitada. A cronologia baseada na Bíblia já se tornara uma apertada camisa-de-força para os cientistas que estudavam a natureza dos fósseis. No século XVII, tanto Steno como Hooke tinham percebido que os fósseis eram vestígios petrificados de antigos organismos vivos. Foram levados a desenvolver uma teoria dinâmica da mudança geológica, mas confrontaram-se com a dificuldade de encaixá-la na escala temporal aceita. O naturalista John Ray inclinou-se de início a aceitar as concepções de Steno e Hooke sobre os fósseis. Sugeriu que, se Steno estava certo ao afirmar que as montanhas não tinham existido todas desde o início, talvez "o mundo seja muito mais antigos do que se imagina ou acredita". Por fim, entretanto, sob a influência de suas crenças teológicas, mudou sua opinião sobre os fósseis, adotando a idéia de uma origem inorgânica, e retornou ao tradicional conceito não-evolucionário do mundo natural, na época ainda amplamente aceito. Arthur Lovejoy chamou a atenção para a afirmação taxativa feita por Ray em 1703: "Consulte a evidência da experiência; elementos que são sempre os mesmos, espécies que nunca variam, sementes e germes preparados de antemão para a perpetuação de todas as coisas (...) de modo que podemos dizer que Nada há de novo sob o Sol, nenhuma espécie que não tenha existido desde o início."[2]

Durante o século XVIII, cientistas e outros pensadores começaram a rejeitar a cronologia da natureza baseada na Bíblia. Montesquieu, em suas *Lettres persanes*, perguntou: "Poderão os que compreendem a natureza e têm uma idéia sensata de Deus acreditar que a matéria e as coisas criadas têm apenas 6.000 anos de idade?" Mais tarde nesse século, Diderot pensou em milhões de anos e Kant sugeriu que o universo podia ter centenas de milhões de anos. Buffon, ao escrever *Époques de la nature*, que publicou em 1779, calculou para si mesmo que os primeiros estágios do resfriamento da Terra deviam ter exigido pelo menos um milhão de anos.[3] No texto impresso foi mais cauteloso, e avaliou a idade da Terra em pelo menos 75.000 anos. Algumas de suas idéias foram condenadas pela faculdade de teologia da Universidade de Paris.[4]

Em 1788, o geólogo James Hutton, em sua *Theory of the Earth*, rejeitou as mudanças catastróficas repentinas que haviam sido previamente invocadas para explicar a estratificação de rochas, a deposição dos oceanos etc. Percebeu que a verdadeira abordagem científica consiste não em invocar tais hipótese *ad hoc*, mas em testar se os mesmos agentes que operam agora poderiam ou não ter operado ao longo de todo o passado. Em sua visão, o mundo evolvera e ainda estava evolvendo. Numa passagem, associou-o expressamente a um organismo. Concluiu que vastos períodos de tempo haviam sido necessários para que a Terra alcançasse seu estado atual e, a partir de seus estudos de rochas sedimentares e ígneas, chegou à sua tão citada conclusão: "Não encontramos vestígio algum de um começo — nem perspectiva de um fim."

A idéia de usar fósseis para estabelecer uma cronologia das rochas foi sugerida pela primeira vez no século XVII por Robert Hooke, mas não foi posta em prática por mais de cem anos. Quase no final do século XVIII, William Smith, um agrimensor inglês que colecionava fósseis, deu-se conta de que os vários estratos geológicos podiam ser reconhecidos pelos fósseis neles encontrados, e que a sucessão de estratos nas rochas era a mesma, não importa onde fossem encontradas. Em 1815 ele traçou o primeiro mapa geológico de todo um país. Enquanto isso, na França, a ciência da paleontologia estratigráfica estava sendo fundada independentemente por Jean-Louis Giraud Soulavie

(1752–1813), que foi o primeiro a reconhecer que a ordenação estratigráfica das rochas pode ser vista como uma ordenação cronológica.

Durante o século XIX a idéia do tempo como progressão linear passou finalmente a prevalecer, graças à influência dos evolucionistas biológicos, mas a mentalidade que tornou possível contemplar as centenas de milhões de anos exigidas para que o trabalho da seleção natural explicasse as espécies passadas e presentes foi originariamente preparada pelos geólogos. Não surpreende, portanto, que Darwin tenha começado a obra de sua vida sendo, ao mesmo tempo, geólogo e naturalista. Entretanto, a extensão do tempo passado postulada por Darwin constituiu um violento choque para muitos, como explicou *sir* Archibal Geikie cerca de 40 anos após a publicação, em 1859, de *A origem das espécies*:

> Até que Darwin considerasse a questão, a necessidade de vastos períodos de tempo para explicar o caráter do registro geológico era muito inadequadamente percebida. É claro que, de modo geral, a grande antigüidade da crosta da Terra era admitida em toda parte. Mas ninguém percebera, antes dele, quão enormes deviam ter sido os períodos necessários até para a deposição de alguns finos grupos contínuos de estratos.[5]

Medições de tempo geológico que não sejam meras adivinhações exigem apelo à física, e neste ponto Darwin enfrentou o que acreditou ser uma das mais sérias objeções à sua teoria. Em 1854 o físico e fisiologista alemão Helmholtz sugerira que o Sol mantém sua enorme emissão de radiação por estar encolhendo continuamente, liberando assim energia gravitacional, a qual é convertida em energia térmica de radiação. Calculou que a taxa atual de radiação solar não poderia ter sido mantida pelo Sol por mais do que cerca de 20 milhões de anos. Essa conclusão foi apoiada pelo físico britânico William Thompson (que se tornou lorde Kelvin em 1892), que julgou que essa estimativa poderia ser estendida no máximo até 50 milhões de anos.

Como prova de sua concepção de que as centenas de milhões de anos requeridas pelos geólogos não podiam ser admitidas, Thompson considerou o fluxo de calor através da crosta terrestre. Sustentou que este indicava que a Terra estava sofrendo um resfriamento, devendo portanto ter sido mais quente no passado. Calculando a época em que o estado da Terra teria sido de fusão, chegou a algo entre 20 milhões de anos e um limite máximo que reduziu continuamente de quatrocentos milhões de anos até sua estimativa final, em 1897, de vinte e quatro milhões de anos.

Embora criticado pelos geólogos, Kelvin recebeu o apoio público de lorde Salisbury, ex- (e futuro) primeiro-ministro e cientista amador, em seu Discurso Presidencial à Associação Britânica, em reunião realizada em Oxford em 1894. Tanto Kelvin como Huxley estavam presentes. O primeiro limitou suas observações, após o discurso, a um agradecimento formal. O agradecimento sóbrio e polido de Huxley "encobria um inequívoco e vigoroso protesto".[6] O primeiro homem a desafiar Kelvin no seu próprio terreno, como físico, foi seu ex-assistente, o matemático e engenheiro John Perry (1850–1920). Ao ler o discurso de Salisbury, enviou uma carta à revista científica semanal *Nature*, que a publicou no início do ano seguinte.[7] Centrou sua atenção no pressuposto simplificador de Kelvin de que a condutividade térmica da Terra durante seu resfriamento teria sido homogênea, assinalando que, se de fato essa condutividade aumentava em direção ao centro, a idade da Terra estimada por Kelvin teria que ser significativamente aumentada. Além disso, se havia algum grau de fluidez no núcleo da Terra, a condutividade térmica devia ser suplementada por convecção. Perry foi arrogantemente atacado por P. G. Tait, especialista em matemática aplicada, e, num tom mais moderado, por Kelvin, que assinalou que, independentemente de seus cálculos referentes à Terra, o calor do Sol limitava a idade do planeta a, no máximo, uns 20 milhões de anos.

Enquanto essa controvérsia grassava, o conceito de evolução estava sendo estendido à história do sistema Terra-Lua. A importância do atrito de maré nesse contexto já fora percebida em 1754 por Immanuel Kant, na mais notável de suas especulações evolucionárias, o curto ensaio que escreveu sobre a questão "Terá a Terra sofrido uma alteração de sua rotação axial?". A resistência de atrito da superfície da Terra às correntes de maré nos mares e oceanos, induzida fundamentalmente pela ação gravitacional da Lua, opera muito lentamente, mas é irreversível e, no correr de longos períodos de tempo, poderia gerar grandes mudanças na rotação da Terra e na órbita da Lua. A argumentação de Kant não era quantitativamente correta, mas foi a primeira indicação de que o tempo da mecânica celeste não é cíclico. Perto do final do século XIX, uma análise mais completa e precisa dos efeitos dissipativos do atrito de maré sobre o sistema Terra-Lua foi feita pelo filho de Charles Darwin, *sir* George Darwin, que tentou ajustar seus resultados à escala temporal admitida por Helmholtz e Kelvin. Calculou que o menor tempo exigido para a passagem da órbita da Lua da sua suposta condição inicial até sua forma atual seria 50 ou 60 milhões de anos. Percebeu que o período real era provavelmente muito mais longo. "Não posso pensar, entretanto", escreveu ele, "que a aplicabilidade da teoria seja impugnada pela magnitude do período requerido".[8]

A solução desses problemas de escala temporal para a idade da Terra e do Sol só foi possível após a descoberta da radioatividade, no fim do século XIX, e a subseqüente investigação das transformações nucleares por Rutherford e outros no início deste século. Atualmente se sabe que há nas rochas da crosta uma abundância de elementos radioativos suficiente para tornar extremamente pequena a perda efetiva de calor da Terra, e a idade de algumas dezenas de milhões de anos que Kelvin estimou para o planeta foi substituída por cerca de 4.500 milhões de anos. Assim também, hoje é consenso que o calor do Sol é mantido por processos termonucleares que ocorrem no seu núcleo, podendo permanecer constante por bilhões de anos; a idade que atualmente se atribui ao Sol é de cerca de 4.700 milhões de anos.

A radioatividade é um exemplo importante de um processo natural não-cíclico que é um indicador da "seta do tempo", isto é, da natureza unidirecional do tempo. Descoberta em 1896 por Becquerel, foi explicada em 1902 por Rutherford e Soddy em termos da transformação espontânea de átomos. É um fenômeno puramente nuclear, independente de influências externas: o índice de "decaimento" de determinada quantidade de um elemento radioativo, como o urânio, é proporcional ao número de átomos do elemento presente. Em conseqüência, a radioatividade não só indica a seta do tempo como pode ser usada para medir o tempo. Além dos "relógios" radioativos das rochas da crosta, que nos ajudam a calcular a idade da Terra, outro exemplo bem conhecido, descoberto mais recentemente, é o relógio de carbono-14 em matéria inorgânica, que se tem mostrado tão útil aos arqueólogos.

No século XIX a natureza unidirecional do tempo na física foi basicamente associada à segunda lei da termodinâmica. Esta, originalmente formulada por volta de 1850 por Rudolf Clausius e William Thomson, foi uma generalização da hipótese de que o calor não pode se transmitir por si mesmo de um corpo mais frio para um corpo mais quente. A lei determina a direção em que os processos termodinâmicos ocorrem e expressa o fato de que a energia, embora nunca possa se perder, pode se tornar indisponível para trabalho mecânico. Clausius acreditava que, por causa dessa lei, o universo como um todo está tendendo para um estado de "morte térmica" em que a temperatura e todos os outros fatores físicos serão os mesmos por toda parte e todos os processos naturais cessarão. Embora essa aplicação específica da lei tenha encontrado objeções e hoje já não seja aceita em razão de avanços recentes na cosmologia, por algum tempo ela teve forte influência, minando a antiga crença num universo físico cíclico e não-evolucionário.

O Papel do Tempo na Sociedade Industrial Moderna

Desde a origem da sociedade industrial moderna, no século XVIII, o tempo passou a exercer uma influência crescente sobre a vida humana em geral, e mesmo sobre o modo como a maioria de nós tendemos a pensar. Considere, por exemplo, o conceito de "anacronismo". Na Antigüidade, só os romanos parecem ter tido alguma apreensão dele. Em Israel, o conceito linear de história como o cumprimento de uma promessa feita por Deus não envolvia esse sentido; e entre os gregos, poucos escritores, afora Heródoto, mostraram alguma consciência de *desenvolvimento* histórico. Voltando aos romanos, verificamos que os personagens de Virgílio, ao contrário dos de Homero, tinham um sentido do passado e do futuro, e que Horácio, na *Arte poética*, assinalou que tanto os costumes como a linguagem mudam no curso do tempo. No tocante à evolução da linguagem, Horácio influenciou Chaucer em *Troilus and Criseyde* (*c*. 1386): "Ye knowe eek that in forme of speche is chaunge / Withine a thousand year."* Assim, como P. Burke ressaltou com relação a esta passagem, "O sentido de história de uma época estimulou o sentido de história em outra".[9] Embora a idéia de anacronismo pareça ter influenciado algumas pessoas no período do Renascimento, ela só veio a ser amplamente assimilada no curso do século XVIII. Em particular, antes do fim desse século, levou à introdução dos trajes de época no teatro.

Talvez o efeito mais notável da crescente importância do tempo no modo de viver das pessoas tenha sido a introdução de um sistema de organização do transporte em âmbito nacional. A idéia de um serviço de transporte coletivo parece ter sido sugerida pela primeira vez em meados do século XVII por Pascal, mas o primeiro grande avanço em relação aos métodos tradicionais só ocorreu mais de cem anos depois. De fato, na Inglaterra, ainda no reinado de Jorge II (1727–1760), a velocidade habitual das viagens por terra não era maior que no século I a.C., quando Júlio César, viajando no conforto relativo de uma liteira, levou oito dias para vencer uma distância de 730 milhas terrestres de Roma a Rhodamus (a milha terrestre equivale a 1.609,35 metros). Em

---

* Sabes também que, dentro de um milênio, na forma de falar, ocorrem mudanças.

1639 Carlos I levou sete dias para ir a cavalo de Berwick a Londres, uma distância de cerca de 300 milhas. Dado o estado deplorável das estradas inglesas, muito negligenciadas desde o fim da ocupação romana, mais de mil anos antes, o tráfego de veículos sobre rodas quase cessava no inverno e a maioria das pessoas ficava insulada em suas cidades e aldeias durante pelo menos a metade do ano. No século XVII algumas cidades próximas a Londres estavam ligadas à capital por um serviço de transporte, mas como as estradas tendiam a ser espantosamente ruins, viajar por elas em carros sem suspensão de molas devia ser uma provação considerável mesmo para os viajantes mais resistentes!

A introdução de estradas cobertas de macadame alcatroado e do sistema de pedágio, durante o século XVIII, certamente contribuiu para tornar os deslocamentos mais rápidos, mas a mudança decisiva ocorreu em 1784, quando, num prazo de pouco mais de 12 meses, uma rede unificada de transporte público, baseada em cronometragem rigorosa, foi introduzida em todo o território da Inglaterra: o sistema de malas-postas. Ele foi fundado por John Palmer, Membro do Parlamento por Bath. Sua diligência saiu de Bristol às 4 horas da tarde, viajou durante a noite na velocidade padrão de 10 milhas por hora e chegou — rigorosamente em ponto — ao Correio Geral de Londres, na Lombard Street, às 8 horas da manhã seguinte. De Quincey, em seu conhecido ensaio sobre "The English Mail-coach", refere-se a Palmer como o responsável pela "presença consciente de uma inteligência central que, em meio a vastas distâncias — a tempestades, à escuridão, ao perigo — anulava todas os obstáculos numa constante cooperação por um resultado nacional" e, numa nota de rodapé a "vastas distâncias", menciona o caso "em que duas malas-postas que saem no mesmo minuto de locais separados por 600 milhas, encontravam-se quase constantemente numa ponte específica que dividia ao meio a distância total". Ele prossegue informando-nos de que era a mala-posta que distribuía pelo país "as notícias palpitantes de Trafalgar, de Salamanca, de Vitoria, de Waterloo". Os estrangeiros muitas vezes se queixavam da mania inglesa de poupar tempo. Um *quaker* norte-americano, John Woolman, escreveu que "as malas-postas freqüentemente rodam mais de cem milhas em 24 horas e em vários lugares ouvi franceses dizerem que é comum a morte de cavalos pelo esforço excessivo".[10]

A introdução da mala-posta deu origem a novo problema de medição do tempo que afetaria viajantes e outros nos 100 anos seguintes. Todas as cidades seguiam a hora local, ou "do Sol", mas nas do oeste da Inglaterra ela podia ter um atraso de até 20 minutos em relação à de Londres, e no leste adiantar-se a esta em até sete minutos. Como era de esperar, os habitantes do interior não queriam que a hora de Londres lhes fosse imposta. A solução adotada por Hasker, o superintendente de Palmer, foi prover cada carro de um relógio que podia ser previamente ajustado para atrasar-se ou adiantar-se, segundo fosse necessário; verificações constantes eram feitas em certos correios, no trajeto. O som da buzina da mala-posta era um lembrete audível da importância da hora e da pontualidade para todos os habitantes das cidades e aldeias por onde a mala-posta passava. Além disso, a visão regular da mala-posta devia lembrar constantemente a muitos camponeses a possibilidade de tentar a sorte na cidade. No início do século XIX, quatro entre cinco pessoas na Inglaterra e no País de Gales viviam no campo, ao passo que, em meados do século, tinham-se reduzido à metade.

Para a maioria das pessoas, as viagens pelo país, para visitar parentes ou em férias, só se tornariam viáveis após o advento das estradas de ferro, no segundo quartel no século XIX. O impacto da energia a vapor sobre o modo de vida e o sentido do tempo das pessoas não se deveu apenas, entretanto, à invenção da locomotiva. A energia a vapor foi a força propulsora da revolução industrial. Os antigos tecelões que trabalhavam em suas cabanas, em teares manuais, embora muitas vezes tivessem que labutar arduamente para garantir seu sustento, pelo menos trabalhavam quando queriam. Os operários de fábrica, porém, tinham que trabalhar sempre que a máquina a vapor estivesse funcionando. Isto obrigou as pessoas a serem pontuais, com relação não apenas à hora, mas também ao minuto. O resultado é que, diferentemente de seus ancestrais, tenderam a se tornar escravas do relógio. O vício de "desperdiçar tempo" já fora severamente criticado por escritores puritanos, como Richard Baxter que, em seu *Christian Directory* de 1664, escreveu:

> Remir o Tempo é zelar para não o pormos fora em vão de nenhuma maneira, mas usar cada minuto dele como algo de muitíssimo precioso. (...) Considere também o quanto o Tempo é irrecuperável uma vez passado. Agarre-o agora, ou estará perdido para sempre. Todos os homens na terra, com toda sua energia, e toda sua vontade, não são capazes de trazer de volta um minuto que passou.[11]

No século XIX esse ponto de vista difundiu-se cada vez mais, a tal ponto que até uma pessoa tão distante da indústria manufatureira como o poeta Wordsworth foi criticado por William Hazlitt por ter "atacado um grupo de ciganos por não terem feito nada durante 24 horas".[12]

Embora o vapor já estivesse sendo usado como fonte de energia havia alguns anos, só por ocasião das experiências da Rainhill com o "Rocket" de Stephenson. em 1829, tornou-se finalmente claro que fora criada uma máquina capaz de desenvolver uma velocidade muito maior que a de um cavalo. Como Jack Simmons observou, "o mundo inteiro (...) ficou a par da estrada de ferro no mesmo instante".[13] O mesmo aspecto foi enfatizado por C. F. Adams, jun. na edição de 1886 de seu livro *Railroads*: a locomotiva e a estrada de ferro "não se introduziram ou se insinuaram, mas caíram como uma bomba sobre o mundo. Seu advento foi surpreendente no mais alto grau. Mais até do que a descoberta da América".

De início as ferrovias tendiam a funcionar de maneira bastante despreocupada e a cronometragem cabia exclusivamente ao condutor. Em 1839, quando George Bradshaw começou a reunir seus primeiros horários de trem, um diretor se recusou a lhe fornecer as horas de chegada, porque acreditava que isso "tenderia a fazer da pontualidade uma espécie de obrigação".[14] Mas essa obrigação teve que ser aceita quando os trens passaram a transportar a correspondência. Cada cidade continuava mantendo sua hora local, mas como os trens eram muito mais rápidos que a mala-posta, ficou mais difícil controlar a situação. Em Paris, os relógios do lado de fora das estações ferroviárias eram mantidos adiantados em cinco minutos com relação aos do interior, não só para assegurar que os passageiros embarcassem a tempo, mas porque a hora das ferrovias era a de Rouen. Em *The Times* de 11 de julho de 1972 foi publicada uma carta cuja autora contava um fato que lhe fora narrado por seu falecido marido, *sir* Shane Leslie: certa vez, quando o famoso reitor do Trinity College, de Dublin, professor Mahaffy, perdeu o trem numa estação do interior da Irlanda, notou que a hora no relógio do lado de fora da estação diferia da marcada pelo relógio de dentro. Interpelou um velho carregador sobre essa falha, que o fizera perder o trem, e o homem retrucou, sacudindo a cabeça: "Se marcassem a mesma hora, não seria preciso haver dois relógios!"

Na Inglaterra, uma hora ferroviária uniforme foi adotada em meados do século XIX. Baseava-se na hora do Tempo Médio de Greenwich, isto é, a hora no meridiano do Observatório Real de Greenwich, geralmente indicada pelas letras GMT (de Greenwich Mean Time). O astrônomo real da época, *sir* George Airy (1801-1892), que foi o protótipo do cientista moderno a serviço do governo, queria mudar a atitude do público com relação ao registro exato da hora. No final da década de 1840, foi consultado com relação à construção do Big Ben, o enorme relógio que deveria ser instalado na torre do novo palácio de Westminster. (Ele *não* recebeu esse nome por causa do responsável pela obra, *sir* Benjamin Hall, mas por causa do lutador premiado Benjamin Caunt, que em sua última luta pesava 110 quilos. O termo "Big Ben" era freqüentemente usado para designar um objeto que fosse o mais pesado no gênero.) Airy insistiu em que o novo relógio fosse regulado pela hora de Greenwich e que a primeira batida da hora tivesse uma precisão de menos de um segundo, o que era inédito num relógio de torre.

Desde a época de Maskelyne todos os cronômetros marinhos tinham sido testados e verificados no Observatório Real. Em 1833, quando John Pond era Astrônomo Real, foi instalado ali o serviço da Bola do Tempo, pelo qual uma bola sobre o torreão de Flamsteed House caía exatamente à uma hora da tarde, de tal modo que a hora registrada pelas embarcações que navegavam pelo Tâmisa, nas proximidades de Greenwich, podiam ser verificadas. Airy expandiu muito o serviço público baseado na GTM, fazendo com que essa hora fosse transmitida por todo o país através de sinais elétricos. Estes eram transmitidos em cabos que corriam ao longo das linhas férreas, de modo que por muitos anos a GMT foi chamada de "hora da estrada de ferro". Em seu Relatório Anual de 1853 Airy escreveu: "Não posso sentir senão satisfação ao pensar que o Observatório Real está assim serenamente contribuindo para a pontualidade dos negócios por toda uma grande extensão deste operoso país."[15]

O surgimento das ferrovias teve profunda influência sobre o hábito familiar de tirar férias anuais, um costume que antes estivera restrito aos ricos. Foi a difusão desse hábito que levou ao desenvolvimento dos balneários à beira-mar. Nem todos, contudo, ficaram satisfeitos com o novo meio de transporte e com as mudanças que gerou. Em 1844, por exemplo, quando a primeira excursão por trem para Cambridge foi planejada, a perspectiva da afluência, num domingo, de "estrangeiros e outras figuras indesejáveis à Universidade de Cambridge nesse dia sagrado" desagradou tanto ao vice-reitor da época que ele escreveu aos diretores da Eastern Counties Railway para se queixar que "tal procedimento poderia ser tão ofensivo a Deus Todo-Poderoso quanto ao vice-reitor da Universidade de Cambridge."[16]

A revolução nos transportes afetou o ritmo de muitas formas de atividade humana, particularmente a disseminação de notícias. Embora a origem dos jornais, pelo menos na Inglaterra, possa ser retraçada até a panfletagem feita pelas diferentes facções na época da guerra civil, na década de 1640, só nos últimos anos do século XVIII, com a introdução da mala-posta, e no século XIX, com as ferrovias, tornou-se possível levar rapidamente as últimas notícias e comentários esclarecidos sobre elas a cidades e aldeias de todo o território. Essa difusão do fato e do comentário por toda parte foi, é claro, muito facilitada também pela abolição, em meados do século XIX, do pesado imposto que incidia sobre a informação — a cobrança de selo sobre jornais.

A aceleração sem precedentes da comunicação, tanto nacional quanto internacionalmente, que se seguiu à introdução da telegrafia e à instalação do cabo transatlântico em 1858, revolucionou a conduta dos governos na Inglaterra e no exterior. Era possível enviar um ultimato no momento crítico, exigindo uma resposta imediata, a opinião pública podia ser rapidamente influenciada e os exércitos mobilizados da noite para o dia. A marcha do progresso foi tal que um pânico repentino na bolsa de valores de Nova York durante a tarde podia levar um homem de negócios a se suicidar em Londres, antes do café da manhã do dia seguinte. Com o advento do telégrafo sem fio, no início deste século, o ritmo da disseminação de informação por todo o mundo tornou-se ainda mais rápido e abrangente. Hoje, nenhuma grande catástrofe, por remota que seja, deixa de abalar o mundo inteiro logo após acontecer e, muitas vezes, de fato, enquanto ainda está se desenrolando.

Durante o século XIX a atitude das pessoas em relação ao tempo em países como a Inglaterra foi profundamente influenciada pela ética de trabalho vitoriana, que levou à idéia do "tempo de lazer", isto é, aquele em que, em princípio, as pessoas podiam fazer o que bem entendessem e que era visto como recompensa por trabalho árduo. Esse "tempo de lazer" passou a ser regulado pelo dia, a semana e o ano. Anteriormente, os feriados eram os 40 ou mais dias santos que ocorriam intermitentemente ao longo do calendário. Na Inglaterra, os puritanos, que estiveram no poder por mais de uma década em meados do século XVII, viam as tradicionais festividades do Natal como reminiscência pagã. Tentaram aboli-las, mas, após o retorno de Carlos II, em 1660, logo foram restauradas. Na Escócia, por outro lado, a influência puritana persistiu e o Natal tornou-se uma ocasião de celebração geral muito menos importante que o Ano-Novo, tradição que até hoje prevalece. A revolução industrial levou, contudo, à abolição geral de feriados baseados em festas religiosas porque era antieconômico manter ociosas as fábricas. Em lugar dos antigos dias santos, quatro "feriados bancários" compulsórios acabaram por ser legalmente instituídos, e gradualmente fixou-se o costume de dar aos trabalhadores férias anuais de uma semana ou mais no verão. A recreação física, tal como o futebol, passou a ser organizada em base semanal, ocorrendo em geral nas tardes de sábado.

O século XIX viu uma grande proliferação de relógios de bolso, embora o mais importante aperfeiçoamento de seu mecanismo (afora a mola reguladora) já tivesse sido introduzido no século anterior. Foi o escapo de alavanca inventado por Thomas Mudge (1715–1794). Posteriormente, o mecanismo dos relógios pequenos foi ainda mais aperfeiçoado por Abraham Louis Breguet (1747–1823), que também projetou, em 1815, um relógio de observatório que fazia soar cada segundo — o precursor do moderno sinal de tempo. O destacado horologista do início do século XIX, que teve uma importante e duradoura influência na indústria relojoeira de outros países, em especial a França e a Suíça, foi John Arnold (ver p. 165). Em meados daquele século, *sir* John Bennet, cuja firma fora fundada em 1843, reconheceu o perigo representado pela crescente competição da indústria relojoeira suíça. Negociou portanto para que sua firma importasse os mecanismos dos relógios de bolso, que lhes daria o acabamento necessário e os venderia como britânicos. Gastou prodigamente na propaganda de seus produtos na Grande Exposição de 1851. Mais adiante, no século XIX, a moderna produção em massa de relógios de bolso começou nos EUA, mas foi absorvida e muito ampliada pelos suíços, que logo dominaram a indústria.

Um dos fatos mais surpreendentes da história da horologia é que, muito tempo depois da invenção de dispositivos mais precisos, fabricantes de relógios de uso doméstico e de bolso continuavam a usar o escapo de haste. Isto porque ele se mostrava especialmente adequado a suportar os rigores do uso doméstico e da transportabilidade, ao passo que escapos como o de âncora precisam ser mantidos sobre superfícies horizontais para funcionar de modo satisfatório.

Hoje, não só a maioria dos trabalhadores tem que "bater o ponto" no início e no fim de sua jornada de trabalho, como a medição do tempo aplicou-se com igual generalidade às atividades esportivas. De fato, qualquer coisa, por idiota que seja, pode ser atualmente considerada um esporte, desde que possa ser cronometrada e usada para estabelecer um "recorde". Kevin Sheenan, de Limerick, granjeou certa fama por falar sem interrupção durante 127 horas e, nos EUA, outro recorde foi estabelecido por um pregador que pronunciou um sermão que durou 48 horas. (Esse feito não teria divertido a rainha Vitória, de quem se diz que colocou de modo bem visível, em todos os púlpitos usados por seus capelães, uma ampulheta que marcava apenas dez minutos!) Desta e de muitas outras maneiras, tornamo-nos, na maioria, cada vez mais subservientes à tirania do tempo. Como Lewis Mumford observou com muita pertinência: "O relógio, não a máquina a vapor, é a máquina-chave da moderna idade industrial."[17] A popularização da medição do tempo que se seguiu à produção em massa de relógios de bolso baratos no século XIX acentuou a tendência à regulação cronométrica até das mais básicas funções vitais: "Comia-se não quando se sentia fome, mas quando se era advertido pelo relógio; dormia-se, não quando se estava cansado, mas quando o relógio consentia."[18] Um bom exemplo do quanto nossa preocupação moderna com o tempo parecia estranha a alguém habituado a um modo de vida muito diferente é fornecido pelo diário escrito pelo soberano nepalês Jang Bahadur durante sua visita à Grã-Bretanha, em 1850. Segundo a tradução de John Whelpton de uma biografia de Bahadur em nepali, publicada em Catmandu em 1957, que contém trechos desse diário, ele teria escrito: "Vestir-se, comer, ter encontros, dormir, levantar — tudo é determinado pelo relógio (...) para onde quer que se olhe, se vê um relógio."[19]

Embora em 1855 cerca de 98% dos relógios públicos na Grã-Bretanha seguissem o GMT, a aceitação dessa hora por todo o país esbarrava em dificuldades. Por exemplo, no caso Curtis *versus* March que deveria ser julgado no tribunal de Dorchester em 25 de novembro de 1858, o juiz tomou assento no banco às dez da manhã pelo relógio do tribunal, e, como nem o réu nem seu advogado estavam presentes, deu ganho de causa ao queixoso. O advogado do réu entrou então no tribunal e exigiu que o caso fosse levado a julgamento, argumentando que ele fora encerrado antes das dez horas pelo relógio da cidade, já que o relógio do tribunal era regulado pela hora de Greenwich, alguns minutos adiantada em relação à de Dorchester. Houve recurso e a decisão do juiz foi anulada, com base no argumento de que "dez horas são dez horas segundo a hora do lugar". Essa decisão foi mantida como definição da hora legal na Grã-Bretanha até 1880.[20] Nesse ano, *The Times* publicou uma carta de um "amanuense da Justiça" que apontava as dificuldades que tinham os funcionários responsáveis por eleições parlamentares em decidir sobre a hora correta de iniciar e encerrar a votação. Mais tarde, no mesmo ano, foi aprovado um Ato do Parlamento que tornava a hora do Tempo Médio de Greenwich a hora legal em toda a Grã-Bretanha.

Logo depois foram tomadas medidas que visavam a padronizar a medição do tempo em todo o mundo. Em 1882 o Congresso dos Estados Unidos aprovou uma lei que autorizava o presidente a convocar uma conferência internacional para decidir sobre um meridiano-origem comum para o tempo e a longitude. Assim, em outubro de 1884, delegados de 25 países se reuniram em Washington para a Conferência Internacional do Meridiano. Com apenas um voto contra (São Domingos) e duas abstenções (França e Brasil), decidiu-se recomendar que o meridiano-origem do mundo passaria pelo centro do instrumento conhecido como Círculo de Trânsito de Airy, no Obsrvatório de Greenwich, e que o Tempo Universal seria o GMT. Isto não surpreendeu, uma vez que a invenção do cronômetro marinho por John Harrison e a introdução do *Almanaque Náutico* em 1766 pelo astrônomo real Nevil Maskelyne já tinham levado marinheiros de todas a nações a usar a hora e o meridiano de Greenwich. No início da década de 1880, quase três quartos dos navios no mundo todo usavam mapas baseados no meridiano de Greenwich. Até 1925, entretanto, como foi mencionado na p. 29, os astrônomos continuaram a iniciar seu dia ao meio-dia, porque isso significava que a data não mudava no meio da observação de uma noite. Outra importante conseqüência, embora não especificamente recomendada pela conferência, foi o estabelecimento de um sistema de zonas de hora por todo o mundo, como fora originalmente sugerido por um professor norte-americano, Charles Dowd, num panfleto publicado em 1870. A necessidade de coordenar o registro do tempo era muito maior num país de grande extensão como os Estados Unidos que na Grã-Bretanha, mas o fator decisivo que influenciou Dowd foram as diferentes horas seguidas pelas muitas companhias ferroviárias surgidas após a Guerra Civil e os grandes transtornos que causavam aos viajantes. Em Pittsburgh, na Pensilvânia, por exemplo, havia seis diferentes padrões de hora para a chegada e a partida de trens. A proposta de Dowd era um esquema idêntico, em princípio, ao sistema padrão de fusos horários usado hoje em todo o mundo.

Já em 1881 um norte-americano, G. Beard, escreveu um livro chamado *American Nervousness* para mostrar que a ênfase generalizada e crescente na pontualidade estava levando os homens ao temor de que "um atraso de uns poucos momentos pudesse destruir as esperanças de toda uma vida". Na Europa, entre os que ansiavam pela padronização da hora estava o conde Helmuth von Moltke, que dirigiu um veemente apelo ao Reichstag alemão em 1891 para que abolisse as cinco diferentes zonas de hora existentes na Alemanha, porque prejudicavam gravemente a coordenação do planejamento militar.[21] A adoção de uma única hora padrão, que disso resultou, facilitou enormemente a mobilização alemã em 1914. Por outro lado, na França, onde a falta de uma padronização da hora era muito pior que na Alemanha, um jornalista, L. Houllevigue, escrevendo em *La Revue de Paris* em julho de 1913, admitiu que a demora em corrigir o problema devia-se basicamente à anglofobia. Na verdade, a lei que foi promulgada definia a hora legal na França como nove minutos e 20 segundos mais tarde que a hora do Tempo Médio de Paris. "Por uma reserva perdoável, a lei se absteve de declarar que a hora assim definida era a de Greenwich, e para preservar nosso auto-respeito podemos alegar que adotamos a hora de Argentan, que por acaso está quase exatamente no mesmo meridiano que o observatório inglês."

Uma das principais razões para o catastrófico fracasso da diplomacia em impedir a deflagração da Primeira Guerra Mundial em agosto de 1914 foi a incapacidade dos diplomatas de lidar a contento com o enorme volume e a velocidade sem precedentes da comunicação telegráfica nos últimos dias de julho. A rapidez com que se podia enviar mensagens de uma capital para outra impunha respostas imediatas e muitas vezes irrefletidas. Ironicamente, a razão determinante para o fracasso do plano Schlieffen de ataque à França pela Bélgica foi o sucesso sem precedentes da mobilização alemã, com centenas de trens transportando tropas até o *front* tão rapidamente que seu próprio esquema foi superado e os suprimentos de que necessitavam não puderam ser enviados com igual velocidade.

A arma decisiva na guerra foi a metralhadora, com seu rápido disparo. No *front* ocidental avaliou-se que ela causou quatro quintos das baixas. Das 60.000 baixas que o exército britânico sofreu no primeiro dia da batalha do Somme, em 1º de julho de 1916, a maioria ocorreu na primeira hora — provavelmente nos primeiros minutos. Uma das conseqüências sociais da Primeira Guerra Mundial foi a generalização do uso de relógios de pulso. Antes de se tornarem equipamento militar padrão, eram considerados efeminados por muitos homens. A batalha do Somme começou quando centenas de chefes de pelotões tocaram seus apitos no instante em que seus relógios de pulso, sincronizados, indicaram que eram 7,30 da manhã. Assim, embora Einstein tivesse mostrado dez anos antes que no mundo físico a simultaneidade era um conceito mais "privado" que "público" (ver cap. 11), no mundo da ação humana ela adquirira uma importância que jamais tivera.

A introdução do sinal de hora pelo rádio no início deste século para difundir a hora para fins de navegação levou ao abandono final do método da distância lunar de determinação da longitude no mar, já que passara a ser possível checar diretamente o cronômetro de um navio. (O método da distância lunar fora usado ocasionalmente para checar cronômetros quando nenhum outro método era disponível.) Desde a Primeira Guerra Mundial, o rádio, e mais tarde a televisão, e a velocidade cada vez maior nos novos meios de transporte, possibilitada pela invenção do motor de combustão interna, tornaram ainda maior nossa dependência para com o relógio. Nos últimos anos, o exemplo mais espetacular disso foi dado pelas naves espaciais e as exigências associadas de cronometragem ultraprecisa.

No início da década de 1920, a precisão da cronometragem civil foi significativamente melhorada por W. H. Shortt, um engenheiro ferroviário, que, juntamente com o horologista F. Hope-Jones e a Synchronome

Company, aperfeiçoou o que veio a ser chamado de relógio de pêndulo livre de Shortt. O material usado no pêndulo foi uma liga de aço e níquel chamada "invar", virtualmente independente da temperatura, produzida pela primeira vez alguns anos antes, na França. Qualquer interferência com o livre movimento do pêndulo foi reduzida ao mínimo pelo engenhoso uso de um "relógio escravo" subsidiário. Os relógios de Shortt foram usados como cronômetros padrão no Observatório Real de Greenwich de 1925 a 1942. Antes, o maior grau de precisão obtido por um relógio era de cerca de um décimo de segundo (100 milissegundos) por dia, mas os relógios de Shortt tinham uma precisão de cerca de 10 segundos por ano, isto é, certa de 30 milissegundos por dia. Na década de 1930 obteve-se uma precisão ainda maior com o uso das vibrações mecânicas do mineral cristalino quartzo em vez das vibrações de um pêndulo no campo gravitacional da Terra. Os relógios de cristal de quartzo que substituíram os relógios de Shortt como cronômetros padrão no observatório Real em 1942 têm uma precisão de cerca de dois milissegundos por dia.

Durante séculos o tempo marcado por nossos relógios foi controlado pela velocidade de rotação de nosso planeta, mas com a invenção de relógios mais precisos descobriu-se que a rotação da Terra não serve de base para uma cronometragem suficientemente precisa para as necessidades modernas, por ser sujeita a pequenas variações. A Terra é um corpo sólido cercado por água e ar, e mudanças sazonais nesses elementos, como por exemplo a liquefação e o congelamento das calotas polares, afetam a velocidade de sua rotação, de modo que a duração do dia flutua ao longo do ano por pouco mais de um milissegundo (um milésimo de segundo). Há também pequenas mudanças irregulares atribuídas a processos que ocorrem no núcleo da Terra. Além dessas mudanças, a velocidade de rotação da Terra torna-se progressivamente mais lenta em razão do atrito de maré nos mares pouco profundos, que faz o dia aumentar cerca de 1,5 milissegundo em um século. Em decorrência disso, em 1952 a rotação da Terra perdeu a posição de cronômetro fundamental para o Tempo das Efemérides, baseado na duração do ano, que está diminuindo em cerca de 0,5 segundo por século mas pode ser prevista. Mesmo isto, entretanto, não se mostrou inteiramente satisfatório e, em razão da crescente demanda de cronometragem de alta precisão, tornou-se essencial ter algum padrão de tempo mais seguro que qualquer dos que podem ser derivados de observações astronômicas. Esse padrão é dado pela freqüência de uma linha espectral específica de uma vibração atômica ou molecular. O mais bem-sucedido método desse tipo foi desenvolvido pelo dr. Essen, do National Physical

Laboratory.[22] Conseqüentemente, em 1967 foi feita uma nova definição de segundo em termos da radiação eletromagnética gerada por uma transição específica que ocorre no estado fundamental do átomo de césio. É chamado de "segundo SI" (Système International). Formalmente, é definido como a duração de 9.192.631.770 períodos de radiação que correspondem à transição entre dois níveis hiperfinos do átomo de césio-133. Nessa transição, o *spin* do elétron mais externo do átomo abre-se bruscamente com relação ao *spin* do núcleo. (Um oscilador de cristal de quartzo é controlado por meio de uma relação conhecida entre sua freqüência e a da radiação gerada por essa transição.) O átomo de césio foi escolhido porque as freqüências envolvidas estão na amplitude do rádio e podem ser medidas por técnicas convencionais. Nos últimos anos houve intensa discussão técnica sobre a relação entre o TAI ("Tempo Atômico Internacional") obtido pela soma contínua de intervalos de tempo deduzidos dessas medidas de freqüência e as escalas de tempo usadas pelos astrônomos. A precisão do tempo astronômico, que ainda é necessário para fins práticos, é verificada por meio da freqüência dessa radiação. Atualmente essa freqüência atômica padrão é tão precisamente determinada que, em casos individuais, sua exatidão pode chegar a uma parte em 10^{14}, o que equivale a um erro de apenas um segundo em três milhões de anos.

Hoje os sinais de hora no mundo inteiro são coordenados pelo Bureau International de l'Heure (BIH), baseado num "relógio médio" mundial que é a média de cerca de 80 relógios atômicos instalados em 24 países. Ele permite sincronização imediata com uma precisão de cerca de um milissegundo. Embora esse "Tempo Coordenado Universal" (UTC), que substituiu o GMT como base da hora legal no mundo todo, seja controlado de Paris, o meridiano-origem para a longitude e hora ainda passa pelo velho Observatório de Greenwich. Na prática, o meridiano zero é definido hoje pelas longitudes em que se situam os instrumentos que contribuem para a determinação do UTC. Desde 1985 a contribuição do Observatório Real de Greenwich para a determinação do UTC se deu através de suas observações do satélite artificial *Lageos* por um sistema de detecção por *laser* em uso em Herstmonceux desde o outono de 1983. Desde 1º de janeiro de 1972 sinais de tempo irradiaram segundos atômicos, mas, assim como não há um número inteiro de dias num ano, não há também um número inteiro de segundos num dia solar. Isto levou à adoção de correções, positivas ou negativas, de exatamente um segundo. São os chamados "segundos bissextos" e, quando necessários, estão no último dia de um mês do calendário, de preferência em 31 de dezembro ou 30 de junho.

11

Conceitos Concorrentes de Tempo

Instante e Duração

Santo Agostinho parece ter sido o primeiro pensador a investigar cuidadosamente as conseqüências do confinamento de nossa experiência real de tempo ao instante presente. Chegou à conclusão de que nossas idéias de passado e futuro devem depender de nossa consciência da memória e do senso de expectativa. Se o tempo é considerado desse ponto de vista psicológico, seu conceito primário é o instante, não a duração. Entretanto, apesar da grande influência de Santo Agostinho na teologia medieval, só a partir do Renascimento humanístico do século XV e da Reforma religiosa do século XVI, seguida pela revolução copernicana na astronomia e na cosmologia — que contribuíram todos para a dissolução da visão atemporal do mundo da Idade Média, com sua estrutura hierárquica em que tudo tinha um lugar fixo —, os pensadores ocidentais começaram a considerar a existência pessoal como essencialmente baseada no momento presente.

O valor do instante foi representado na arte pictórica por Hans Holbein (1497–1543), por exemplo em sua famosa pintura de 1533 conhecida como *The Ambassadors*. Num folheto sobre essa tela publicado pelos Curadores da National Gallery em 1974, Alistair Smith enfatizou o sentido de *instantaneidade*, central na arte de Holbein. Fascinado pelo caráter inerente da mortalidade humana, seu propósito era retratar o sentido de existência pessoal num instante preciso. Smith chama a atenção para o modo como esse momento do tempo foi precisamente indicado na pintura, com o registro da data (11 de abril) num quadrante circular e da hora (10,30 da manhã) num quadrante poliédrico.

Um dos primeiros a dar expressão literária à noção de existência pessoal como fundada no momento presente foi o famoso ensaísta francês Michel de Montaigne (1533–1592). Diz-se que, ainda criança, ele foi profundamente influenciado pelas *Metamorfoses* de Ovídio, e sua postura ao longo da vida foi dominada pela convicção de que o mundo em que nos encontramos é um estado de mudança incessante. Conseqüentemente, acreditava que os pressupostos em que nosso modo de pensar se funda são necessariamente incertos e falhos.

Mais tarde, René Descartes (1596–1650) deu a essa atitude de ceticismo com relação ao conhecimento humano um sentido positivo, na filosofia que desenvolveu com base em seu famoso axioma *Cogitum ergo sum*. Entretanto, se a existência deve ser identificada antes com o instante transitório que com a duração, como explicar a existência contínua do mundo? A resposta de Descartes foi que o mundo é recriado a todo instante; a conservação e a criação diferem apenas em função de nosso modo de pensar, não na realidade, e a autoconservação é prerrogativa exclusiva de Deus.

No século XVIII, contudo, houve uma revolta geral contra a idéia do instante como o conceito temporal básico. Em seu lugar, começou-se a considerar que nossa experiência do tempo é dual: a intensidade da sensação está associada ao instante, mas nossa consciência da multiplicidade da sensação depende da duração. Isto deu lugar a novo interesse pela natureza e a significação da memória. O *filósofo* francês Denis Diderot (1713–1784), por exemplo, escreveu numa passagem famosa (*Oeuvres*, IX, p. 366):

> Sou levado a acreditar que tudo que vimos, conhecemos, percebemos, ouvimos — até as árvores numa densa floresta —, mais ainda, até a disposição dos galhos, a forma das folhas e a variedade das cores, os matizes de verde e a luz; a visão de grãos de areia à beira do mar, a desigualdade das cristas das ondas, quando agitadas por uma leve brisa ou enfurecidas por uma tempestade; a profusão das vozes humanas, dos gritos animais, e dos sons físicos, a melodia e a harmonia de todas as canções, de todas as peças de música, de todos os concertos que ouvimos, *tudo isso, que nos é desconhecido, existe dentro de nós.*[1]

Esta notável asseveração, para a qual Diderot não tinha provas científicas, foi corroborada neste século pelos experimentos feitos pelo neurocirurgião canadense Wilder Penfield, que provocou *flashbacks* mediante a aplicação de um eletrodo ao córtex exposto de pacientes que estavam sendo submetidos a cirurgia cerebral.[2] (Ver *The Natural Philosophy of Time*, pp. 103 e segs.)

No século XIX, a idéia de sucessão temporal veio a assumir uma importância nunca tida na vida e no pensamento humano. Não só deu origem a importantes desenvolvimentos na literatura, como a evolução do romance e uma avalanche de autobiografias, como se tornou preponderante nas ciências naturais, como o exemplifica a afirmação muito citada do geólogo G. J. P. Scrope: "A idéia mestra que está presente em todas as nossas pesquisas, e que acompanha cada nova observação, cujo som cada parte da obra da Natureza parece ecoar continuamente ao ouvido de quem a estuda é — Tempo! — Tempo! — Tempo!"[3]

Com o avançar do século, verificamos que a própria verdade tendeu a ser considerada não mais como eterna e imutável, mas como dependente do tempo. A atenção passou a se centrar mais no processo histórico que numa ordem de coisas imutável, eternamente válida. Em outras palavras, o interesse se transferiu da "coisa acabada" ao processo genético, isto é, do "ser" ao "tornar-se". Esse ponto de vista radicalmente novo encontrou sua expressão máxima na filosofia do "Heráclito moderno", Henri Bergson (1859–1942), para quem a realidade última não era nem "ser" e nem mesmo "ser mudado", mas o próprio processo contínuo de "mudança", a que chamou de *la durée*. Uma abalizada exposição crítica da filosofia da duração, tão eloqüentemente formulada por Bergson, e sua influência nas primeiras décadas do presente século, foi feita pelo eminente ex-professor de história da filosofia na Universidade de Varsóvia, hoje falecido, Leszek Kolakowski, em seu livro *Bergson*, publicado em 1985 pela Oxford University Press, na série "Past Masters". Bergson conquistou a distinção singular de tanto ser contundentemente criticado por Bertrand Russel (em 1912) como ter seus livros incluídos no *Index Prohibitorum* pelo Santo Ofício em 1914 — o ano em que foi eleito membro da Academia Francesa! Uma filosofia da mudança mais cientificamente orientada que a de Bergson, mas que deveu algo à sua influência, foi desenvolvida entre as duas guerras mundiais pelo matemático e filósofo britânico A. N. Whitehead (1861–1947), particularmente em seu livro *Process and Reality*, baseado em suas *Gifford Lectures* de 1928.

TEMPO RELATIVÍSTICO E TEMPO CÓSMICO

Devido ao relevante papel que o tempo passara a desempenhar tanto na vida moderna como na visão científica do mundo, a surpresa foi grande quando, em 1905, num artigo científico que é hoje reputado um dos mais importantes publicados neste século, Albert Einstein revelou uma limitação antes insuspeitada da teoria do tempo em vigor. Segundo essa teoria, para um dado modo de medir o tempo, cada evento pode ter apenas um único tempo associado a ele. Eventos que têm o mesmo tempo são chamados "simultâneos". O novo ponto de vista que ocorreu a Einstein foi que, embora a idéia de simultaneidade seja perfeitamente clara para dois eventos que ocorrem tanto no mesmo lugar como ao mesmo tempo, não é suficientemente clara para dois eventos que ocorram em lugares diferentes. Em vez disso, a simultaneidade de um evento distante e outro que ocorre no âmbito da própria experiência do observador depende da posição relativa do evento distante e do modo de conexão entre ele e a percepção que dele tem o observador. Se a distância do evento é conhecida e também a velocidade do sinal (por exemplo, luz) que o conecta com a percepção que dele tem o observador, este pode correlacionar o evento com algum instante prévio de sua própria experiência e pode considerar esses dois eventos como simultâneos. Esse cálculo será, é claro, uma operação distinta para cada observador, mas, até que Einstein levantasse a questão, fora tacitamente admitido que, se tais cálculos fossem corretamente feitos, todos os observadores concordariam quanto ao tempo de qualquer evento dado. Einstein produziu uma teoria bem-sucedida em que isso não acontece.

Einstein fundou sua teoria especial da relatividade, como veio a ser chamada, no princípio de que as leis da natureza são passíveis de expressão na mesma forma matemática para todos os observadores em movimento relativo uniforme (inclusive repouso relativo). Esse princípio de relatividade é válido na dinâmica clássica baseada nas leis do movimento de Newton, mas Einstein acreditava que devia ser estendido a outros campos da física, em particular o eletromagnetismo e a teoria da luz. Na dinâmica clássica, não há nenhuma velocidade com propriedades especiais, mas na teoria eletromagnética a velocidade da luz (no vácuo), que é de cerca de 300.000 quilômetros por segundo, tem um significado especial. Einstein acreditava que, se as propriedades da luz devem ser as mesmas para todos os observadores em movimento relativo uniforme, todos eles devem atribuir-lhe a mesma velocidade. Verificou, entretanto, que esta condição adicional era incompatível com a teoria do tempo dominante. Embora segundo sua teoria quaisquer dois observadores em repouso relativo fossem atribuir o mesmo tempo ao mesmo evento dado, onde quer que ocorresse, este não seria o caso para quaisquer dois observadores em movimento relativo uniforme em geral. Conseqüentemente, a condição de que cada evento tem somente um tempo associado a ele já não se mantém. Em vez disso, seu tempo depende do observador.

A teoria de Einstein envolve o pressuposto de que nenhum efeito físico pode ser transmitido em velocidade maior que a da luz (no vácuo). Embora nem Newton nem Leibniz tivessem imposto qualquer restrição semelhante, a teoria de Einstein está mais de acordo com o conceito de tempo de Leibniz que com o de Newton. Pois, se a idéia de Leibniz de que o tempo é derivado dos eventos é compatível com a teoria de Einstein, o conceito de tempo absoluto de Newton não é. Enquanto para Newton o tempo era independente do universo e para Leibniz era um aspecto do universo, a visão que hoje prevalece, desde que a teoria de Einstein passou a ser vista como uma parte essencial da física, é a de que o tempo é um aspecto do universo que depende do observador.

Uma importante conseqüência da teoria especial da relatividade de Einstein é que um relógio que se desloque parecerá funcionar lentamente comparado a um relógio similar em repouso com relação ao observador, e quanto mais a velocidade do relógio que se desloca se aproximar da velocidade da luz, mais lentamente ele parecerá marchar. Esse aparente lenteamento de um relógio que se desloca é chamado de "dilatação do tempo". De todas as conseqüências da teoria de Einstein, foi esta que pareceu a muita gente a mais difícil de aceitar, uma vez que entra em conflito com nossa intuição do tempo ditada pelo senso comum. Entretanto, existem hoje fartas provas experimentais, particularmente as fornecidas por partículas de alta velocidade, que corroboram esta conclusão.

Em seu artigo de 1905, Einstein restringiu o princípio da relatividade a observadores em movimento relativo uniforme, e não considerou efeitos gravitacionais. No que chamou de teoria geral da relatividade, que desenvolveu cerca de dez anos mais tarde para levar em conta a gravitação, ampliou o princípio da relatividade para incluir observadores em qualquer forma de movimento acelerado, a relatividade especial sendo vista como um importante caso particular dessa teoria mais abrangente. Também nesta teoria o pressuposto clássico de que cada evento ocorre num único tempo, o mesmo para todos os observadores, não se mantém. Em vista disto, pode-se pensar que a idéia de uma única escala temporal cósmica para o universo físico careceria de significado objetivo. Tal conclusão, contudo, seria errônea, como o demonstraram os avanços feitos neste século em cosmologia.

Em 1924, o astrônomo E. P. Hubble, usando o telescópio de 100 polegadas (254 cm) de diâmetro então recentemente instalado em Mount Wilson, na Califórnia, mostrou que o plano de fundo geral do universo é formado não pelas estrelas, mas pelas galáxias, uma das quais é o sistema estelar da Via Láctea (que inclui nosso próprio Sol). Cinco anos depois, descobriu que as galáxias estão em recessão ou afastamento sistemático umas em relação às outras. (O movimento de recessão de uma galáxia é medido por seu "desvio para o vermelho", isto é, o deslocamento para o vermelho de linhas identificáveis em seu espectro.) Esta descoberta provocou uma transformação na concepção que o homem tem do universo quase tão grande quanto a ocasionada pela revolução copernicana quatro séculos antes. Em vez de um modelo estático global do cosmo, revelou-se que o universo está em expansão, sendo a velocidade relativa do afastamento das galáxias proporcional às distâncias que as separam umas das outras. Isto é conhecido como "a lei de Hubble".

A descoberta de Hubble estimulou muitas pesquisas em cosmologia teórica, baseadas em grande parte na teoria geral da relatividade de Einstein. Como resultado disto, ressurgiu a idéia da existência de sucessivos estados do universo, associados com uma escala temporal de amplitude universal. Isto ocorreu porque em todos os modelos do universo considerados havia um conjunto definido de observadores hipotéticos particularmente significativos, a saber, os que estariam situados nas galáxias individuais e se moveriam com elas. Os tempos locais associados a esses observadores, conjugados para produzir um tempo universal, é chamado de "tempo cósmico".

Uma suposição importante na construção dos modelos do universo em expansão estudados após a descoberta da recessão cósmica por Hubble é que os observadores hipotéticos situados em cada galáxia se veriam a si mesmos num centro de isotropia (isto é, simetria esférica) de todo o universo, de tal modo que a aparência geral deste em todas as direções seria a mesma. Pode-se considerar, portanto, que dados de observação em favor dessa suposição corroboram o conceito de tempo cósmico. Uma impressionante confirmação da pressuposição da isotropia cósmica veio da descoberta do que é muitas vezes chamado de "bola de fogo primeva". Em 1965, A. A. Penzias e R. W. Wilson, no Bell Telephone Laboratory, em Nova Jersey, verificaram que alguma radiação não esperada estava penetrando na antena de seu radiotelescópio. Logo descobriram que essa radiação era praticamente isotrópica e, no comprimento de onda em que estavam trabalhando, sua intensidade era equivalente a uma temperatura de cerca de três graus na escala kelvin, ou escala absoluta. Essa radiação foi interpretada como remanescência da radiação primeva de alta temperatura associada a uma origem explosiva do universo, conclusão que foi aceita pela maioria dos astrônomos. O fato de a radiação ser altamente isotrópica elimina a possibilidade de que tivesse qualquer fonte local. Uma fonte restrita ao sistema solar, ou à nossa galáxia, ou mesmo ao aglomerado local de galáxias, não poderia produzir uma radiação que se apresentaria a nós como isotrópica. Além disto, afastamentos de grande escala em relação à isotropia em qualquer lugar no universo afetariam a radiação e a fariam parecer anisotrópica para nós. Conseqüentemente, a isotropia da radiação cósmica de fundo é um forte indício de que o universo é basicamente isotrópico à volta de cada galáxia, e isto é uma forte prova da existência do tempo cósmico.

A descoberta da expansão do universo e a prova da existência do tempo cósmico não só reforçaram a tendência mostrada nos últimos séculos de o tempo se tornar uma característica fundamental da visão científica do universo, como lançou uma nova luz sobre o velho problema da extensão total do tempo passado. Embora nos séculos XVIII e XIX tivesse começado a ficar claro para os que descartaram uma antiquada cronologia bíblica que a idade do universo devia ser estimada em centenas, e possivelmente milhares, de milhões de anos, só no presente século estimativas mais precisas puderam ser feitas. Como já se mencionou (p. 177), a descoberta da radioatividade e o desenvolvimento da física nuclear levaram-nos a atribuir à Terra e ao Sol idades de aproximadamente cinco bilhões de anos. Além disto, os astrofísicos têm motivos para acreditar que as idades dos mais antigos aglomerados estelares e da nossa galáxia estão entre dez e dezesseis bilhões de anos. Quanto ao universo como um todo, a lei de Hubble foi usada para avaliar sua idade. Os dados de observação relativos à velocidade atual de recessão das galáxias, quando aplicados ao mais simples modelos do universo em expansão, indicam que o universo pode ter tido uma origem explosiva entre dez e vinte bilhões de anos atrás, sendo a última estimativa provavelmente a mais correta. A despeito das incertezas envolvidas na obtenção deste resultado, ele mostra notável coerência com estimativas totalmente independentes das idades dos mais antigos aglomerados estelares e de nossa galáxia. Com base em nossos conhecimentos atuais, este parece ser o mais longo intervalo de tempo passado pelo qual podemos estender a existência do universo físico tal como o conhecemos.

12

Tempo, História e Progresso

Tempo e Crença no Progresso

Embora o tempo tenha adquirido um papel cada vez mais importante no pensamento moderno, houve visões consideravelmente diferentes com relação ao progresso. O período entre cerca de 1750 e 1900 foi o de maior fé nesse conceito, assim como uma época em que as pessoas ganharam uma crescente consciência da importância do tempo. Por exemplo, em Paris, na década de 1820, o historiador Guizot atraiu amplas audiências para suas eruditas conferências sobre a história da Europa, em que afirmava que a idéia fundamental encerrada na palavra "civilização" era progresso. Essa crença foi muito estimulada pela expansão da democracia. Como Alexis de Tocqueville ressaltou numa famosa passagem de seu clássico *Democracia na América*, publicado em 1835, enquanto as nações aristocráticas tendem naturalmente a estreitar o campo da perfectibilidade humana, as nações democráticas exibem em geral a tendência oposta.

> É difícil acreditar quantos fatos resultam da teoria filosófica da perfectibilidade indefinida do homem, ou na força da influência que ela exerce sobre homens que, vivendo inteiramente voltados para a ação e não para o pensamento, parecem conformar a ela suas ações, sem nada saber a seu respeito. Abordo um marinheiro americano e pergunto-lhe por que as embarcações deles são construídas para durar pouco; ele responde sem hesitação que a arte da navegação está fazendo tais progressos que o melhor navio se tornaria quase inútil se durasse mais que uns poucos anos. Nessas palavras, pronunciadas casualmente e sobre um assunto particular por um homem sem instrução, reconheço a idéia geral e sistemática pela qual um grande povo orienta todo o seu interesse.[1]

A crença no progresso foi muito reforçada pela teoria da evolução biológica, de Darwin, tal como apresentada em *A origem das espécies*, lançado em 1859. Foi importante também para o outro descobridor do princípio da seleção natural, Alfred Russel Wallace, e mais ainda para o engenheiro, filósofo e sociólogo Herbert Spencer, que tentou fazer do princípio do progresso a lei suprema do universo. A inevitabilidade do progresso foi igualmente um artigo de fé para Comte, Marx e outros filósofos da história do século XIX. Tanto Comte como Marx, cada um a seu modo, acreditavam na existência de sucessivos estágios de evolução social; no caso de Comte, o teológico, o metafísico e o "positivo" (científico); e no de Marx, a seqüência hegeliana de tese, antítese e síntese. Mais de um século antes de Comte e Marx, Vico também concebera três diferentes estágios históricos, dominados, respectivamente, por deuses, heróis e homens, nessa ordem. Ruskin chegou a dividir até a história geológica em três períodos: primeiro, aquele em que a terra se cristalizou; depois, aquele em que foi "esculpida"; e finalmente o atual, em que está sendo "desesculpida", ou deformada, com a erosão das montanhas, acúmulo de entulhos nas geleiras etc. Essa espécie de numerologia histórica triádica, que se manifestou também sob outras formas — por exemplo, na visão de Moscou como uma "Terceira Roma" e da Alemanha de Hitler como o "Terceiro Reich" — pode ser retraçada até Joaquim de Fiore no século XIII.

A crença do século XIX na realidade do progresso foi acompanhada por uma crescente consciência da importância da história para a compreensão de assuntos como o direito. O ponto de vista histórico com relação à jurisprudência remonta a Gustav von Hugo (1764–1844) e Friedrich von Savigny (1779–1861), na Alemanha. Savigny combateu vigorosamente a idéia que dominara no século anterior, particularmente na França, de que a lei pode ser arbitrariamente imposta a um país, independentemente da sua história e condição atual. Na Inglaterra, a concepção de Savigny inspirou *sir* Henry Maine (1822–1888), professor de direito civil na Universidade de Cambridge a partir de 1847. Seu conhecido livro *Ancient Law*, publicado pela primeira vez em 1861, introduziu nesse país a idéia da abordagem histórica não só ao estudo do direito mas também ao da sociedade em geral. A figura que mais se destacou no desenvolvimento da abordagem histórica ao estudo da sociedade foi, contudo, o antropólogo de Oxford E. B. Tylor (1832–1917), autor de *Primitive Culture*, cuja primeira edição apareceu em 1871. Embora tenha chamado a atenção explicitamente para a persistência de modos de pensar pré-científicos em sociedades civilizadas, Tylor afirmou que a história do homem, tal como revelada por um estudo dos implementos que utilizou, é indubitavelmente "a história de um crescente desenvolvimento". Sustentou que a essência do progresso é o desenvolvimento *intelectual* do homem, uma vez que este é a pré-condição de seu progresso em todos os outros aspectos. A crença na realidade do progresso e, conseqüentemente, na natureza benéfica do tempo, dominou as mentes de muitos eminentes pensadores vitorianos, embora soubessem das muitas dificuldades e reveses ocorridos ao longo da história da humanidade.

Entretanto, se um poeta pôde escrever, como Tennyson em "Locksley Hall" (1842),

> Not in vain the distance beacons. Forward, forward let us range,
> Let the great world spin for ever down the ringing grooves of change,
> Through the shadow of the globe we sweep into the younger day;
> Better fifty years of Europe than a cycle of Cathay.*

houve outros escritores que sentiram tanto a ameaça do tempo quanto a sua promessa, e poetas como Blake e Shelley e, mais recentemente, Yeats, persistiram na crença de que há ciclos de civilização. Assim também, o filósofo Nietzsche, que morreu em 1900, e os historiadores e sociólogos Spengler, Pareto e Toynbee, do século XX, acreditaram todos na natureza cíclica da história. Nesse meio tempo, o otimismo superficial insuflado pela ampla popularização do darwinismo começou a ser criticado, por exemplo, pelo estadista de inclinação filosófica A. J. Balfour, em seu discurso como reitor à Universidade de Glasgow em 1891, em que ressaltou que "a teoria da evolução nada contém que justifique otimismo quanto ao futuro da humanidade". Uma visão semelhante foi expressa pelo grande defensor de Darwin, T. H. Huxley. Na geração seguinte, Dean Inge, em sua *Romanes Lecture* "A idéia de progresso", pronunciada em Oxford em 1920, fez o cáustico comentário: "O europeu fala de progresso porque, com a ajuda de algumas descobertas científicas, implantou uma sociedade que confundiu conforto com civilização." A perda da fé no progresso foi objeto, já em 1908, de uma penetrante análise histórica, feita pelo escritor francês Georges Sorel em seu livro *Les illusions du progrès*.

Após a Primeira Guerra Mundial, o estado de espírito geral, particularmente na Alemanha, canalizou considerável atenção para as visões pessimistas de Oswald Spengler. Seu livro *O declínio do Oci-*

---

* A distância não reluz em vão. Avancemos, avancemos./Deixemos o vasto mundo girar para sempre pelos sulcos anelares da mudança./Rompendo a sombra do globo lançamo-nos no novo dia;/Mais valem cinqüenta anos de Europa que um ciclo de Catai.

dente, amplamente lido, parecia a muitos leitores britânicos mais convincente que o otimismo antiquado expresso por J. B. Bury em *The Idea of Progress*, publicado em 1920. A filosofia da história de Spengler baseava-se numa extensão do conceito morfológico de natureza orgânica, de Goethe, de modo a incluir "culturas". Estas eram vistas por Spengler como "semelhantes a plantas", isto é, sujeitas a geração, crescimento e declínio, e confinadas a regiões específicas do espaço. Diferentemente de seu parelho inglês, Arnold Toynbee, Spengler deu particular atenção à influência da ciência e da tecnologia sobre a história, embora interpretasse essa influência à sua maneira cíclica peculiar.

Numa importante coletânea de ensaios sobre o impacto social e filosófico da ciência moderna, publicada em 1978 sob o título *Paradoxes of Progress*, Gunther Stent, especialista em biologia molecular e neurológica, da Universidade da Califórnia (Berkeley), analisou meticulosamente o significado de "progresso". Ele rejeita a interpretação tradicional desse conceito em termos de "maior felicidade" e da "perfectibilidade do homem", por não ser possível associar nenhum sentido preciso a essas idéias. Em contrapartida, afirma que só em termos de "vontade de poder" é possível analisar "progresso" de maneira profícua. Em outras palavras, um mundo "melhor" significa "um mundo em que o homem tem maior poder sobre eventos externos, em que está economicamente mais seguro".[2] Na visão de Stent, somente assim definido o progresso pode aparecer como "um fato histórico inegável". Entretanto, como Spengler, Stent acredita que o progresso científico pode estar se esgotando. Um maior conhecimento de história da ciência poderia tê-lo livrado dessa conclusão pessimista, pois, no final do século XVIII, o grande matemático Lagrange pensava que a descoberta matemática estava prestes a se extinguir, quando na verdade o século seguinte e o presente veriam uma proliferação da matemática maior que a ocorrida em todos os séculos anteriores. De modo semelhante, por volta do final do século XIX, muitos físicos pensavam que pouco restava a fazer na sua matéria, exceto resolver algumas anomalias pouco importantes e obter valores ainda mais precisos para as principais constantes físicas. Entretanto, numa conferência proferida em 1900 na Royal Institution, intitulada "Nineteenth century clouds over the theory of heat and light",[3] lorde Kelvin ressaltou que as duas teorias eram importantes. Sua preocupação não era fora de propósito, particularmente na medida em que, como depois se revelou, uma dessas nuvens só seria dissipada pela teoria da relatividade de Einstein, no famoso artigo de cinco anos mais tarde. Além disso, no mesmo ano em que Kelvin fez essa conferência, Planck introduziu a hipótese quântica.

Esses avanços fundamentais, juntamente com as pesquisas experimentais sobre radioatividade feitas por Rutherford na mesma época, foram o prenúncio da idade de ouro da ciência moderna, caracterizada por um aumento sem precedentes do conhecimento do homem e de seu poder sobre a natureza. Nessa perspetiva histórica, temos razões para pôr em dúvida a conclusão de Stent de que o progresso científico pode estar se esgotando. Além disso, independentemente do uso benéfico ou não que seja feito das descobertas científicas, o conhecimento que delas resulta é cumulativo — e assim continuará a ser, a menos que toda a civilização neste planeta venha ter um fim catastrófico e completo. Portanto, mesmo que já não possamos endossar a fé singela de Joseph Priestley, o descobridor do oxigênio, que via na história da ciência o que chamou — no prefácio a seu *The History of Electricity with Original Experiments* (1767) — de um "perpétuo progresso e melhoramento" que prosseguiria até culminâncias "realmente sem limites e sublimes", não há dúvida de que o ímpeto contínuo do progresso científico, médico e tecnológico torna impossível conceber nossa civilização como estática ou cíclica.

TEMPO, HISTÓRIA E A SOCIEDADE COMPUTADORIZADA

Há boas razões para acreditar que neste momento, quando ingressamos na idade do computador, estamos nos estágios iniciais de uma das grandes mudanças irreversíveis na história do homem. Já não será correto ver o relógio como a única máquina-chave da era industrial moderna. No prefácio a seu *Turing's man: Western Culture in the Computer Age* (1984), um livro revelador, David Bolter escreve: "É razoável examinar Platão e a cerâmica *conjuntamente* para compreender o mundo grego, Descartes e o relógio mecânico *conjuntamente* para compreender a Europa nos séculos XVII e XVIII. Da mesma maneira, é razoável considerar o computador como um paradigma tecnológico para a ciência, a filosofia e até a arte da geração vindoura."[4] O computador se une portanto ao relógio como uma das *duas* máquinas-chaves para a nova era tecnológica que se inicia. Tal como hoje é geralmente usada, a palavra "computador" já não designa apenas uma máquina para efetuar cálculos numéricos; tem uma abrangência muito maior: em síntese, tornou-se um máquina para o processamento de todos os tipos de informação. Como Bolter ressalta (p. 109), "O programador de computadores preocupa-se com o tempo porque quer ter um trabalho feito. (...) Toda a elaborada matematização do tempo reduz-se em última análise ao desejo de pôr o tempo para trabalhar". Uma vez que uma nova tecnologia é inventada, ela tende a seguir seu caminho com uma lógica própria e inexorável, podendo assim ter um efeito duradouro sobre toda uma civilização. Vimos que foi isto o que aconteceu após a invenção do relógio mecânico, e é isto que está acontecendo hoje, desde o profundo *insight* matemático de Alan Turing (1912–1954) e J. von Neumann (1903–1957) que levou à invenção do computador digital moderno, talvez a maior realização da tecnologia do século XX.

O conceito geral do computador moderno deveu-se originalmente a Charles Babbage (1792–1871) e a *Lady* Lovelace, filha de Byron, mas, um século mais tarde, Turing e von Neumann se deram conta de que, com a ajuda de componentes eletrônicos — inclusive o transistor, que fora inventado em 1949 —, seria possível ter êxito ali onde Babbage falhara usando engrenagens mecânicas. Uma das grandes diferenças é a fantástica velocidade em que trabalha o computador moderno: o tempo hoje utilizado para liberar cargas elétricas a intervalos regulares é medido em nanossegundos. (Um nanossegundo é um bilionésimo de um segundo.) Como Bolter observa (p. 101): "O relógio esteve no centro da tecnologia ocidental desde sua invenção na Idade Média. Também para a tecnologia da computação ele parece indispensável, embora esta o tenha transformado de um aparelho mecânico num aparelho inteiramente eletrônico."

Sempre que tentamos prever o futuro, somos compelidos a tomar por base o que acreditamos serem os aspectos relevantes do conhecimento atual, embora isto signifique que somos guiados em grande parte pelo que já aconteceu. Em conseqüência, ao planejar para o mundo de amanhã, temos extrema dificuldade em nos libertar de um passado morto. Já se disse que "revolução é evolução com muita pressa", mas a evolução da ciência tornou-se tão rápida que deve ser considerada ela própria "revolucionária"! O processo de decisão precisa ser continuamente acelerado se quisermos inovar efetivamente e, ao mesmo tempo, lidar satisfatoriamente com as conseqüências da inovação.

No remoto ano de 1774, num famoso discurso aos eleitores de Bristol, Edmund Burke sustentou que a tarefa que se lhes apresentava não era escolher um mero porta-voz para suas próprias opiniões, mas eleger um delegado investido da liberdade de tomar suas próprias decisões sobre as várias questões a serem debatidas no Parlamento. No futuro, nossos governantes terão também de mostrar tanto capacidade de previsão como algum grau de conhecimento especializado ao decidir sobre como designar — e que funções lhes atribuir — os analistas de sistemas profissionais de que o governo terá cada vez mais necessidade para assegurar que nossa economia funcione a contento no âmbito interno, mantendo-se ao mesmo tempo competitiva em mercados mundiais. Ao contrário dos que fazem ciência pura, e que devem ter a necessária intuição para decidir que detalhes devem descartar ou considerar para que suas investigações tenham êxito, o analista de sistemas deve ser preparado para examinar *todos* os aspectos de um problema específico, entre os quais o efeito provável sobre as pessoas, sem nunca esquecer que os "sistemas" existem para as pessoas, e não as pessoas para os "sistemas". No jargão associado ao uso dos computadores modernos, o termo "sistema" designa a organização integrada do *hardware* (isto é, os componentes materiais, eletrônicos e outros, dos computadores), do *software* (isto é, sua programação) e os indivíduos necessários para realizar as tarefas que devem ser executadas para a obtenção dos resultados desejados.

É freqüente, em nossos dias, a "venda" de tempo de utilização de computadores altamente sofisticados. Na Idade Média, esse procedimento teria sido severamente condenado pela Igreja, pois uma de suas principais objeções à prática da usura era que ela contrariava a lei natural por envolver a "venda do tempo", o qual, nessa visão, pertence necessariamente a todas as criaturas. Segundo o autor de *Tabula exemplorum*, obra escrita no final do século XIII (e também segundo Duns Scot, *c.* 1260–1307, em seu comentário sobre as *Sentences* de Peter Lombard), "uma vez que nada vendem senão a expectativa de dinheiro, isto é, tempo, os usurários estão vendendo o dia e a noite. Mas o dia é o tempo da luz e a noite o tempo do repouso; portanto estão vendendo luz eterna e repouso".[5]

A sociedade industrial moderna é muito mais dependente do tempo que qualquer civilização anterior, exceto talvez a civilização maia, mas há nessa dependência uma ambivalência peculiar. Ao mesmo tempo em que nosso conhecimento do passado tanto do homem quanto do universo é muito maior que o de nossos ancestrais, nosso sentido de continuidade com o passado tem declinado, em decorrência das rápidas e contínuas mudanças que influenciam nossas vidas. Hoje, para muitas pessoas, o tempo se tornou tão fragmentado que apenas o presente parece ter significado; o passado é visto como "obsoleto", e portanto inútil. Além disso, como o presente difere tanto do passado, vai se tornando cada vez mais difícil compreender como era este. Como Hans Meyerhoff observou, "O passado 'está sendo triturado' pelo moinho da mudança inexorável, incompreensível".[6]

Entretanto, apesar desse drástico estreitamento da perspectiva temporal em nosso cotidiano, que faz o presente parecer sumamente importante, a influência oposta prevalece quando, ao tentar decifrar a natureza da sociedade e do mundo físico, acreditamos que apenas pelo estudo do passado podemos esperar compreender o presente. Conseqüentemente, em nossos dias, o passado é simultaneamente desvalorizado e supervalorizado.

Essa situação paradoxal se deve à natureza dinâmica da civilização moderna. Na Idade Média a sociedade era muito mais estática e de natureza essencialmente hierárquica. Em decorrência disso, o ponto de vista causal ou genético era muito menos importante no pensamento medieval do que é no nosso, e a influência do conceito de evolução era pequena se comparada à do simbolismo na visão geral de mundo da época. Além disso, até o próprio conceito de tempo era menos importante para os historiadores de então que para seus sucessores atuais. Consideramos como um dos primeiros deveres do historiador a datação precisa dos eventos, uma vez que vemos a data não como uma propriedade acidental destes, mas como um traço essencial. Essa atitude, entretanto, é comparativamente moderna. Para Santo Agostinho, a data de um evento era muito menos importante que seu significado teológico. Sua tendência a considerar todas as coisas numa perspectiva antes teológica que temporal exerceu forte influência na Idade Média. Durante a Reforma, porém, quando a tradição do papado foi combatida, a historiografia começou a adquirir nova e estratégica importância. Entretanto, ainda que as disputas entre protestantes e católicos tenham estimulado muitas pesquisas eruditas sobre o passado, para historiadores como Bossuet a influência da providência divina ainda era o fator dominante, e a história era vista como sendo, essencialmente, um épico religioso que se estendia do Dia da Criação até o Dia do Juízo. Embora no século XVI uma visão puramente secular da história já tivesse sido adotada por Maquiavel e Guicciardini, antes do século XIX o significado fundamental da perspectiva histórica não gozou de reconhecimento geral. Isto se deu vários séculos depois do desenvolvimento da teoria e da prática da perspectiva espacial pelos pintores e por outros. Num caso e no outro, o resultado foi uma nova maneira de olhar o mundo. Não surpreende que a história tenha se tornado uma matéria de grande importância por direito próprio no século XIX, pois tanto a Revolução Francesa como a revolução industrial levaram as pessoas a se tornarem muito mais conscientes que antes da realidade e inevitabilidade da mudança. Portanto, sentiram a necessidade de retraçar seu progresso.

Em conseqüência disso, o estudo da história foi bastante incentivado. Quando ministro da Educação do governo francês, na década de 1830, Guizot promoveu a publicação, à custa do Estado, de grande número de crônicas medievais. Ao mesmo tempo, na Grã-Bretanha vitoriana, crescia o interesse pelo passado, particularmente a Idade Média, ao passo que anteriormente o interesse dos estudiosos se mantinha em grande parte restrito à Antigüidade Clássica. Em 1838, foi constituída a Camdem Society, destinada à recuperação e ao exame de manuscritos. Foi na Alemanha, porém, que o estudo da história mais avançou no século XIX. Muitos historiadores ingleses, até lorde Actòn (1834–1902) e F. W. Maitland (1850–1906), expressaram reiteradamente sua dívida para com os estudos germânicos, em que sobressaíram Leopold von Ranke (1795–1886) e Theodor Mommsen (1817–1903), e que abrangeram muitos campos, inclusive a Antigüidade Clássica e os estudos bíblicos. Neste século, o estudo da história foi estendido a todos os campos do conhecimento, inclusive a história da ciência, em que os Estados Unidos desempenharam um papel de destaque.

Uma das mais notáveis manifestações a que assistimos neste século de uma valorização muito maior do passado e de uma necessidade de reconstruí-lo tão completamente quanto possível a partir do que dele restou é o interesse generalizado pela arqueologia. Somente nas últimas décadas do século XIX a idéia de que escavações podiam ser alternativa aos textos como meio de ampliar nosso conhecimento do passado foi introduzida na Grã-Bretanha pelo general Pitt-Rivers. A introdução, neste século, da datação pelo carbono e de outras técnicas sofisticadas muito contribuiu para aumentar o valor da arqueologia sob esse aspecto.

Em muitas civilizações, houve uma analogia subjacente entre as concepções dominantes sobre a natureza da sociedade e do universo, e essas analogias estiveram muitas vezes associadas a visões particulares da natureza e da significação do tempo. Os atenienses do século VI a.C., por exemplo, viam o tempo como um juiz. Era a época em que o Estado estava sendo fundado sobre o conceito de justiça e logo esse conceito foi estendido de modo a explicar todo o universo. Outro exemplo pode ser encontrado na Idade Média e no Renascimento europeus, quando, após a invenção do relógio mecânico, a idéia da simulação mecânica do universo pelas engrenagens do relógio sugeriu a idéia recíproca, que reinou no século XVII, de que o próprio universo era uma máquina regulada como um relógio. A analogia mecanicista gerou não só a idéia do universo semelhante ao relógio como uma concepção quase-mecânica da sociedade humana, cuja descrição mais clara está na Introdução ao *Leviathan* de Hobbes, de 1651, onde o Estado é visto como um homem artificial e o próprio homem é descrito de modo mecanicista. Atualmente, temos a analogia histórica originada no século XVIII, segundo a qual tanto o universo como a sociedade são concebidos como evoluindo no tempo.

Além do papel dominante que o conceito de mudança assumiu em nossa idéia da história humana, nos últimos dois séculos a crença no caráter imutável do universo físico foi seriamente abalada. Até o século XIX, o conceito de evolução teve pouco impacto sobre nosso modo de pensar o mundo. A astronomia, a mais antiga e mais avançada ciência, não mostrava qualquer indício de que o universo tivesse uma direção. Embora muito tempo antes se tivesse percebido que o próprio tempo podia ser medido pelos movimentos dos corpos celestes, e que a precisão dos relógios feitos pelo homem podia ser controlada tendo por referência as observações astronômicas, o padrão dos movimentos celestes, como o de um sistema de engrenagens, parecia ser o mesmo quer encarado para diante ou para trás, e o futuro era visto como sendo essencialmente uma repetição do passado. Conseqüentemente, era natural que se desse maior importância aos aspectos cíclicos do tempo e do universo. Quando finalmente se começou a questionar a antiga crença de que o estado global do mundo permanece mais ou menos o mesmo indefinidamente, pensou-se que o conceito de evolução caracteriza tanto os organismos vivos como o mundo físico em geral. Em decorrência disso, os aspectos cíclicos dos fenômenos são hoje encarados como subordinados à irreversibilidade de longo prazo.

Atualmente, é lugar-comum considerar que tudo tem uma história, e isto se aplica até à nossa idéia de tempo. O filósofo Immanuel Kant acreditava que o conceito de tempo é uma condição *a priori* de nossas mentes que afeta nossa experiência do mundo, mas isso não explica por que diferentes sociedades humanas tiveram diferentes conceitos de tempo e atribuíram diferentes graus de importância aos aspectos temporais dos fenômenos. Hoje começamos a nos dar conta de que nosso conceito de tempo deveria ser considerado não uma condição *a priori*, mas uma conseqüência de nossa experiência do mundo, o resultado de uma longa evolução. A mente humana tem o poder, que aparentemente os animais não possuem, de construir a idéia de tempo a partir da consciência de certos traços que caracterizam os dados de nossa experiência. Embora não tenha lançado nenhuma luz sobre a origem desse poder, Kant percebeu que ele era uma peculiaridade da mente humana. Nos últimos anos, tornou-se claro que todos os nossos recursos mentais são capacidades potenciais que só podemos tornar praticamente efetivas aprendendo como utilizá-las. Pois, enquanto os animais herdam padrões específicos de consciência sensorial, conhecidos como "disparadores" porque desencadeiam automaticamente certos tipos de ação, os seres humanos têm de aprender a construir seus próprios padrões de consciência a partir de sua própria experiência. Conseqüentemente, nossas idéias de espaço e tempo, que segundo Kant seriam como disparadores, devem ser vistas antes como construtos mentais que precisam ser aprendidos.

A incessante evolução de nossa idéia de tempo é revelada pela crescente importância dos tempos verbais no desenvolvimento da linguagem. Um maior conhecimento do universo foi acompanhado por uma maior valorização das distinções entre passado, presente e futuro, à medida que as pessoas aprenderam a transcender as limitações do "eterno presente". Embora nosso sentido do tempo se baseie em fatores psicológicos e processos fisiológicos que estão abaixo do nível da consciência, vimos que ele depende também de influências sociais e culturais. Em decorrência destas últimas, há uma relação recíproca entre tempo e história. Pois, assim como nossa idéia de história é baseada na de tempo, assim também o tempo, tal como o concebemos, é uma conseqüência de nossa história.

APÊNDICE 1

Anos Bissextos

Segundo Simon Newcomb, o ano trópico em 1900 d.C. equivale a 365,24219879 dias solares médios, aproximadamente.* Portanto, arredondado para a quinta casa decimal mais próxima, a parte fracionária do número de dias no ano trópico é 0,24220. Isto pode ser expandido como uma fração contínua simples:**

$$0{,}24220 = \frac{1}{4+}\;\frac{1}{7+}\;\frac{1}{1+}\;\frac{1}{3+}\;\ldots\ldots,$$

cujas quatro primeiras convergentes, isto é, aproximações sucessivas, são

$$\frac{1}{4},\;\frac{7}{29},\;\frac{8}{33},\;\frac{31}{128},$$

respectivamente. A primeira convergente dá a regra do ano bissexto juliano, segundo a qual todo quarto ano contém um dia bissexto. A quarta convergente dá um ano bissexto a menos em cada período de 128 anos, isto é, 31, contra 32 anos bissextos julianos, e levaria a um valor extremamente preciso para a duração média do ano calendário, ou seja, 365,2421875 dias, a que faltaria apenas um segundo. É mais conveniente, entretanto, usar o calendário gregoriano, que dá 97 anos em cada período de 400 anos, embora ele seja menos preciso, produzindo um ano bissexto a mais (776 em vez de 775) em cada período de

* O ano trópico decresce em cerca de 0,00006 dia em 1.000 anos. Quando o calendário juliano foi introduzido (45 a.C.), correspondia a aproximadamente 365,24232 dias.

** Expansões de fração contínua simples tendem a dar aproximações muito mais precisas que expansões decimais. A notação que usamos aqui é mais conveniente que

$$\frac{1}{4+\frac{1}{7+\ldots}}$$

3.200 anos. De fato, pela regra do ano bissexto gregoriano, a parte fracionária do número médio de dias no ano é 0,2425 em vez de 0,2422.

Uma aproximação um pouco mais precisa é fornecida pela terceira convergente acima, isto é, 8/33. Ela corresponde à sugestão atribuída a Omar Khayyam de oito anos bissextos em cada período de 33 anos,* o que dá a aproximação decimal 0,24242 para a parte fracionária do número médio de dias no ano. Esta regra não seria prática, contudo, particularmente porque alguns anos bissextos ocorreriam em anos pares e outros em anos ímpares.

Se o calendário gregoriano for ligeiramente modificado, de modo a que, além das regras que atualmente regem os anos bissextos, todos os anos divisíveis por 4.000 fossem considerados comuns, haveria 969 (em vez de 970) anos bissextos num período de 4.000 anos, dando uma duração média de 365,24225 dias para o ano calendário. O excesso seria apenas de dois segundos, o que corresponde a um dia a mais em cerca de 20.000 anos.

* O poeta e matemático Omar Khayyam foi um dos oito astrônomos designados em cerca de 1079 d.C. pelo sultão de Khorasan para reformar o calendário.

APÊNDICE 2

O Ciclo Calendário Metônico

O ciclo de Méton baseou-se na descoberta de que 235 meses sinódicos ou lunações (de uma lua nova a outra) têm duração muito próxima à de 19 anos trópicos (de um equinócio vernal a outro). Isto pode ser facilmente verificado, uma vez que o mês sinódico tem cerca de 29,5306 dias e o ano trópico, como vimos no Apêndice 1, tem cerca de 365,2422 dias. A razão metônica pode ser obtida pelo cálculo da quinta convergente da fração contínua simples para a parte decimal do número de meses no ano. Isto dá a razão como

$$12 + \frac{1}{2+} \frac{1}{1+} \frac{1}{2+} \frac{1}{1+} \frac{1}{1} = \frac{235}{19}$$

Após 19 anos as fases médias da lua tendem a ocorrer novamente nos mesmos dias do mês (talvez com um deslocamento de um dia, segundo o número de anos bissextos no ciclo) e com diferenças de menos de duas horas em relação aos momentos em que ocorreu antes. Os meses originalmente envolvidos eram de 110 e 29 dias e de 125 e 30 dias. O número total de dias no ciclo era portanto 6.940 e, conseqüentemente, o número médio de dias no ano era um pouco mais que 365,26. O ciclo específico introduzido por Méton começou no 13º dia do 12º mês do calendário então usado em Atenas, que foi o dia 27 de julho de 432 a.C. segundo nossa contagem. Parece que esse dia foi escolhido porque Méton determinara astronomicamente que era o solstício de verão.

Uma versão mais acurada do ciclo de Méton, baseada no pressuposto de que o ano corresponde a 365,25 dias, foi introduzida por volta de 330 a.C. pelo astrônomo Calipo, que descobriu que o ciclo de 19 anos de Méton era um pouco longo demais. Calipo combinou então quatro períodos de 19 anos num ciclo de 76 anos e suprimiu um dia do período, de modo que seu ciclo continha 27.759 dias. Embora nunca tenha entrado em uso geral, esse ciclo tornou-se posteriormente um padrão para astrônomos e cronologistas, como Ptolomeu. O número de dias atribuído ao ano por Calipo tornou-se a base do calendário juliano.

APÊNDICE 3

O Cálculo da Páscoa

Diversamente de nosso calendário civil, que é puramente solar, e do calendário islâmico, que é puramente lunar, o calendário eclesiástico cristão baseia-se tanto no Sol como na Lua. De início o problema se complicava por causa de diferenças entre várias igrejas cristãs com relação ao grau em que práticas judaicas deviam ser seguidas. A lei judaica ordenava que o Cordeiro Pascal fosse abatido no 14º dia (período que começava ao cair da noite) de Nisan, o primeiro mês do ano eclesiástico, que começava na primavera. Segundo o Evangelho de Mateus, Marcos e Lucas, uma vez que Cristo era o verdadeiro Cordeiro Pascal, a Última Ceia ocorreu no dia da festa pascal judaica; segundo o Evangelho de João, porém, esse foi o dia da crucificação. Uma complicação adicional era que a festa judaica podia ocorrer em qualquer dia da semana, ao passo que a maior parte dos cristãos acabou por desejar que o dia da Ressurreição (dois dias após a crucificação) fosse num domingo. Apenas os da Ásia Menor adotaram uma data definida do calendário judaico, e por isso foram chamados de quartodecimanos. Essa controvérsia pascal começou a se tornar uma questão de interesse geral no século II, tendo levado Policarpo, bispo de Esmirna, a visitar o papa romano Aniceto no ano 158. Ambos acertaram que cada um devia seguir sua própria prática. Quarenta anos mais tarde, uma controvérsia muito mais acrimoniosa teve lugar entre o papa romano Vítor e Polícrates, bispo de Éfeso, mas a paz foi finalmente restaurada pelo bispo de Lyon, Irineu.

Sobrepondo-se a essas diferenças doutrinárias, porém, o uso de diferentes métodos de cálculo complicava a determinação das datas relevantes, de modo que, no início do século IV, importantes centros do cristianismo como Roma e Alexandria, celebravam a Páscoa em ocasiões muito diferentes. Por solicitação do imperador Constantino, a questão foi considerada pelo concílio de Nicéia no ano 325. Infelizmente, os registros que temos desse concílio pouco informam sobre essa importante questão, mas mais tarde, no mesmo século, Ambrósio, arcebispo de Milão, numa carta que se conservou, disse que o concílio decretara que a prática ocidental devia prevalecer, de modo que a Páscoa devia ser celebrada no domingo seguinte à primeira lua cheia após o equinócio da primavera. Esse domingo foi escolhido para assegurar que a Páscoa nunca coincidiria com o *Pessach* judaico. Os quartodecimanos se recusaram a aceitar essa decisão e sua prática se prolongou na Ásia Menor até o século VI. A expressão "lua cheia" em conexão com a Páscoa designa a lua cheia eclesiástica, isto é, o 14º dia da lua contado a partir do dia de sua primeira aparição após conjunção. A determinação efetiva disso era atribuída aos astrônomos de Alexandria, os únicos que tinham competência técnica para tanto.

Segundo Eusébio (*História da Igreja*, vii. 32), Anatólio, bispo de Laodicéia, já começara a usar o ciclo metônico para a determinação da Páscoa por volta de 277. Esse método foi adotado em Alexandria, considerando-se o dia 21 de março como o equinócio, em vez de 19 de março, como Anatólio supusera. Eusébio menciona (*História da Igreja*, vii. 20) que anteriormente o bispo Dionísio de Alexandria propusera uma regra para a Páscoa baseada num ciclo de oito anos. Isso corresponde à terceira convergente da fração contínua para o número de meses no ano, isto é,

$$12 + \frac{1}{2+}\;\frac{1}{1+}\;\frac{1}{2}$$

a partir da fórmula apresentada no Apêndice 2, o que é igual a 99/8. Ela implica que há aproximadamente 99 lunações em oito anos. Este é o ciclo octaetéride mencionado por Gêmino (p. 60). Mais tarde, Vitório, bispo da Aquitânia, introduziu (*c.* 457) um novo ciclo que combinava o ciclo metônico de 19 anos com um ciclo solar de 28 anos (28 sendo o produto de 7, o número de dias na semana, e 4, o número de anos no ciclo do ano bissexto), de modo a produzir um novo ciclo de 532 anos para a Páscoa. Este passou a ser chamado "período dionisiano", porque foi usado pelo abade romano Dionísio o Pequeno na montagem das tabelas pascais que calculou a mando do imperador Justiniano, no século VI. O próprio Dionísio fez tabelas pascais apenas para o período de 532 a 627; mais tarde, porém, Isidoro de Sevilha (*c.* 560–636) estendeu-as até 721. No século VIII Beda completou esse ciclo de 532 anos calculando tabelas para até o ano 1063. O cálculo da Páscoa era chamado o *computus*.

No Ocidente, as diferenças regionais na datação da Páscoa estavam eliminadas no final do século VIII, mas no século XIII o afastamento do equinócio da primavera em relação ao dia 21 de março começou a causar preocupação, já que chegava então a sete ou oito dias. Essa divergência foi assinalada, entre outros, por Sacrobosco (John of Hollywood, *fl.* 1230) em seu *De anni ratione*, e por Roger Bacon (*c.* 1219–1292) em seu *De reformatione calendaris*, enviado ao papa. Entretanto, só em 1474 o papa Sisto IV convidou o mais eminente astrônomo da época, Regiomontanus, para ir a Roma fazer a reconstrução do calendário. Sua morte prematura adiou o andamento das coisas e só em 1582 o calendário juliano foi substituído pelo mais preciso calendário gregoriano.

O calendário juliano tinha por base o pressuposto incorreto de que o ano trópico corresponde a exatamente 365,25 dias. Outra suposição incorreta que afetava a determinação da Páscoa e o calendário da Igreja era a de que, segundo o ciclo metônico, 235 lunações são exatamente equivalentes a 19 anos julianos. Em 1582 o erro no ciclo lunar devido a esse equívoco chegava a cerca de quatro dias, de modo que o 14º dia da lua do calendário da Igreja era o 18º dia da lua média real. Aloisius Lilius sugeriu um método de cálculo que envolvia o abandono do ciclo metônico e a substituição do número áureo pela epacta. A expressão "número áureo" foi cunhada para designar a posição que um ano qualquer ocupa no ciclo metônico, isto é, a idade da Lua numa determinada data, porque se diz que os gregos escreviam esses números em ouro em pilares públicos. Para anos d.C., a regra para a obtenção desse número é acrescentar um ao número do ano específico em questão, por exemplo, 1582, e dividir-se o resultado por 19 para chegar ao resto, com a cláusula adicional de que quando esse resto é zero, considera-se 19 o número áureo. Como os números áureos só se adequam ao calendário juliano, Lilius, em sua proposta de reforma do calendário, substituiu-os por epactas. Uma "epacta" é o número inteiro que indica a fase lunar, isto é, a idade da Lua calendária, numa data definida, por exemplo, 1º de janeiro. Seguindo esse método, o astrônomo papal Christopher Clavius computou novas tabelas para a determinação da Páscoa de acordo com o calendário gregoriano.

Atualmente, não é preciso recorrer às tabelas de Clavius para determinar a data da Páscoa, porque em 1800 o grande matemático alemão Carl Friedrich Gauss (1777–1855) criou uma elegante fórmula para esse fim. Anteriormente, um conjunto de regras matemáticas com o mesmo caráter geral fora estabelecido por Thomas Harriot (1560–1621), mas nunca chegou a ser publicado. (Como grande parte do trabalho científico de Harriot, que só veio à luz nos últimos anos.) A regra de Gauss, quando aplicada a qualquer ano do presente século, escrito na forma 1900 + N, pode ser expressa da seguinte maneira:

(1) calcule os restos a, b e c, quando N é dividido por 19, 4 e 7, respectivamente;
(2) calcule o resto d, quando $19a + 24$ é dividido por 30;
(3) calcule o resto e, quando $2b + 4(c - 1) + 6d$ é dividido por 7;
(4) se a soma $d + e$ não exceder a 9, a Páscoa ocorre no dia de março dado por $d + e + 22$, mas se d exceder a 9, a Páscoa ocorre no dia de abril dado por $d + e - 9$.

Por exemplo, para o ano 1988, temos $N = 88$, $a = 12$, $b = 0$, $c = 4$, $d = 12$, $e = 0$, e portanto a Páscoa cai em 3 de abril.

Infelizmente, a concisa solução de Gauss não fornece resultados corretos para alguns anos após 4200, e assim em 1817 o problema foi investigado com maior profundidade pelo astrônomo francês Jean-Baptiste Delambre (1749–1822). Sessenta anos depois, um reexame completo da questão foi empreendido por Samuel Butcher, bispo de Meath.[1] Em 1876, um correspondente do periódico científico semanal *Nature* em Nova York enviou à revista uma regra para a determinação da Páscoa que, diferentemente da de Gauss, não está sujeita a exceções.[2] Butcher mostrou que essa regra resultava da solução analítica de Delambre. Para qualquer ano dado n, a regra é a seguinte

Divida	*Por*	*Quociente*	*Resto*
n	19		a
n	100	b	c
b	4	d	e
$b + 8$	25	f	
$b - f + 1$	3	g	
$19a + b - d - g + 15$	30		h
c	4	i	k
$32 + 2e + 2i - h - k$	7		l
$a + 11h + 22l$	451	m	
$h + l - 7m + 114$	31	p	q

O número do mês em que a Páscoa cai é dado por p e o dia do mês por $q + 1$. Por exemplo, para o ano 1988, esse cálculo fornece $p = 4$, $q = 2$, e portanto concluímos que o dia da Páscoa nesse ano é 3 de abril. A Páscoa não ocorre antes de 22 de março ou após 25 de abril. Uspensky e Heaslet apresentam uma discussão básica de problemas relativos ao calendário, inclusive o cálculo da Páscoa.[3]

Referências

Prefácio

1. G. H. Whitrow, *The Natural Philosophy of Time*. Londres e Edimburgo, Nelson, 1961; Oxford, Clarendon Press, 1961, 2ª ed., 1980.
2. S. Toulmin e J. Goodfield, *The Discovery of Time*. Londres, Hutchinson, 1965; Harmondsworth, Penguin Books, 1967.
3. R. Wendorff, *Zeit und Kultur: Geschichte des Zeitbewussteins in Europa*. Wiesbaden, Westdeutscher Verlag, 1980.
4. H. Trivers, *The Rhythm of Being: A Study of Temporality*. Nova York, Philosophical Library, 1985, parte III: "Time and History".

Capítulo 1 – Consciência do Tempo

1. R. Wallis, *Le Temps, quatrième dimension de l'esprit*. Paris, Flammarion, 1966, pp. 51 e segs.
2. J. Piaget, *The Child's Conception of Time*, trad. de A. J. Pomerans. Londres, Routledge & Kegan Paul, 1969.
3. A. E. Wessmann e B. S. Gorman, *The Personal Experience of Time*. Nova York, Plenum Press, 1977, p. 8.
4. E. Michaud, *Essai sur l'organisation de la connaissance entre 10 et 14 ans*. Paris, Vrin, 1949.
5. P. M. Bell, "Sense of time", *New Scientist*, 15 de maio de 1975, p. 406.
6. C. Ralling, "A vanishing race", *Listener*, 16 de julho de 1959, p. 87.
7. W. Koehler, *The Mentality of Apes*, trad. da 2ª ed. revista de Ella Winter. Harmondsworth, Penguin Books, 1957, p. 234.
8. S. Walker, *Animal Thought*. Londres, Routledge & Kegan Paul, 1983, p. 190.
9. B. L. Whorf, *Language, Thought and Reality*, org. J. B. Carroll. Cambridge, Mass., MIT Press, 1956, pp. 57–64.
10. Ibid. p. 58.
11. S. C. McCluskey, "The astronomy of the Hopi Indians", *Journal for the History of Astronomy*, 8, 1977, pp. 174–95.
12. E. E. Evans-Pritchard, *Witchcraft, Oracles and Magic among the Azande*. Oxford, Clarendon Press, 1937, p. 347.

13. E. E. Evans-Pritchard, *The Nuer: a Description of the Modes of Livelihood and Political Institutions of a Nilotic People.* Oxford, Clarendon Press, 1940, p. 103.
14. Ibid. p. 105.
15. Ibid. p. 108.

Capítulo 2 – Definição do Tempo

1. E. H. Lenneberg, *Biological Foundations of Language.* Nova York, Wiley, 1968, p. 106.
2. C. M. Bowra, "Some aspects of speech", in *In General and Particular.* Londres, Weidenfeld & Nicolson, 1966, p. 14.
3. R. E. Passingham, "Broca's area and the origin of human vocal skill", *Phil. Trans. Roy. Soc.* (Londres), B292, 1981, pp. 167–75.
4. G. Steiner, *After Babel: Aspects of Language and Translation.* Oxford University Press, 1975, p. 157.
5. S. Fleischmann, *The Future in Thought and Language.* Cambrige University Press, 1982, p. 50.
6. Steiner, op. cit. (n. 4 acima), p. 139.
7. Whitrow, *Natural Philosophy of Time*, 2ª ed.; prefácio, n. 1, pp. 174 e segs.
8. M. P. Nilsson, *Primitive Time-reckoning.* Lund, C. W. K. Gleerup, 1920, pp. 9–10.

Capítulo 3 – O Tempo nos Primórdios da História

1. P. Radin, *Primitive Man as Philosopher*, 2ª ed. Nova York, Dover, 1957.
2. Ibid. p. 244.
3. A. Marshack, "Some implications of the Paleolithic symbolic evidence for the origins of language", *Current Anthropology*, 17, 1976, p. 274.
4. R. S. Solecki, "Shanidar IV, a Neanderthal flower burial in northern Iraq", *Science*, 190, 1975, p. 880.
5. D. C. Heggie, *Megalithic Science: Ancient Mathematics and Astronomy in North-west Europe.* Londres, Thames & Hudson, 1981.
6. S. G. F. Brandon, *Time and Mankind.* Londres, Hutchinson, 1951, p. 33.
7. H. Frankfort et al., *Before Philosophy.* Harmondsworth, Penguin Books, 1949, p. 35.
8. O. Neugebauer, *The Exact Sciences in Antiquity.* Providence, RI, Brown University Press, 1957, p. 81.
9. H. E. Winlock, "The origin of the ancient Egyptian calendar", *Proc. Amer. Phil. Soc.*, 83, 1940, p. 447.
10. J. H. Breasted, "The beginnings of time-measurement and the origins of our calendar", in *Time and its Mysteries*, Série I. New York University Press, 1936, p. 80.
11. T. G. H. James, *An Introduction to Ancient Egypt.* Londres, British Museum Publications, 1979, p. 125.

12. Neugebauer, loc. cit. (n. 8 acima).
13. S. N. Kramer, *The Sumerians*. Chicago e Londres, University of Chicago Press, 1963, p. 328.
14. J. G. Gunnell, *Political Philosophy and Time*. Middleton, Conn., Wesleyan University Press, 1968, p. 40.
15. E. Voegelin, *The Ecumenic Age* (vol. 4 de *Order and History*). Baton Rouge, Louisiana State University Press, 1980, p. 84.
16. G. Contenau, *Everyday Life in Babylon and Assyria*, trad. K. R. e A. R. Maxwell-Hyslop. Londres, Edward Arnold, 1954, p. 213.
17. N. K. Sanders, *The Epic of Gilgamesh*. Harmondsworth, Penguin Books, 1960, p. 104.
18. D. Pingree, "Astrology", in P. P. Wiener (org.), *Dictionary of the History of Ideas*. Nova York, Scribner, 1973, i, p. 118.
19. A. Sachs, "Babylonian horoscopes", *Journal of Cuneiform Studies*, 6, 1952, p. 49.
20. Sêneca, *Nat. Quaest*. III.29.1. Londres, Heinemann, 1971, p. 286.
21. O. Neugebauer, "The history of ancient astronomy: problems and methods", *Publications of the Astronomical Society of the Pacific*, 58, 1946, nº 340, p. 33.
22. O. Neugebauer, *A History of Ancient Mathematical Astronomy*. Berlim, Springer Verlag, 1975, i, p. 4.
23. Ibid. ii, p. 593
24. R. C. Zaehner, *Dawn and Twilight of Zoroatrianism*. Londres, Weidenfeld & Nicolson, 1961, p. 55.
25. R. C. Zaehner, *Zurvan: a Zoroastrian Dilemma*. Oxford, Clarendon Press, 1955, p. 410.
26. S. G. F. Brandon, *Creation Legends of the Ancient Near East*. Londres, Hodder & Stoughton, 1963, p. 206.
27. W. Hartner, "The Young-Avestan and Babylonian calendars and the antecedents of precession", *Journal for the Hystory of Astronomy*, 10, 1979, pp. 1–22.
28. S. H. Taqizadah, *Old Iranian Calendars*. Londres, Royal Asiatic Society, 1938.
29. E. Yarshater, "Time-reckoning", in *Cambridge History of Iran*. Cambridge University Press, 1982, ii, p. 790.

CAPÍTULO 4 – O TEMPO NA ANTIGÜIDADE CLÁSSICA

1. Gunnell, op. cit. cap. 3, n. 14, p. 15.
2. F. M. Cornford, *From Religion to Philosophy*. Londres, Edward Arnold, 1912, p. 181.
3. W. K. C. Guthrie, "The religion and mythology of the Greeks", in *The Cambridge Ancient History*, ed. rev. Cambridge University Press, 1961, ii, cap. 40, pp. 39–40.

4. H. Lloyd Jones, *The Justice of Zeus*. Berkeley, University of California Press, 1971, pp. 5–6 e 166–7, n. 23.
5. W. Jaeger, *The Theology of the Early Greek Philosophers*, trad. E. S. Robinson. Londres, Oxford University Press, 1967, p. 35.
6. Whitrow, *Natural Philosophy of Time*, cap. 2, n. 7, pp. 190–200.
7. "Nemesius, Bishop of Emesa", in E. Bevan, *Later Greek Religion*. Londres, Dent, 1927, pp. 30–1.
8. L. Edelstein, *The Idea of Progress in Late Antiquity*. Baltimore, Johns Hopkins University Press, 1967, xxi.
9. R. Drews, *The Greek Accounts of Eastern History*. Cambridge, Mass., Harvard University Press, 1973, pp. 35–6.
10. M. I. Finley, "Thucydides the moralist", in *Aspects of Antiquity*. Harmondsworth, Penguin Books, 1977, p. 53.
11. A. Momigliano, "The place of Herodotus in the history of historiography", in *Studies on Historiography*. Londres, Weidenfeld & Nicolson, 1966, p. 130.
12. J. de Romilly, *Time in Greek Tragedy*. Ithaca, Cornell University Press, 1968, pp. 5–6.
13. E. R. Dodds, "Progress in classical antiquity", in P. P. Wiener (org.), *Dictionary of the History of Ideas*. Nova York, Scribner, 1973, iii, p 633.
14. A. Momigliano, "Time in ancient historiography", in *History and Theory*, 1966, Supl. 6 ("History and the concept of time"), p. 10.
15. W. K. C. Guthrie, *In the Beginning: Some Greek Views on the Origin of Life and the Early State of Man*. Londres, Methuen, 1957, p. 65.
16. A. Momigliano, "Time in ancient historiography" (n. 14 acima), p. 13.
17. P. Duhem, *Le Système du monde*. Paris, Hermann, 1954, ii (nova ed.), p. 299.
18. Alexandre de Afrodísias, *On Destiny: Addressed to the Emperor*, trad. A. Fitzgerald. Londres, Scholaris Press, 1931, p. 25.
19. Kramer, op. cit. cap. 3, n. 13, p. 262.
20. W. K. C. Guthrie, *A History of Greek Philosophy*. Cambridge University Press, 1969, iii, p. 82.
21. Guthrie, *In the Beginning* (n. 15 acima), p. 79.
22. Guthrie, *A History of Greek Philosophy* (n. 20 acima), iii, p. 292.
23. J. V. Noble e D. J. de Solla Price, "The water-clock in the Tower of Winds", *Amer. J. Archaeol.*, 72, 1968, pp. 345–55.
24. T. C. Vriezen, *The Religion of Ancient Israel*, trad. H. Hoskins. Londres, Lutterworth Press, 1969, p. 243.
25. O. Cullmann, *Christ and Time*, trad. F. V. Filson. Londres, SCM Press, 1951, p. 51.
26. Gunnell, op. cit. cap. 3, n. 14, p. 75
27. G. W. Trompf, *The Idea of Historical Recurrence in Western Thought*. Berkeley, University of California Press, 1979, p. 134.

28. W. O. E. Oesterly, *The Evolution of the Messianic Idea*. Londres, Isaac Pitman & Sons, 1908, p. 206.
29. Gunnell, op. cit. cap. 3, n. 14, p. 63–4.
30. H. Frankfort, *Kingship and the Gods: A Study of Near Eastern Religion and the Integration of Society and Nature*. Chicago, University of Chicago Press, 1978; ed. Phoenix, pp. 343–4.
31. E. Voegelin, *Israel and Revelation* (vol 1. de *Order and History*). Baton Rouge, Louisiana State University Press, 1956.
32. G. Van Seters, *In Search of History: Historiography in the Ancient World and the Origins of Biblical History*. New Haven e Londres, Yale University Press, 1983, p. 241.
33. H. Webster, *Rest Days: A Study in Early Law and Morality*. Nova York, Macmillan, 1916, p. 252.
34. Ibid. p. 254.
35. Vriezen, op. cit. (n. 24 acima), p. 234.
36. M. Testuz, *Les Idées religieuses du Livre des Jubilées*. Genebra, Droz; Paris, Minard, 1960, p. 136.
37. L. Casson, *Travel in the Ancient World*. Londres, Allen & Unwin, 1974, p. 155.
38. R. Syme, *The Roman Revolution*. Londres, Oxford University Press, 1960, pp. 315–16.
39. J. T. Shotwell, *The History of History*. Nova York, Columbia University Press, 1939, p. 301.
40. E. R. Curtius, *European Literature and the Latin Middle Ages*, trad. W. R, Trask. Nova York, Pantheon Books, 1953, p. 252.
41. Lucrécio, *The Nature of the Universe*, trad. R. E. Latham (Harmondsworth, Penguin Books, 1951) pp. 40–1.
42. P. Brown, *The World of Late Antiquity: From Marcus Aurelius to Muhammad*. Londres, Thames & Hudson, 1971, p. 62.
43. Ibid.
44. H.-C. Puech, "Gnosis and time", in *Man and Time: Papers from the Eranos Yearbooks*. Londres, Routledge & Kegan Paul, 1958, p. 61.
45. F. Cumont, *The Mysteries of Mithra*, trad. T. J. McCormack. Chicago, Open Court, 1903, p. 1.
46. Ibid. 39.
47. M. J. Vermaseren, "A magical time god", in J. R. Hinnells (org.), *Mithraic Studies: Proceedings of the First International Congress of Mithraic Studies, 1971*. Manchester University Press, 1975, p. 451.
48. E. A. Wallis Budge, *Osiris and the Egyptian Resurrection*. Londres, Philip Lee Warner, 1911, i, p. 60.
49. Vermaseren, op. cit. (n. 47 acima), p. 456.
50. S. Sambursky e S. Pines, *The Concept of Time in Late Neoplatonism*. Jerusalém, Israel Academy of Sciences and Humanities, 1971, p. 11.

51. J. F. Callahan, *Four Views of Time in Ancient Philosophy*. Cambrigde, Mass., Harvard University Press, 1948, p. 124.
52. C. N. Cochrane, *Christianity and Classical Culture: A Study of Thought and Action from Augustus to Augustine*. Londres, Oxford University Press, 1974, p. 186.
53. E. Frank, *Philosophical Understanding and Religious Truth*. Nova York, Oxford University Press, 1945, p. 68.
54. J. Baillie, *The Belief in Progress*, Cambrigde University Press, 1951, p. 76.
55. O. Pedersen, "The ecclesiastical calendar and the life of the Church", in G. V. Coyne, M. A. Hoskin e O. Pedersen (orgs.), *Gregorian Reform of the Calendar*. Cidade do Vaticano, Pontifica Academica Scientiarum, 1983, p. 22.
56. Frank, op. cit. (n. 53 acima), p. 70.
57. R. L. Poole, "The beginning of the year in the middle ages", in *Studies in Chronology and History*. Oxford, Clarendon Press, 1934, pp. 1–27.
58. E. J. Bickerman, *Chronology of the Ancient World*. Londres, Thames & Hudson, 1968, p. 77.
59. F. K. Ginzel, *Handbuch der Chronologie*, vol. iii. Leipzig, Hinrichs, 1914, p. 115.
60. F. H. Colson, *The Week: An Essay on the Origin and Development of the Seven-day Cycle*. Cambrigde University Press, 1926.
61. Bickerman, op. cit. (n. 58 acima), p. 61.
62. H. I. Marrou, *A History of Education in Antiquity*, trad. G. Lamb. Londres, Sheed & Ward, 1956, p. 148.
63. Cochrane, op. cit. (n. 52 acima), pp. 330–1.
64. G. Teres, "Time computations and Dionysius Exiguus", *Journal for the History of Astronomy*, 15, 1984, pp. 177–88.

CAPÍTULO 5 – O TEMPO NA IDADE MÉDIA

1. R. W. Southern, *Medieval Humanism and Other Studies*. Oxford, Blackweel, 1970, p. 3.
2. M. L. W. Laistner, "The library of the Venerable Bede", in A. Hamilton Thompson (org.), *Bede, His Life, Times and Writings: Essays in Commemoration of the Twelfth Centenary of his Death*. Oxford, Clarendon Press, 1935, p. 238.
3. A. Bryant, *A History of Britain and the British People*, vol. 1: *Set in a Silver Sea*. Londres, Collins, 1984, p. 29.
4. Bede, *The Ecclesiastical History of the English Nation*. Londres, Dent, 1935; Everyman ed., p. 152.
5. R. L. Poole, "Imperial influences on the forms of Papal documents", in *Studies in Chronology and History*. Oxford, Clarendon Press, 1934, p. 178.
6. J. A. Burrow, *The Ages of Man: A Study in Medieval Writing and Thought*. Oxford, Clarendon Press, 1986, pp. 29–30.
7. Southern, op. cit. (n. 1 acima), p. 158.

8. Ibid. p. 162.
9. C. H. Haskins, *Studies on the History of Medieval Science*, 2ª ed. Cambrigde, Mass., Harvard University Press, 1927, p. 117; ver também Southern, op. cit. (n. 1 acima), pp. 166–7; e Bodleian MS Auct. F.1.9, fo. 90.
10. W. Hartner, "The principle and use of the astrolabe", in *Oriens-Occidens*. Hildesheim, Georg Olms, 1968, pp. 287–318; J. D. North, "The astrolabe", *Scientific American*, 230, jan. de 1974, pp. 96–106.
11. D. J. de Solla Price, "Mechanical water clocks of the 14th century in Fez, Morocco", in *Proceedings of the Tenth International Congress of the History of Science (Ithaca, 1962)*. Paris, Hermann, 1964, i, pp. 599–602.
12. D. R. Hill (org. e trad.), *On the Construction of Water-clocks*. Londres, Turner & Devereux, 1976, p. 9.
13. D. R. Hill (org. e trad.), *The Book of Ingenious Devices*. Dordrecht, Reidel, 1974, pp. 271 e segs.
14. D. B. MacDonald, "Continuous re-creation and atomic time in Muslim scholastic theology", *Isis*, 9, 1927, pp. 326–7.
15. M. Maimonides, *The Guide for the Perplexed*, trad. A. Friedlander. Londres, Routledge, 1904, p. 121.
16. MacDonald, op. cit. (n. 14 acima), p. 341.
17. al-Biruni, *The Chronology of Ancient Nations*, trad. e org. E. C. Sachau. Londres, W. H. Allen, 1879, pp. 34–6.
18. L. Massignon, "Time in Islamic thought", in *Man and Time: Papers from the Eranos Yearbooks*. Londres, Routledge & Kegan Paul, 1958, p. 109.
19. B. Smalley, *Historians of the Middle Ages*. Londres, Thames & Hudson, 1974, p. 30.
20. A. J. Gurevich, *Categories of Medieval Culture*, trad. G. L. Campbell. Londres, Routledge & Kegan Paul, 1985, p. 122.
21. N. Cohn, *The Pursuit of the Millenium*. Londres, Secker & Warburg, 1957, p. 102.
22. M. Reeves, *Joachim of Fiore and the Prophetic Future*. Londres, SPCK, 1976, p. 3.
23. M. Reeves, *The influence of Prophecy in the Later Middle Ages*. Oxford, Clarendon Press, 1969, p. 296.
24. R. Garaudy, "Faith and revolution", *Ecumenical Review*, 25, 1973, pp. 66–7.
25. R. S. Westfall, *Never at Rest: A Biography of Isaac Newton*. Cambrigde University Press, 1980, pp. 319 e segs.
26. M. Bloch, *Feudal Society*, trad. L. A. Manyon. Londres, Routledge & Kegan Paul, 1961, p. 73.
27. Ibid. p. 74.
28. J. U. Nef, *Cultural Foundations of Industrial Civilizations*. Cambrigde University Press, 1958, p. 17.

29. R. Glasser, *Time in French Life and Thought*, trad. C. G. Pearson. Manchester University Press, 1972, p. 17.
30. Ibid. p. 56.
31. R. Pernoud, *Jòan of Arc*, trad. E. Hyams. Harmondsworth, Penguin Books, 1969, p. 31.
32. A. Murray, *Reason and Society in the Middle Ages*. Oxford, Clarendon Press, 1985, p. 107.
33. R. L. Poole, *Medieval Reckonings of Time*. Londres, SPCK, 1918, pp. 46–7.
34. J. Gairdner, *The Paston Letters 1422–1509 AD. Introduction and Supplement*. Westminster, Achibald Constable, 1901, p. cclxvi.
35. R. J. Quinones, *The Renaissance Discovery of Time*. Cambridge, Mass., Harvard University Press, 1973, p. 110.
36. Ibid. p. 113.
37. L. White, *Medieval Technology and Social Change*. Oxford, Clarendon Press, 1962, p. 61.

Capítulo 6 – O Tempo no Extremo Oriente e na Mesoamérica

1. H. Jacobi, "Atomic theory (Indian)" in *Dictionary of Religion and Ethics*. Edimburgo, Clark, 1909, ii, p. 202.
2. A. N. Baslev, *A Study of Time in Indian Philosophy*. Wiesbaden, Otto Harrassowitz, 1983, pp. 39 e segs.
3. M. Eliade, *Images and Symbols: Studies in Religious Symbolism*, trad. P. Mairet. Londres, Harvill Press, 1961, p. 65.
4. J. Needham e Wang Ling, *Science and Civilization in China*. Cambrigde University Press, 1959, iii, p. 315.
5. J. Needham, Wang Ling e D. J. de Solla Price, *Heavenly Clockwork: The Great Astronomical Clocks of Medieval China*. Cambrigde University Press, 1960.
6. F. A. B. Ward, "How timekeeping became accurate", *Chartered Mechanical Engineer*, 8, 1961, p. 604.
7. S. A. Bedini, "The scent of time: a study of the use of fire and incense for time measurement in oriental countries", *Trans. Amer. Phil. Soc.*, 53, 1963, Parte 5, p. 6.
8. J. H. Plumb, *The Death of the Past*. Londres, Macmillan, 1969, p. 111.
9. J. Needham, "Time and knowledge in China and the West", in J. T. Fraser (org.), *The Voices of Time*. Nova York, Braziller, 1966, p. 96.
10. J. Needham, *Time and Eastern Man* (Henry Meyer Lecture). Londres, Royal Anthropological Institute, 1965, Occasional Paper nº 21, pp. 8–9.
11. V. H. Malmstrom, "Origin of the Mesoamerican 260-day calendar", *Science*, 181, 1973, pp. 939–41.
12. R. J. Venke, *Patterns in Prehistory*. Nova York, Oxford University Press, 1984, p. 383.

13. N. Hammond, *Ancient Maya Civilization*. Cambrigde University Press, 1982, pp. 199 e segs.
14. J. E. S. Thompson, *A Commentary on the Dresden Codex: A Maya Hieroglyphic Book*. Filadélfia, American Philosophical Society, 1972, pp. 62–70.
15. M. Leon-Portilla, *Time and Reality in the Thought of the Maya*, trad. C. L. Boiles e F. Horcasitas. Boston, Beacon Press, 1973, pp. 91–2.
16. J. E. S. Thompson, *The Rise and Fall of Maya Civilization*. Londres, Gollancz, 1956, p. 145.
17. S. G. Morley, *The Ancient Maya*. Stanford, Calif., Stanford University Press, 1947, p. 449.
18. D. S. Landes, *Revolution in Time*. Cambrigde, Mass., Harvard University Press, 1983, p. 24.

Capítulo 7 – O Advento do Relógio Mecânico

1. D. J. de Solla Price, "Gears from the Greeks: the Antikythera mechanism — a calendar computer from ca. 80 BC", *Trans Amer. Phil. Soc.*, 64, 1973, Parte 7, pp. 1–70.
2. J. V. Field e M. T. Wright, "Gears from the Byzantines: a portable sundial with calendrical gearing", *Annals of Science*, 42, 1985, p. 87.
3. L. White, *Medieval Technology and Social Change*. Oxford, Clarendon Press, 1962, p. 120.
4. E. Panofsky, *Studies in Iconology*. Oxford, Clarendon Press, 1939, p. 80.
5. L. Thorndike, "Invention of the mechanical clock about 1271 AD", *Speculum*, 16, 1941, pp. 242–3.
6. C. F. C. Beeson, *English Church Clocks 1280–1850*. Londres e Chichester, Phillimore, Antiquarian Horological Society, 1971, p. 13.
7. J. D. North, "Monasticism and the first mechanical clocks", in J. T. Fraser e N. Lawrence (orgs.), *The Study of Time*, ii. Berlim, Springer Verlag, 1975, p. 385.
8. J. D. North, *Richard of Wallingford*. Oxford, Clarendon Press, 1976, i, pp. 441–526.
9. A. J. Dudeley, *The Mechanical Clock of Salisbury Cathedral*. Salisbury, Friends of Salisbury Cathedral Publishing, 1973.
10. White, op. cit. (n. 3 acima), pp. 124–5.
11. S. A. Bedini e F. R. Maddison, "Mechanical Universe: the Astrarium of Giovanni de' Dondi", *Trans. Amer. Phil Soc.*, 56, 1966, Parte 5, p. 60.
12. J. Le Goff, *Time, Work and Culture in the Middle Ages*, trad. A. Goldhammer. Chicago, University of Chicago Press, 1980, p. 46.
13. J. Harthan, *Books of Hours and Their Owners*. Londres, Thames & Hudson, 1977, p. 39.
14. F. Hattinger, *The Duc de Berry's Book of Hours*. Berna, Hallwag, 1970.
15. J. Huizinga, *The Waning of the Middle Ages*, trad. F. Hopman. Harmondsworth, Penguin Books, 1972, pp. 149–50.

16. K. Thomas, *Religion and the Decline of Magic*. Londres, Weidenfeld & Nicolson, 1971, p. 621.
17. L. Mumford. *Technics and Civilization*. Londres, Routledge & Kegan Paul, 1934, p. 14.
18. I. Origo, *The Merchant of Prato*. Londres, Jonatham Cape, 1957, p. 177.
19. H. Tait, *Clocks and Watches*. Londres, British Museum Publications, 1983, p. 43.
20. Landes, op. cit. cap. 6, n. 18, p. 89.
21. J. Aubrey, *Brief Lives and Other Selected Writings*, org. A. Powell. Londres, Cresset Press, 1949, p. 133.
22. F. M. Powicke e A. B. Emden, *The Universities of Europe in the Middle Ages*. Oxford University Press, 1936, iii, p. 401.
23. A. Palmer, *Movable Feasts: Changes in English Eating-habits*. Oxford University Press, 1984.
24. F. Rabelais, *Gargantua*, 1535, i, p. 23.

CAPÍTULO 8 – TEMPO E HISTÓRIA NO RENASCIMENTO E A REVOLUÇÃO CIENTÍFICA

1. L. Pastor, *History of the Popes*, org. R. F. Kerr, vol. 19. Londres, Kegan Paul, 1930, p. 293.
2. H. M. Nobis, "The reaction of astronomers to the Gregorian calendar", in G. V. Coyne, M. A. Hoskin e O. Pedersen (orgs.), *Gregorian Reform of the Calendar*. Cidade do Vaticano, Pontifica Academica Scientiarum, 1983, p. 250.
3. R. M. Dawkins, *The Monks of Athos*. Londres, Allen & Unwin, 1936, p. 198.
4. J. M. Thompson, *Leaders of the French Revolution*. Oxford, Blackwell, 1948, p. 159.
5. H. Webster, *Rest Days*. Nova York, Macmillan, 1916, p. 283.
6. C. Cipolla, *Clocks and Culture: 1300–1700*. Londres, Collins, 1967, p. 42.
7. J. Drummond Robertson, *The Evolution of Clockwork*. Londres, Cassell, 1931, pp. 54–61.
8. E. Grant, *Nicole Oresme and the Kinematics of Circular Motion*. Madison, University of Wisconsin Press, 1971, p. 295.
9. R. Boyle, *The Works of the Honourable Robert Boyle*, org. T. Birch. Londres, 1772, v, p. 163.
10. A. R. Hall, "Horology and criticism: Robert Hooke", *Studia Copernicana*, XVI, Ossolineum, 1978, pp. 261–81.
11. Mumford, op. cit., cap. 7, n. 17, p. 15.
12. I. Barrow, *Lectiones Geometricae*, trad. E. Stone. Londres, 1735, Lecture 1, p. 35.
13. G. W. Leibniz, *Philosophical Writings*, trad. M. M., Londres, Dent, 1934, p. 200.

14. R. Boyle, *The Excellence of Theology Compared with Natural Philosophy*, (1665), Londres, 1772, p. 11.
15. E. Breisach, *Historiograph: Ancient, Medieval and Modern*. Chicago, University of Chicago Press, 1983, p. 177.
16. F. Manuel, *Isaac Newton Historian*. Cambrigde University Press, 1963, p. 274.
17. C. Morris, *The Tudors*. Glasgow, Fontana-Collins, 1966, p. 12.
18. G. J. Whitrow, *What is Time?* Londres, Thames & Hudson, 1972, pp. 19–20.
19. A. Kent Hieatt, *Short Time's Endless Monument: The Symbolism of the Numbers in Edmund Spenser's Epithalamion*. Port Washington, NY, e Londres, Kennikat Press, 1972, p. 81.
20. R. W. Hepburn, "Cosmic fall", in P. P. Wiener (org.), *Dictionary of the History of Ideas*. Nova York, Scribner, 1968, i, pp. 505–6.
21. D. Seward, *The First Bourbon: Henry IV of France and Navarre*. Londres, Constable, 1971, p. 133.
22. M. Tiles, "Mathesis and the masculine birth of time", *International Studies in the Philosophy of Science*, 1, 1986, pp. 16–35.
23. F. Saxl, "Veritas filia temporis", in R. Klibansky e H. J. Paton (orgs.), *Philosophy and History: The Ernst Cassirer Festschrift*. Oxford, Clarendon Press, 1936. Reeditado como Harper Torchbook, Harper & Row, 1963, pp. 197–222.
24. R. V. Sampson, *Progress in the Age of Reason: The Seventeenth Century to the Present Day*. Londres, Heinemann, 1956, p. 99.
25. C. Becker, *The Heavenly City of the Eighteenth Century Philosophers*. New Haven, Yale University Press, 1968 (1ª ed. 1932), p. 130.
26. F. Smith Fussner, *The Historical Revolution: English Historical Writing and Thought 1580–1640*. Londres, Routledge & Kegan Paul, 1962, p. 166.
27. E. L. Eisenstein, "Clio and Chronos" in *History and Theory*, 1966, supl. 6 ("History and the concept of time"), p. 47.

CAPÍTULO 9 – TEMPO E HISTÓRIA NO SÉCULO XVIII

1. R. W. Symonds, *Thomas Tompion: His Life and Work*. Londres, Batsford, 1951, p. 10.
2. *Journals of the House of Commons*, 11 de junho de 1714, p. 677.
3. J. Swift, *Gulliver's Travels*. Londres, Dent, 1940, ed. Everyman, p. 224.
4. H. Quill, *John Harrison: The Man Who Found Longitude*. Londres, John Baker, 1966, p. 59.
5. R. T. Gould, *The Marine Chronometer: its History and Development*. Londres, Potter, 1923, pp. 55 e segs.
6. Quill, op. cit. (n. 4 acima), p. 317.
7. R. T. Gould, *John Harrison and his Timekeepers*. Londres, National Maritime Museum, 1958, p. 12.
8. Gould, *Marine Chronometer* (n. 5 acima), p. 86.

9. G. W. Leibniz, *The Monadology and other Philosophical Writings*, trad. R. Latta. Londres, Oxford University Press, 1925, pp. 350–1.
10. A. O. Lovejoy, *The Great Chain of Being*. Cambrigde Mass., Harvard University Press, 1948, p. 246.
11. R. Nisbet, *History of the Idea of Progress*. Londres, Heinemann, 1980, p. 180.
12. Sampson, op. cit. cap. 8, n. 24, p. 240.
13. E. Cassirer, *Rousseau, Kant, Goethe*. Princeton University Press, 1945, p. 56.
14. M. J. Temmer, *Time in Rousseau and Kant*. Genebra, Droz e Paris, Minard, 1958, p. 31.
15. R. Haynes, *Philosopher King: The Humanist Pope Benedict XIV*. Weidenfeld & Nicolson, 1970, p. 178.
16. I. Berlin, *Vico and Herder*. Londres, Hogarth Press, 1976, p. 142 n.
17. Ibid. p. 38.
18. R. G. Collingwood, *The Idea of History*. Oxford, Clarendon Press, 1948, p. 68.
19. Berlin, op. cit. (n. 16 acima), pp. 143 e segs.
20. G. J. Whitrow, *Kant's Cosmogony*, trad. W. Hastie. Nova York e Londres, Johnson Reprint Corp., 1970, xi–xl.
21. S. Toulmin e J. Goodfield, *The Discovery of Time*. Harmondsworth, Penguin Books, 1967, p. 167.
22. Berlin, op. cit. (n. 16 acima), pp. 150–1.

CAPÍTULO 10 – EVOLUÇÃO E A REVOLUÇÃO INDUSTRIAL

1. W. Herschel, *Phil. Trans. Roy. Soc*, 1814, p. 284.
2. Lovejoy, op. cit. cap. 9, n. 10, p. 243.
3. N. Hampson, *The Enlightenment*. Harmondsworth, Penguin Books, 1968, p. 220.
4. R. Taton (org.), *The Beginning of Modern Science*, trad. A. J. Pomerans. Londres, Thames & Hudson, 1964, pp. 572–3,
5. A. Geikie, *The Founders of Geology*. Londres, Macmillan, 1897, p. 283.
6. J. D. Burchfield, *Lord Kelvin and the Age of the Earth*. Londres, Macmillan, 1975, pp. 136–40.
7. J. Perry, "On the age of the earth", *Nature*, 51, 3 de jan. de 1895. Ver também sua carta sobre o mesmo tópico (18 de abril, no mesmo vol.), pp. 582–5.
8. G. H. Darwin, *The Tides*. Londres, Murray, 1898, p. 257.
9. P. Burke, *The Renaissance Sense of the Past*. Londres, Edward Arnold, 1969, p. 141.
10. L. Wright, *Clockwork Man*. Londres, Elek, 1968, p. 128.
11. F. Klemm, *A History of Western Technology*, trad. D. W. Singer. Cambrigde, Mass., MIT Press, 1964, p. 196.
12. Wright, op. cit. (n. 10 acima), p. 128.

13. J. Simmons, *The Railway in England and Wales 1830–1914*, vol.1. Leicester University Press, 1978, p. 23.
14. Wright, op. cit. (n. 10 acima), p. 143.
15. J. A. Bennett, "George Biddell Airy and horology", *Annals of Science*, 37, 1980, pp. 268–85.
16. Wright, op. cit. (n. 10 acima), p. 147.
17. Mumford, op. cit. cap. 7, n. 17, p. 14.
18. Ibid. p. 17.
19. E. Gellner, *Times Literary Supplement*, 23 de dez. de 1983, 1, p. 438.
20. D. Howse, *Greenwich Time and the Discovery of Longitude*. Oxford University Press, 1980, pp. 113–14.
21. S. Kern, *The Culture of Time and Space: 1880–1918*. Londres, Weindenfeld & Nicolson, 1983, p. 12.
22. L. Essen, *The Measurement of Frequency and Time Interval*. Londres, HMSO, 1973.

Capítulo 11 – Conceitos Concorrentes de Tempo

1. G. Poulet, *Studies in Human Time*, trad. E. Coleman. Nova York, Harper, 1959, p. 200.
2. Whitrow, *Natural Philosophy of Time* (Prefácio, n. 1). pp. 103 e segs.
3. G. J. P. Scrope, *The Geology and Extinct Volcanoes of Central France*. Londres, John Murray, 1858, p. 208.

Capítulo 12 – Tempo, História e Progresso

1. A. de Tocqueville, *Democracy in America*, trad. H. Reeve. Londres, Oxford University Press, 1946, p. 311.
2. G. Stent, *Paradoxes of Progress*. São Francisco, Freeman, 1978, p. 27.
3. W. Thompson, *Lord* Kelvin, "Nineteenth-century clouds over the theory heat and light", in *Baltimore Lectures on Molecular Dynamics and the Wave Theory of Light*. Cambridge University Press, 1904, Apêndice B, pp. 486–527.
4. J. David Bolter, *Turing's Man: Western Culture in the Computer Age*. Londres, Duckworth, 1984.
5. Le Goff, op. cit. cap. 7, n. 12, p. 290.
6. H. Meyerhoff, *Time in Literature*. Berkeley e Los Angeles, University of California Press, 1955, p. 109.

Apêndices

1. S. Butcher, *The Ecclesiastical Calendar: Its Theory and Construction*. Dublin, Hodges, Foster & Figgis, Londres, Macmillan, 1877.
2. Anon., *Nature*, 13, 1876, p. 487.
3. J. V. Uspensky e M. A. Heaslet, *Elementary Number Theory*. Nova York e Londres, McGraw-Hill, 1939, pp. 206–21.

Índice de Nomes e Assuntos